为实现中华民族伟大复兴的中国梦而努力奋斗！

大学生就业创业

朱选朝　主编

科学出版社

北　京

内 容 简 介

本书是为了促进大学生就业、创业而编写的。其目的是教育引导大学生树立正确的就业、创业观念，拟定好职业发展规划，为就业、创业做好各方面的准备，实现高质量的就业、创业，使当代大学生为实现中华民族伟大复兴的中国梦而努力奋斗。

本书主要内容包括大学生就业创业形势与政策保障、大学生职业规划、择业考试考察的应对策略、大学生临近择业必做的功课、创业认识阶段的关键问题、创业准备阶段的关键问题、创业实施阶段的关键问题以及大学生就业创业陷阱防范与权益保障。为了帮助引导大学生了解和应对国家专门针对大学生就业的专项招考，本书还专门介绍了国家专项招考政策，并在附录中列出了高校毕业生就业政策百问。

本书可为高等学校从事大学生就业、创业工作的工作人员、研究人员、主讲教师、在校大学生、毕业尚未就业的大学生使用。

图书在版编目（CIP）数据

大学生就业创业/朱选朝.主编. —北京：科学出版社，2014.11

ISBN 978-7-03-042435-8

Ⅰ.①大… Ⅱ.①朱 …Ⅲ.①大学生-职业选择 Ⅳ.①G647.38

中国版本图书馆 CIP 数据核字(2014)第 261795 号

责任编辑：潘斯斯 / 责任校对：桂伟利

责任印制：霍 兵 / 封面设计：迷底书装

科 学 出 版 社 出版

北京东黄城根北街 16 号

邮政编码：100717

http://www.sciencep.com

三河市书文印刷有限公司印刷

科学出版社发行　各地新华书店经销

*

2014 年 11 月第 一 版　　开本：720 × 1000 1/16

2017 年 6 月第四次印刷　印张：14 3/4

字数：297 000

定价：28.00 元

(如有印装质量问题，我社负责调换)

目　　录

第一章 大学生就业创业形势与政策保障

第一节 大学生就业形势与政策保障

随着我国高等教育规模的不断扩大，高校毕业生数量的不断增加，大学毕业生就业既面临着严峻挑战，又面临着重大机遇。我国是世界人口第一大国，人口基数大的特点给目前中国带来了巨大的就业压力。据相关部门统计，到 2020 年劳动年龄人口年均增长 1360 万人，此外还有 1.5 亿农村劳动力需要转移，有 1100 万以上的下岗人员需要再就业。目前我国正处于改革开放后的第四次人才流动期，其主要特点表现为大学毕业生人数的激增，农村劳动力向城镇转移的步伐进一步加快，海外留学归国人员的增加，经济的转型和事业单位的改革等，直接导致大学毕业生就业遇到很大的挑战。同时，随着经济社会的发展，国家对大学毕业生就业支持力度的进一步加大，又使大学毕业生就业有着难得的重大机遇。

一、大学生就业面临的挑战

进入 21 世纪，我国高等教育呈现出大众化特点，就业形势也发生了根本性变化，呈现出新的发展规律。具体表现为大学毕业生由"精英"走向"大众"，大学生毕业初期的失业率呈上升趋势。

1. 传统的就业主渠道接收能力下降

国有企业目前依然处于转型改制、减负增效的改革过程中，生产经营尚未完全走出困境，下岗问题依然很突出，很难为社会提供更多的就业机会，同时，多数单位在改革中实行各种承包任期制、经费包干制，接受大学毕业生的积极性不高。事业单位目前大都在改革，其人员编制都在压缩，许多单位在用人上是只出不进。在这种状况下，传统就业主渠道的吸纳能力下降，不可能接收大量毕业生就业。

2. 部分单位对毕业生学历层次的要求越来越高

目前我国中高层次的人才严重短缺，社会对高层次复合型、外向型和开拓型人才的需求日益迫切，人才结构的需求层次呈现上移态势。高校、科研单位、机关、大公司基本上以接收硕士生、博士生为主，甚至连一些中小型单位都开始希望接收研究生。这种现象致使不少用人单位存在着"人才高消费"的错误观念，盲目追求高学历人才，人为地造成了就业难现象。

3. 毕业生的能力素质与用人单位的要求存在较大差距

现在用人单位对高校毕业生的敬业精神、职业道德、思想道德和能力水平等都提出了明确要求，看重人品和能力，但毕业生与用人单位的要求存在较大差距，不少用人单位对接收毕业生采取"宁缺毋滥"的态度，也就造成毕业生有业而不能就的问题。因此，学生干部和学生党员以及那些综合素质好、动手能力强、敬业精神好、有各种特长的毕业生越来越受用人单位的欢迎。

4. 毕业生就业期望值与社会需求之间存在巨大反差

一方面是就业难，另一方面又是用工荒，许多单位根本就招不来人。究其原因是许多毕业生对自身的职业定位不清，盲目地跟从他人。目前我国高等教育的毛入学率已达"大众化"水平，而毕业生的择业观仍停留在原有的高等教育"精英化"阶段，要求的就业平台太高。此外部分学生是委培生、定向生，享受国家的有关优惠政策，但到了毕业之际，又以各种理由拒绝按原定计划和需求就业，这一问题在个别偏远地区和艰苦行业表现得尤为突出。

5. 高等教育改革还不能完全适应市场经济发展的需要

目前高等学校改革的速度和力度远远跟不上社会发展的需要。高校的专业设置、学科结构、毕业生的学历层次和知识结构，还没有根据经济社会发展的需要及时调整，特别是在招生、培养、就业等方面面临着许多亟待解决的问题。高等教育在社会发展过程中同时具有超前性和滞后性，招生录取并培养四年是高等教育的超前性；但几年后学生毕业时却又常常会发现所学专业已落后于市场的发展和变化，这就是高等教育的滞后性。随着毕业生就业市场发展改革的不断深化，高校面临着如何根据社会发展变化而进行专业设置调整等一系列问题。在近年的就业工作中具体表现为：有些专业的毕业生属于社会发展大量需要的，但是高校招生计划未能及时调整，致使这些专业的毕业生总是处于供不应求的状态；相反，一些专业已经成为鸡肋专业，但高校并未缩减招生人数，致使这些专业的毕业生在就业时面临极大的就业困难。

6. 社会对于毕业生的需求存在着结构性矛盾

简单来说就是毕业生就业时存在着"需而不求"的矛盾。我国目前部分行业正处于发展困难时期，如林业、地质及部分农业方面，由于科技落后、经费不足的限制，致使各方面人才都比较欠缺；与此同时又没有优惠的条件去接收这些专业的毕业生，这就是"需而不求"的一种表现。而旅游、司法等行业都处于快速发展阶段，从业人员素质、水平参差不齐，急需补充优秀人才，但由于编制有限，没有余地接收更多具有专业知识的毕业生，这是"需而不求"的另一种表现。此外如环境保护、环境监测、安全工程等行业，本来就属于高度重视并积极建设的行业，但由于一些领导不重视这方面工作，资金投入不足，机构编制欠缺，致使原本落后的专业发展更加缓慢，从而使这些专业的毕业生就业变得更为困难。

二、大学生就业自身存在的问题

1. 知识转化率低

把知识物化为高效地创造生产力的能力才是当今社会对高学历人才的真正要求。然而，据统计，应届大学生到岗工作，对所学专业实际知识应用率不足40%，而且多数学生表现出所学过的知识根本无法转化成自己在岗的实际能力。总体表现在：我国大学生进入社会的一般适应周期为1~1.5年，即1~1.5年才能独立完成工作，由此反映出当今一些大学毕业生缺乏一定的工作适应能力和自我调节能力。

2. 就业理念滞后

大学生就业理念受社会各种价值取向的影响，其就业理念主要存在四大误区：①"宁愿出国带光环，不在国内做职员"。据不完全统计，我国部分重点院校许多学生毕业首选出国，不考虑家庭承受力的大小和自己所学专业是否适合等因素，结果"海归"变成"海待"。②"宁到外企做职员，不到中小企业做骨干"。我国就业市场反映，人才需求最大的是中小企业。中小企业具有发展空间大、创新平台广阔、体制机制不断创新、个人发展空间大等优势。大学生到中小企业工作，更能体现自己的价值，更能发挥自己的作用，更能激发自己的潜能，有利于自己的职业发展，易于产生成就感。然而一些大学生更热衷于外资企业，不愿待在我国的中小企业。这就限制了大学生的发展空间，使之不能更好地发挥自己的作用。③"创业不如就业"。多数大学生认为，创业艰难、多方面准备不够、缺乏足够的勇气和决心、创业不如就业。只有少数大学生认为就业找饭碗不如创业谋发展，大树底下长不出大树，积极准备创业。我们所说的创业并不是随随便便的创业，而是在大学期间就开始谋划的有计划、有准备的创业。④"就业难不如再考研"。一些大学生找工作总落实不了工作单位，或者对找到的工作单位不满意，就选择了继续读书，考取研究生继续深造。

3. 价值判断盲目

① 攀比与求高心理。一些大学生在攀比心理影响下，即使某一单位非常适合自身发展，但因某个方面比自己同学选择的就业单位存在些许差别，因此就放弃就业机会，导致事后后悔不已。另外，单向考虑自己的择业就业理想，要求用人单位各个方面都十全十美，从工资、福利、待遇、住房、地理位置到工作环境等

无不在其考虑之中。这种不给自己合理定位而产生高期望值的盲目求高心理，往往使自己与很适合自己的用人单位失之交臂，出现了人们常说的"高不成低不就"的状况。所以很多大学生并不是找不到工作，而是有工作不愿意去做。②自卑与自负心理。自卑心理往往使毕业生没有信心和勇气面对求才若渴的用人单位，甚至把自身的长处也退化成了短处，从而严重影响了自己的就业与择业。

4. 没有做好职业规划

很多大学生到了大四才开始做就业的各项准备工作，带来的问题是各项准备工作都做得不细致、不扎实，胸中无数，疲于应付招聘单位。其具体表现是不知道要到哪个单位去工作，招聘笔试心发慌，招聘面试心没底，回答面试官的提问语无伦次，一次次参加招聘，总是落实不了单位，往往是乘兴而去，败兴而归。去企业应聘时，有些大学生更是一问三不知，对应聘企业的业务没有一点了解。这种情况的后果就导致企业对大学生失去信心，认为大学生只会读书，没有一点实际能力。现在社会上相当一些企业对大学生失去信心，觉得大学生在校期间无所事事，在混日子，没有真才实学，不愿意招聘大学生。而大学生毕业后没有明确的就业目标，经常跳槽，导致所在企业的经济损失，致使有些中小企业宁愿聘用大专、中专学生，也不愿聘用本科及以上学历学生。究其原因，大学生没有尽早为就业做好准备，没有拟定职业规划。所以大学生必须做好职业规划，同时要认真实施职业规划。

三、大学生就业面临的重大机遇

大学生就业难既反映了市场经济运行的特点，也暴露出现行教育体制、高校人才培养模式存在的问题，以及大学生就业制度、就业观念与市场经济发展要求存在着极大落差。大学生就业形势纵然十分严峻，大学生应以积极的心态对待这一现象，也应该看到当前大学生就业具有很多的机遇。

1. 大学生就业问题得到了前所未有的重视

党和国家对大学毕业生就业高度重视，每年都会根据不同的就业形势，出台相应的就业政策和措施，为引导、协调、安排毕业生就业提供强有力的保障。各级政府和高校因势利导，拓宽就业渠道，最大程度地保障毕业生优先就业。各地制定的有关人才政策也越来越有利于毕业生就业，一方面严格职业资格的准入制度，用人单位招聘新进人员都会优先考虑高素质的大学毕业生，另一方面也取消了限制毕业生流动的政策。

2. 就业市场逐步完善

毕业生就业市场已经形成规模并逐步规范。伴随着知识经济时代的到来，就业信息的传播方式也发生了新的变化，这种变化不仅使毕业生就业逐渐实现信息化、网络化的远程服务，而且也促进了毕业生就业市场从传统的劳动密集型管理向以信息技术为基础的现代管理模式转变。随着毕业生就业人才市场的建立和完善，相关的规章制度也相继确立，为大学生就业提供了法律依据和保障。

3. 社会需求总体上仍供不应求

根据 2000 年第五次全国人口普查资料和联合国经济合作与发展组织资料分析，中国 2000 年接受高等教育的人数每 100 人中不足 5 人，而发达国家中这一比例远高于我国，如美国达到 35%，韩国达到了 23%。我国社会并不存在大学毕业生已经多得分不出去的问题，中国仍是人才奇缺的国家。少数单位存在着人员老化、文化素质偏低、办事效率不高、人才出现断层等问题，这种"假饱和"状态最终必定会被良性的人才配置所代替，低年龄、高素质的大学毕业生在良性人才配置中占据着明显的优势。由于各行业、各级各类单位都需要大学毕业生去补充科技管理干部队伍，提高职工文化素质水平，因此中国目前不存在大学生已经多得就不了业的问题。

4. 中国经济飞速发展使就业空间进一步加大

据统计，中国国内生产总值到 2020 年要比 2000 年翻两番，每年国内经济增长速度也保持在 7% 左右。专家预测经济增长速度每增加一个百分点，就会增加80 万到 100 万个就业岗位。随着科教兴国战略的逐步实施，我国经济体制和经济增长方式也在发生巨大的变化。产品结构的优化、产品质量的提高、企业经济效率的提高，都将促使科技在我国国民经济中的贡献率处于逐步加大的地步。要实现这些要求，归根到底就是要提高劳动者的素质，优化从业人员的知识技能，改善经营管理，这就为大学毕业生就业提供了一个广阔的空间。

5. 非公有制单位对高校毕业生的需求急速增加

随着社会的快速发展、知识经济的突起、各种经济成分并存发展，社会对人才的需要也越来越大。非公有制企业、乡镇企业也为毕业生就业提供了更多的机遇，广大基层和经济欠发达地区更为毕业生提供了施展才华的舞台。非公有制经济作为市场经济的重要组成部分，正在飞速发展，在国民经济领域中占据的地位也越来越重要，对人才的需要也已超过国有单位。

6. 高新技术企业对高新技术人才的需求量日益增大

随着科技的不断发展，高新技术企业的数量也在快速增长，对与它们相关专业毕业生的需求也越来越大。与这些企业相关的专业，如计算机及应用、计算机软件、通信工程等，人才的需求量在每年就业市场上都位居前列。各地各行业目前都在积极吸引高新技术人才，争相为其提供优惠条件，创造良好的工作、生活和学习环境。这种日益浓厚的尊重知识、尊重人才的社会风气，会为大学毕业生创造更多的就业机会。

7. 西部大开发需要大批人才

西部大开发是我国跨世纪发展战略，这一战略的实施，需要大批德才兼备的人才。西部的生态重建、资源开发、城市化建设、经济社会的快速发展等都为大学生就业提供了宽阔的舞台。随着西部大开发的实施，西部省份各级政府也相继出台了一系列的人才优惠政策，从而可以吸引更多大学毕业生到西部工作。

8. 基层单位和边远艰苦地区急需人才

基层单位是指各行各业最基本的第一线的单位，如街道办事处、村级组织、生产车间等。边远艰苦地区是指经济欠发达的地区，如西部地区。就是经济发达地区，同样有经济欠发达的地方。基层单位和边远艰苦地区人才需求量很大，可以说各行各业都需要大批人才，而实际的情况是很多单位根本就招不上人。当代大学生应有担当，勇于到基层单位和边远艰苦地区去建功立业。

四、大学生就业的政策保障

各级政府和社会各界都非常重视大学毕业生就业工作。从中央到地方，各级政府都制定了关于推进毕业生就业的政策，动员并支持社会各界、各行业、各单位以最大的可能性接收大学毕业生就业，并且形成了引导和鼓励高校毕业生到基层、艰苦地区、中小企业、非公有制企业等单位就业的一系列政策和较为完善的就业制度。

（一）国家层面

面对着严峻的就业形势，国家制定出了一系列政策，促进大学毕业生顺利就业。

1）鼓励和支持高校毕业生到基层工作。支持高校毕业生参与支教、支农、支医、扶农，到基层挂职锻炼。对于愿意到基层工作的毕业生，国家将根据工作需要从中选拔优秀人员到县、乡机关和学校、其他事业单位担任重要工作，或充实到基层金融、工商、税务、公安等部门工作，并明确规定以上单位的人员和专业技术岗位原则上都要具备大学以上学历并要有相关的专业证书。

2）鼓励和支持高校毕业生到西部地区或欠发达地区工作。对原籍在中、东部或发达地区的毕业生到西部或欠发达地区工作，实行来去自由的政策，根据本人意愿，户口可迁到工作地区也可迁回原籍，由政府主管部门所属的人才交流机构提供免费人事代理服务，并根据实际情况可提前晋级或适当提高工资标准。

3）促进人才合理流动，企业用人自主。鼓励用人单位根据实际需要多招聘高校毕业生，取消对高校毕业生收取的城市增容费、出省（市）费、出系统费等不合法、不合理的收费项目。省会以下城市要放开对高校毕业生落户的限制，省会及以上城市也根据需要，积极放宽高校毕业生就业落户的规定，简化有关手续。公安部门凭用人单位和毕业生签订的《就业协议书》《普通高等学校毕业证书》《就业报到证》为毕业生办理落户手续。

4）支持毕业生到非公有制单位就业和自主创业。到非公有制单位就业的高校毕业生，公安机关要积极放宽政策，放宽建立集体户口的审批条件，及时、便捷地办理落户手续；用人单位要按照国家有关规定与所聘的毕业生签订劳动合同，为其办理社会保险手续、缴纳社会保险费，保障其合法权益不受损害；对从事个体经营和自由职业的毕业生提供灵活就业的劳动和社会保险，为他们提供帮助和服务；对自主创业的毕业生，银行、工商和税收部门要简化行政手续，给予贷款、税收等方面的照顾和支持。

5）建立毕业生失业登记制度。国家要求各级政府为每年9月1日后未能就业的毕业生办理失业登记。劳动和社会保障部门所属的公共职业介绍机构和街道劳动保障机构应免费为其服务。对已登记失业的高校毕业生，有条件的城市、社区可组织其参加临时的社会工作和社会公益活动。对于因患病等原因短期内无法工作且无固定经济来源的高校毕业生，可由民政部门参照当地城市低保标准予以临时救济。

6）国家在一些特定行业和部门专门招收大学毕业生就业。具体有公务员招考录用、事业单位招收录用、大学生村官计划、大学生应征入伍、农村特岗教师、西部志愿者计划等。

（二）　学校层面

1）学校设有专门机构负责毕业生就业创业。学校有专门校级领导负责大学生就业创业工作，有专门的就业处或就业创业指导中心负责大学生就业创业全方位的工作。其主要职责是落实上级关于大学生就业创业的政策规定，设计并开设就业创业课程，搭建职业需求信息平台，组织各类招聘洽谈会，全程帮助和指导大学生就业或创业，办理派遣、户口迁移等手续。

2）加强对大学生就业创业教育培训和指导。各学校按照上级要求并结合社会需求，大都成立了就业创业教育教研室，专门开设了就业创业课程，帮助大学生认清就业创业形势，拟定职业生涯规划，为顺利就业、创业做好各方面的准备。

3）建立就业创业需求信息平台，鼓励毕业生应聘。各高校利用各种媒体并与用人单位联系，广泛收集和发布需求信息，为大学生提供真实可靠的用人单位供毕业生择业，尽最大努力实现毕业生的充分就业。

4）与用人单位建立广泛联系和合作，推荐毕业生就业。各高校与社会各界及企事业单位都建立了广泛的联系和合作，特别是与用人单位的关系更为密切，其联系合作的方式多种多样。在毕业生就业上的合作有联合培养、定向培养、订单培养、免费培养、来校招聘等，极大地扩展了毕业生的就业渠道。

5）定期召开不同类型的招聘会，促进毕业生就业。在毕业生择业期间，学校会组织多种类型的招聘会，有学校单独组织的，有几所学校联合组织的，还有学校和人事部门共同组织的，毕业生在招聘会期间，可以与用人单位充分交流洽谈，签订招聘协议。

6）协助毕业生解决在就业创业过程中遇到的各种问题。学校就业与指导部门有专门的工作人员负责接待和处理毕业生在就业创业过程中遇到的问题，比如办理派遣手续，办理档案转移手续，办理户口迁移手续，补发相关证书，解决在办理各种手续过程中出现的问题，协助毕业生解决就业创业过程中发生的纠纷，维护毕业生的权益。

第二节　大学生创业形势与政策保障

创业是时代的产物，在人类跨入 21 世纪的时候，创业更是在世界范围内迅猛发展。经济全球化、信息网络化、科技社会化和知识资本化的浪潮已经向我们扑面而来，一个充满机遇和挑战的时代正向我们走来，自主创业的新时代已经来临。比尔·盖茨、皮尔·卡丹、亨利·福特、孙正义、马云、郭敬明等，这些我们熟悉的创业名人实实在在地走到我们的面前，激发了许许多多中国人，尤其是年轻、充满朝气的中国大学生的创业热情和梦想。

一、大学生创业蓬勃兴起

创业作为一股世界潮流，20 世纪 80 年代后从西方世界到东方世界蓬勃兴起，一些著名的学者认为 20 世纪 80 年代后美国经济的强劲增长和旺盛的活力，关键在于其整个社会旺盛不衰的创业精神和千百万家小型企业生生不息的创业活动，它们是美国经济增长的秘密武器。

美国从 20 世纪 80 年代开始，一些高校开展创业计划大赛，推进了创业大潮的兴起。自 1983 年美国德克萨斯州大学奥斯汀分校举办首届创业计划竞赛以来，美国已有包括麻省理工学院、斯坦福大学等世界一流大学在内的 20 多所大学每年都举办创业计划竞赛。Yahoo、Excite、Netscape 等公司就是在斯坦福校园的创业氛围中诞生的。麻省理工学院的"五万美金商业计划竞赛"已有 10 余年的历史，影响非常之大。从 1990 年到现在每年都有五六家新的企业诞生，并且有相当数量的"计划"被附近的高新技术企业以上百万美元的价格买走。据统计，美国最优秀的 50 家高新技术公司有 46%出自麻省理工学院的创业计划大赛。

在中国，改革开放 30 多年来，民办企业成为一股潮流，中小企业迅速崛起，在数量上超常增加，在质量上不断提高，对社会经济的影响越来越明显。截至 2010 年年底，我国私营企业达 845.5 万户，占全国实有企业总数的 74.4%，较 22 年前增长了 90 倍，注册资金增长 2200 多倍，从业人员增长 54 倍。

1998 年 5 月，清华大学举行了首届大学生创业计划大赛。自 1999 年清华大学学生首开大学生创业先河——创建北京视美乐科技发展有限公司后，大学生创业热在全国迅速传播。虽然那些大学生创办的企业大多以失败而告终，但他们的理念、思路并没有随着企业的倒闭而停止。因为创业首先是一种创新，包括技术上的创新和理念上的创新。我国要创建创新型国家，大学就要成为创新型大学，大学生就要成为创新型大学生。大学生自主创业加快了我国成为创新型国家的步伐。而且，大学生创业也不乏一些成功的佼佼者，马云、孙德良、张朝阳等就是他们中的代表。

大学生创业的潮流不可阻挡。在当今中国的教育体制和就业背景下，大学生创业一方面可以增强大学生自己的动手操作能力、组织协调能力、心理承受能力、团队合作精神和社会适应能力，经过锻炼和不懈努力可以干出一番事业；另一方面也能带动其他大学生就业，是解决大学生自己就业问题的一个比较现实的选择。

二、大学生创业的重大机遇

对创业者来说，创业与环境紧密相关，环境不仅决定着创业的价值观，而且决定着创业的行为方式。随着改革的全面深化，我国的创业环境也发生了根本性变化，从高度集中的计划经济到市场经济的转换过程中，国家制订了大量鼓励自主创业的政策和法律，成就中国新的创业一代的时代来临了，创业的环境会越来越好。

当前，社会主义市场经济体制的建立、知识经济的蓬勃发展，为大学生创业人才的脱颖而出提供了宏观环境。毕业生就业体制，由过去计划经济的"统包统分"变成了今天的走向市场"双向选择，自主择业"。高等教育体制改革的不断深化，使大学生的就业观念发生了新的变化，自主创业或在岗位上实现创业已成为大学生创业创新的一个亮点。

1. 稳定和谐的社会环境是大学生创业的前提条件

科学发展观的含义是：以人为本，全面、协调、可持续发展。改革开放 30 多年来，在经济迅速发展的同时，我国的政治体制改革稳步进行，公民的民主法治观念逐步加强，一个积贫积弱的中国正在走向繁荣富强，和谐社会正在稳步建设中，这是大学生创业的时代条件和政治保证。

2. 市场经济的发展是大学生创业的经济条件

市场经济的健康发展不仅给大学生创业打下了坚实的物质基础，而且给大学生创业提供了广阔的市场空间。市场经济的发展，一方面使得人才能够自由流动，资源得到优化配置，对创业者越来越有利；另一方面，市场经济也让一部分大学生失去工作，毕业就意味着失业。这种现状迫使大学生改变就业观念，并且有条件地选择自主创业，在市场经济有利的大环境下充分发挥自己的才能，走上创业道路。

3. 国家的法律、法规和政府的政策是大学生创业的保障

尽管大学生创业是大学生个体的事情，但同样离不开政府政策及国家法律法规的支持。从 2002 年以来，国务院办公厅及有关部门陆续制订、出台了一系列相关政策，支持鼓励大学毕业生通过各种渠道、各种形式进行创业。各级地方政府纷纷设立"大学生创业启动基金"，鼓励大学生参与创业。各个高校也依托自身的创意创业区，为大学生创业提供创业场所和创业指导。

三、大学生创业中的误区

1. 动机不明

一千个人眼中有一千个哈姆雷特，每个人对创业也都有着不同的体味和理解，对创业动机的定位也千差万别。就创业者而言，最初的创业动机可能直接决定了以后的创业结果。如果仅仅为了追求时尚，或是为了得到财富，或是迫于目前的窘境，而没有把创业作为一项事业、一种理想，并做好为事业、为理想不懈奋斗的充分准备，那么他的创业活动很可能在达到成功之前就已经半途而废了。

2. 眼高手低

比尔·盖茨的创业神话以及近年来不断涌现的互联网创业故事，使 IT 产业、高科技产业成为大学生眼中的创业金矿，以至于不少大学生不屑于从事服务业或技术含量较低的行业，认为凭借自己的专业知识也一定能够再次书写创业神话。

创业的成功往往是多种因素共同作用的结果，除扎实的专业知识之外，丰富的创业经验、畅通的资金渠道、合理的创业者素质等因素都会直接或间接左右创业的结果。大学生如果对自身经验和能力认识不足，对创业的期望值过高，一开始就定位较高，很容易失败。

因此，大学生创业要放平心态，从基层做起，从实际做起，走稳创业的第一步。

3. 纸上谈兵

缺乏经验是目前大学生创业中普遍存在的问题，不少大学生创业者不对其产品或项目做市场调查，而是进行理想化的推断，经常以失败而告终。所以大学生创业初期一定要做好市场调研，一些可行性研究可委托专业机构进行，在了解市场的基础上创业才能成功。

四、大学生创业的政策保障

近年来，随着我国创新型国家建设的需求，以及高校毕业生就业压力的不断加大，国家对于大学生创业问题越来越重视。为支持大学生创业，中央和地方各级政府出台了许多优惠政策，涉及融资、注册、税收、创业培训、创业指导等诸多方面。对打算创业的大学生来说，了解政策，才能走好创业的第一步。

（一）　国家有关大学生创业的政策

1）在注册资金方面的优惠。大学生毕业生后两年内自主创业，到创业实体所在地的工商部门办理营业执照，注册资金在 50 万以下的，允许分期到位，首期到位资金不低于注册资金的 10%（出资额不低于 3 万元），一年内实缴注册资本追加到 50%以上，余款可在 3 年内分期到位。

2）税收优惠。毕业生新办从事咨询业、信息业、技术服务业的企业或经营单位，经税务部门批准，免征企业所得税两年；新办从事交通运输、邮电通讯的企业或经营单位，经税务部门批准，第一年免征企业所得税，第二年减半征收企业所得税；新办从事公用事业、商业、物资业、对外贸易业、旅游业、仓储业、居民服务业、饮食业、教育文化事业、卫生事业的企业或经营单位，经税务部门批准，免征企业所得税一年。

3）政府创业贷款扶持。2006 年，中共中央组织部、中共中央宣传部、教育部等 14 个部门联合下发的《关于切实做好 2006 年普通高等学校毕业生就业工作的通知》中规定，进一步落实针对大学生的小额担保贷款，简化程序，提供开户和结算便利。贷款额度在 3~8 万元，贷款期限两年，免利息。

4）给予行政人事方面的服务便利。政府人事行政部门所属的人才中介服务机构，免费为自主创业毕业生保管人事档案两年；提供免费查询人才、劳动力供求信息，免费发布招聘广告等服务等。

5）在收费项目方面的优惠。凡应届高校毕业生从事个体经营的，除国家限制的行业（包括建筑业、娱乐业及广告业、桑拿、按摩、网吧、氧吧等）外，自工商部门批准其经营之日起，一年内免交登记类和管理类的各项行政事业性收费。

6）为大学生提供免费创业教育培训。2012 年教育部印发《普通本科学校创业教育教学基本要求（试行）》的通知，要求切实加强普通高等学校创业教育工作，本科院校必须将创业教育纳入学校教学体系。自 2013 年开始，国家人力资源和社会保障部将参加免费创业培训的对象从原来的已毕业大学生扩大到毕业学年应届大学生。这将有助于更好地提升大学生创业意识和创业能力。

（二）　地方政府关于大学生创业的政策

根据国家对大学生创业的扶持政策，我国各省市地方政府都对大学生自主创业给予了不同程度的支持。总体来看主要从创业贷款及创业基金、减免各类收费项目、建立创业服务平台等方面来对大学生创业进行支持。

1. 大学生创业贷款优惠政策

陕西省政府先期投入 5000 万元设立"陕西省高校毕业生创业基金"，用于扶持高校毕业生自主创业。在当地公共就业服务机构登记失业的高校毕业生，自主创业自筹资金不足的，可向当地银行申请不超过 10 万元的小额贷款，创业基金管理部门（全省各级人力资源和社会保障部门所属的小额贷款担保中心）提供担保。高校毕业生申请小额担保贷款并从事微利项目的，由财政给予贴息。

西安市政府为鼓励大学生自主创业，设立了"西安市扶持大学生自主创业贷款基金"。同时成立了西安市扶持大学生自主创业贷款（简称创业贷款）工作协调办公室，由西安市创业办公室牵头，市金融办公室、市财政局、市科技局、市劳动保障局、市人事局、市商业银行等部门为成员单位。市政府以 5000 万元托底资金担保，由商业银行放大 5~10 倍为大学生发放创业贷款。贷款金额在 5 万~50 万元，贷款期限两年，由政府全额贴息。

2. 减免大学生创业的各类收费项目

为了更好地发挥工商管理部门的作用，全力改善创业环境，激发创业潜能，大力推进全民创业，西安市工商部门针对大中专毕业生制定了相应的创业扶持政策。①大中专毕业生毕业后 5 年内从事个体经营的（国家限制的行业除外），3 年内免交登记类、管理类和证照类收费。②创办公司 3 万元即可登记，允许投资人首期注册资本到位 10%，剩余部分可在 3 年内全部到位，并允许货币出资低于 30%。2013 年西安市工商局制订了"零注册"政策，降低大学生创业门槛。③高校毕业生办理工商登记时，只需提交有效房屋租赁合同，无需再提交相关产权证明文件，允许用自有或租赁的住房兼作经营场所。

3. 面向大学生的创业服务平台

对于初次创业的大学生来说，不仅需要保障创业活动正常进行的"硬件资源"，也包括各种信息、商务服务等"软件资源"。创业服务平台就是以各类创业群体为基本服务对象，通过开放性和标准化的规划设计，将一系列人财物等资源经过有效整合而形成的一种集成，并通过这种集成连接扩大至其他企业组织和各类服务提供者，从而降低创业群体的创业成本，提高生存率，加快发展进程。其本质是为创业者提供管理、技术、市场、培训、融资等"一条龙"服务的公益性服务机构。在公共服务资源的支持下，大学生创业者就可以顺利地度过创业阶段，进入成长期。面向大学生的公共服务平台主要有大学科技园、留学人员创业园。

（1）大学科技园。

大学科技园是以大学(特别是研究型大学)为依托，利用大学的人才、技术、信息、实验设备、文化氛围等综合资源优势，通过包括风险投资在内的多元投资渠道，在政府政策引导和支持下，以转化科技成果、孵化高新技术企业、培养创新创业人才、提供产学研平台为主要任务的创业服务机构。

一般大学科技园孵化企业的条件如下。

1）企业注册地及工作场所必须在大学科技园的工作场地内。

2）新注册企业或申请进入大学科技园前企业成立时间一般不超过 3 年。

3）企业在大学科技园孵化的时间一般不超过 3 年。

4）企业注册资金一般不超过 500 万元。

5）迁入的企业，上年营业收入一般不超过 200 万元。

6）企业租用大学科技园孵化场地面积不大于 1000 平方米。

7）企业负责人应熟悉本企业产品的研究、开发。

（2）留学人员创业园。

一般来说,留学人员创业园是依托在创业服务中心良好的软硬件环境基础上，通过积极吸引留学人员在国内兴办科技企业和从事高新技术研究，进而培育具有国际先进技术水平的高新技术企业。从服务对象上看，留学人员创业园只针对留学归国人员创办的企业；从功能定位上看，留学人员创业园的功能则主要定位于提高区域的创新水平和科技能力，促进科技成果市场化；从模式上看，绝大多数的留学人员创业园目前都由政府主导建立或高校建立，真正由民间成立的留学人员创业园可以说是凤毛麟角。

第三节　大学生就业创业应尽早谋划

凡事预则立，不预则废。大学生就业也好，创业也好，必须尽早准备，尽早安排，尽早做好规划，并要认真实施规划。只有这样，才能找到自己心仪的工作，才能实现自己人生的价值，才能真正为社会、为国家做出应有的贡献。

一、大学生应认真对待就业创业

认真对待就业创业，一是要提高对就业创业的认识，在思想上要高度重视。目前，很多高校在大学生中广泛开展中国梦教育实践活动，希望大学生把中国梦与自己的理想紧密结合起来，脚踏实地，努力实现梦想。还有的高校在大学生中开展"我为什么要来到大学""走出大学要干什么"讨论活动。这些活动对大学生提高就业创业意识、高度重视就业创业有着十分重要的作用。大学生要正确对待就业创业，具体分为三个方面：第一为审视自我。在就业创业之前，要对自身的优势和劣势进行正确的评估，全面对自身进行评估，了解自己是否具有就业创业的素质和能力。你如果想创业，要认真思考和回答几个问题：你自身性格适合创业吗？你的决策和组织能力如何？是否具备创业的决策和综合管理能力？是否可以长时间保持创业热情？自己的身体条件适合创业吗？你的父母、亲戚、朋友支持你的创业计划吗？你是否可以承受创业初期所遭遇的风险？第二为心理方面的准备。就业或创业是一件极具挑战性的事情，其过程是曲折艰辛的。这就需要做好充分的心理准备，妥善应对就业创业过程中所遇到的风险和激烈的竞争。第三为资源整合。资源是就业创业必不可少的关键因素，创业者整合资源能力的大小决定着创业的成败。因此这就要求大学生具备良好的人脉资源、丰富的信息资源并要不断提升个人知识和技能。

　　二是要认真做好职业规划，确定自己的职业目标及人生目标。在大学期间，切不可陷入大一放松、大二经商、大三租房、大四求生的怪圈。职业规划对于大学生有着极其重要的作用，具体来说表现为以下几点：第一，优秀的人才更需要做好职业规划（或者说是人生规划）。为什么这么说呢，因为优秀的人才面对着比普通人更多的机会，更需要在众多机会中选择一种最适合自己且自己最爱的生活方式（或工作），这个时候职业规划的重要性就体现出来了。因为一个有人生规划（或职业规划）的人会很容易在众多机会中选择一种最适合自己的，因为他早就认定了自己适合做什么，而且已经为自己认为喜欢并且会做好的工作（或生活方式）做了种种准备工作，当机会来临时，他只需将众多机会与自己的规划比较，看哪一个机会最适合自己的规划就选择那一个机会；而没做过人生规划（或职业规划）的人却是不断地问自己适合哪个机会，甚至由于他从来没有设计过自己的人生方向或职业方向，而丝毫没准备必要的知识或能力，或者是太乱而不专业，因此，当众多机会来临时他不知道自己适合什么，不知道自己想要什么而变得痛苦不堪，从而错失良机，一辈子在矛盾的选择中徘徊，终身一事无成。第二，不能规划自己人生的人注定成为别人成功路上一块平凡的垫脚石。有句话说得好，不能主宰自己命运的人就注定被别人主宰。一个人没有自己的人生规划，就没有自己生活的准则和方向，注定要被别人牵着鼻子走。这样的人若没有思想也就罢了，倘若又有一点小思想，那么他的人生将痛苦不堪。因为庸人等着别人来安排生活就心安理得了，而有点志向有点思想的人希望过自己想过的生活，但由于没有有效的人生规划或职业规划，注定会被别人牵着走，那种痛苦是可想而知的。第三，人生规划或职业规划的实现，关键在于坚持。其实许多人不是不知道职业规划或人生规划的重要性，但为什么没有达到预期的目标，最关键的是没有坚持自己的理念并不断地充实自己。不能坚持的计划永远只是纸上谈兵，水中月镜中花。第四，收集积极信息，培养积极思维，确保达成目标。如何才能坚持自己的规划，这就需要不断地收集积极信息，培养积极思维，不断地强化达成目标的愿望。

三是要为实现目标努力奋斗。实现目标有许多事情要做，包括拟定实现目标的计划，自己综合素质的提升，特长的不断发展，还必须艰苦奋斗、攻坚克难、坚持到底。

二、大学生应树立正确的就业创业观

好儿女志在四方。当代大学生要有担当精神，无论是就业还是创业，都应该到祖国和人民最需要的地方去。首先要树立正确的就业、创业理念。原则是那里需要就到那里去。先就业再择业，先就业再创业、毕业就创业，目前毕业生在择业过程中正在形成新的就业、创业观。

一是毕业生也不必急于在短时间内找一个固定的"铁饭碗"。要树立不断进取的职业流动观念，并学会在流动中发现机会、抓住机会、把握机会。提倡自主创业，自主创业是通过采取单干、合伙等方式创办公司或其他企事业单位，并依法获得劳动报酬的就业方式。自主创业给具有创造力和活力的大学生提供了就业和深造以外的"创新之路"。走向基层和农村，在目前我国大中城市、主要机关事业单位提供的就业机会日趋饱和的情况下，毕业生如果能结合农村的实际情况，利用专业所学，奉献青春和智慧，将会在当前紧张的就业形势下开创新的天地。发挥专业所长，毕业生在择业时首先要考虑所学的专业，以做到专业特点与职业要求相匹配，发挥专业优势，同时也要考虑综合素质和能力。一味强调专业对口，会使毕业生在激烈的竞争中失去很多机会。认清自己，认清社会。人离不开社会，一个人的工作方向也离不开社会的要求，这样人才能更好地适应社会，改造社会。鲁滨逊被困孤岛，与世隔绝，多年后返回故土，已恍如隔世。一个大学生如果不了解社会需求，恐怕只会在创业道路上连连碰壁。我国在 1993 年 2 月 13 日颁布的《中国教育改革与发展纲要》明确提出了当代大学生自主创业的要求。1998 年 8 月 29 日，第九届全国人民代表大会第四次会议中通过了《高等教育》，进一步对当代大学生自主创业进行了明确的要求与规定。这就要求大学生要学会自主择业和主动创业。大学生要充分了解自己，认识到自己兴趣和长处之所在。"三百六十行，行行出状元"，当前社会的各行各业人才需求量都很大。当代大学生不可盲目为赶时代潮流全都一股脑儿挤到热门专业，其实专业无热冷，只怕学艺不精。不管你的专业是什么，只要你在这个领域确实学有所成，你就一定能够利用你在这个领域的知识成就一番事业。大学生毕业以后能有多大的发展空间，并不是取决于他的专业是否热门，而是取决于他在专业学习中是否已掌握了分析问题解决问题的能力。不要固步自封，要有积极创业的准备。创业是艰难的，光有思想准备是不够的，还要有创业勇气。1998 年 10 月，在法国巴黎召开的世界高等教育大会通过的《21 世纪的高等教育：展望与行动世界宣言》中指出，为方便毕业生就业，高等教育应培养创业技能和主动精神。创业需要勇气，但需要的是智勇，而不是蛮干。大学生要打破以往旧的观念，树立创新意识，努力提高自主创业能力。

二是要树立从基层做起的理念，到祖国最需要的地方去。2003 年，国家开始实施大学生志愿服务西部计划。国家"鼓励青年知识分子到实践中去、到基层和艰苦地区去，经受磨练，健康成长"；"引导大学生到西部去、到基层去、到祖国和人民需要的地方去建功立业"；促进西部贫困地区教育、卫生、农技、扶贫等社会事业的发展。西部计划是大学毕业生走向基层的序幕，到西部去，对许多大学毕业生来说，是一种自觉的选择。对个人来说，西部的发展空间很大，到西部能找到个人发展和国家需要的结合点。响应国家的倡导，每年有越来越多的大学毕业生选择到祖国西部磨练自己。到 2013 年，该计划已经选派了 17 万名高校毕业生奔赴西部地区的 300 多个贫困县的乡镇，开展每届 1~2 年的支教、支农、支医等志愿服务。国家全面、大规模倡导高校毕业生到基层就业开始于 2005 年。政府人事部门采取了很多措施拓展毕业生到基层就业的渠道，主要有组织开展高校毕业生到农村基层支教、支农、支医和扶贫工作活动；推荐高校毕业生进村，进社区工作，建立待就业毕业生见习基地等。随着毕业生人数的逐年增加，毕业生在大城市就业的形势越来越严峻，但广大基层对大学毕业生却求贤若渴。我国是农业大国，要想全面建成小康社会，首先要考虑的是对农村的投入和开发。没有一批有知识、有文化的青年作为农村的骨干力量是不行的。毕业生应充分认识到基层是年轻人成长的广阔舞台，应有志于服务基层，用自己的青春和知识建设社会主义新农村。

三是干一行爱一行，要做就做最好。典型案例：大学生利用微信开办购物平台，做起了自己小生意。陕理工一号店，一个微信购物公众平台，是由陕西理工学院数学与计算机科学学院的五位大三学生创办的，主要经营同学们最喜爱的水果和零食，上线半个月关注人数就已经突破了 1100 人。"现在微信很火，大家都在玩，寒假的时候我受到嘀嘀打车软件的启发，便想尝试着开家微店，因为我们网络工程专业研究的就是软件开发。"他们的网店创始人之一周浩回忆着自己最初的创业路程，手里还不时关注着自己的购物平台。闲来无课时，周浩就开始做起了市场调查。说干就干，召集舍友，从开始筹备到 "微店"正式上线，只用了短短不到 20 天的时间。该"微店"只针对校园用户，主营备受同学们喜爱的水果、酸奶、零食、饮料等，接单之后送货上门。上线当天就有同学下单，好评连连，回头客不断。"我们现在的课很少，早上10点以后就没课了，大部分同学都是在晚上下单。"合伙人袁宇鹏说，"我们一般去小食品、水果批发市场只进总共200元左右的货，卖完再去进。当收到同学下单的信息后，忙碌的工作就开始了，称重、打小票、送货上门等一系列活儿，谁有空谁就来做。"周浩说，"大家积攒了自己的生活费做成本，现在每天的生意慢慢好起来，更开心的是，现在学校的老师也开始下单购买水果了。目前每天的营业额在70元左右，虽然不多，但是大家对微店的未来充满了信心。"他们还利用微信购物公众平台帮同学免费发布二手交易信息，帮大家提供免费的数码维修，电脑、手机升级，系统优化，数据恢复等。

四是经受挫折、走向成功。特别是创业的大学生，创业成功与否，不仅取决于是否有强烈的创业意识、娴熟的专业技能和卓越的管理才华，更大程度上取决于其面对挫折、摆脱困境和超越困难的能力。具体案例：90后大学生农村创业在土里刨金。刚上大学时，刘瑞听说做返利网很赚钱，便也打算做一个，而且第一时间想到了马凯，两人开始了第一次合作。由于种种原因，创业项目无疾而终。刘瑞说，"虽说第一次创业让我们赔了钱，但是也让我们学到了很多知识，增强了彼此的信任。"第二次创业，刘瑞将目光放到了自己从小接触的土地上。他清楚地认识到现在城市的很多人都崇尚绿色无公害，土特产就很符合这一理念。于是他将自己公司主销产品定义为小米、核桃、大枣及各种衍生品，最终实现了自身的创业梦想。

三、大学生就业创业应尽早谋划

大学生就业也好，创业也好，必须尽早谋划。一是一进大学就要做好职业规划。要学习和掌握拟定职业规划的基本知识，掌握拟定职业规划的方法步骤，也应很好地与家长、老师、同学深入探讨和交流，使自己拟定的职业规划客观科学，具有可操作性。二是依据职业规划和就业创业的实际需要，做好就业或创业各方面的准备。包括职业道德、专业知识与技能、人际关系、社会实践、各种证书等，都必须认真地准备。三是一定要尽早。早人一步，就是抢抓住了机遇。早人一步，就是超越。拟定职业规划，为实施规划做好各方面的准备，以实际行动实现目标，都必须早思考、早安排、早行动。只有这样，才能实现职业目标，体现出自己人生的价值。

第二章 大学生职业规划务必做好

第一节 职业规划的重要性

职业规划是指在对个人和外部环境进行综合分析评估的基础上，以具体文案的形式对个人的职业目标进行的有效规划。职业规划或职业生涯规划，实质上是个人的职业理想，也是一个人一生职业发展的梦想。职业规划对一个人一生的发展十分重要，对大学生的求职和事业的发展更为重要。凡事预则立，不预则废。大学生做好职业规划，是一进大学校门必做的功课，而且必须做好。就业也好，创业也好，都必须做好职业规划。做好职业规划，对当代大学生来说，意义深远。

一、为找到心仪的工作和实现人生梦想奠定基础

职业是随着社会进步在社会分工过程中逐步形成的，职业可以说千差万别。对于一个刚刚步入大学校门的学生来说，职业好比雾里看花，只知道自己所要学的专业，不知道自己大学毕业到底要干什么。大学生应清醒认识到，职业的多样性和个体差异的存在，每个人都不可能适合社会上所有的职业。对于个人来说，必须结合自己的爱好专长做出正确的选择。大学生只有根据自己的特点并结合社会的发展进步和各行业发展的需求等外部环境因素做好职业规划，才会有明确的指向性、目的性和现实性，不会盲从，不会雾里看花。做好职业规划并持之以恒地为实现职业目标而努力，才会在大学毕业择业时胜出，找到自己心仪的工作，进而实现自己的人生梦想。

大学生有理想，立大志，于国于民，于己于人，都大有裨益。百学必先立志，志不立天下无可成之事。大学生唯有立大志，方可成大业。少年周恩来立下为中华崛起而读书的壮志，成就了救国救民、立国立民的千秋伟业；少年茅以升矢志造桥负笈苦学，克服重重困难，修建了第一座现代化桥梁。有志者事竟成。大学生拟定职业规划的过程，实际上是将自己的理想以具体文案的形式固化的过程，也是自己的梦想进一步明确的过程，对于采取行动实现规划、实现梦想有着十分重要的作用。

二、实现职业目标和人生梦想成就一番事业

一个人来到世间特别是成人以后，会有许多想法，或者说是理想。要把理想

变成现实，必须做出具体的规划，包括对职业的规划、对爱情的规划等。有人说，一个人只有事业而没有爱情，人就会感到悲哀；一个人只有爱情而没有事业，人就会感到空虚。这话不无道理。人生要充实，要有意义，必须有自己的事业。这个事业说到底就是工作。工作既是为了自己，更多地是为了社会的进步与发展。无数事实证明，一个人有了自己的目标，并不断为实现这一目标而奋斗，就会成就一番事业。

吴荣当年的目标是当一名大学教师。上大学的时候却考取的是一所专科师范院校的数学专业，毕业后分到一所初级中学当数学教师。他将自己的职业目标做了调整，即读完本科当一名高中教师，再读研究生当一名专科学校教师，进而读博士进入大学当一名大学教师。于是，他的兴趣、热情、精力、时间等都在为这一目标奋斗。他在做好本职工作的同时，加强身体锻炼，专注于自学，在省级教育学院在职读完了本科，顺利调整到高中代课。一年后他又考取了西北一所知名大学数学专业研究生脱产学习，研究生毕业，他到一所高等专科学校任数学教师。他在这所专科学校边工作边学习，两年后考取了一所重点师范大学的博士生。博士生毕业后留师范大学任教，学校不仅给他补贴10多万元分配了住房，还给了他科研启动费。他现在已经评上了教授，成为博士生导师，并且在基础数学教学和研究上有一定影响。他常对他的学生讲，"人生须有目标，有了目标并不懈为实现目标而努力，你就会有收获，就能够成就一番事业。"

1970年，美国哈佛大学对当年的毕业生进行了一次人生目标调查，发现27%的人没有目标，60%的人目标模糊，10%的人有清晰的目标但是比较短期，3%的人有清晰的目标而且比较长远。25年后，哈佛大学对这一批毕业生进行了跟踪调查，结果发现当年那27%的人过得不如意，常常抱怨他人，抱怨社会；60%的人安稳地生活，但没有突出成就；10%的人短期目标不断实现，成为各行各业中比较有成就的人士；3%的人一直朝既定目标不断努力，最终成为社会各界成功人士，其中不乏行业领袖、行业精英。

从以上两个案例中，可以得出一个结论，即成功源自于清晰的职业规划。能够成就一番事业的人都有一个突出的特点，就是有目标，有行动，知道自己要做什么，也知道自己应该怎么去努力，最终成就自己的事业，也为社会做出了应有的贡献。

三、最大程度激发个人的动力源和潜能

目前从各高等学校学生的实际情况来看，绝大多数学生都没有做好职业规划。既使是名牌大学，也没有多少学生认真做好职业规划。究其原因，一方面是学校没有尽到责任，没有教育引导学生做好职业规划，也没有单独设立就业与职业规

划的必修课程。另一方面是学生职业规划的意识淡薄，没有这方面的知识与技能，也没有深刻认识到做好职业规划的重要作用。欣慰的是教育部在大学生就业创业政策上，要求各高校加强对大学生就业创业的指导，开设就业创业指导课程，其中职业规划就是就业创业课程中的必备内容。按照教育部的要求，各高校相继开设了大学生就业创业课程，教育引导大学生树立正确择业观，做好职业规划，使大学生能够充分就业，并提高就业质量。一个大学生如果不做好职业规划，就没有明确的目标和价值取向，就如沧海中的一舟，迷失方向，迷失自我，到头来只能是平庸。

通过了解自己，掌握自己的特点，正确设定自己的职业发展目标并制订行动计划，才能使自己的才能得到充分发挥。随着一步一步实现你的规划，你的学习方式、思维方式、工作方式、处人方式、行为能力等都将得到最大程度的提高。随着对规划的补充完善，你就会抓住重点，合理安排日常学习和工作，最大限度激发你自己的动力源和潜能，全神贯注于自己目标的实现，最终实现目标。也许有的人会说，计划永远赶不上变化。但是幸运只垂青于有准备的头脑，在你的事业发展道路上，变化就是机遇，是你在按着既定目标探索的过程中迎来的，没有既定规划，没有以积极的心态去努力实现规划，机遇很可能与你擦肩而过。有人说，职业规划，就是看准一条道一直走到底，这观点有可取之处。在你设定的规划中，无论怎样变化，都应在总方向不变的前提下抓住变化这一机遇，以实现自己的职业目标，实现自己的人生梦想。

第二节　拟订职业规划的方法与步骤

拟订职业规划难吗？不难。做好职业规划，是个人对自己、对家庭、对社会的负责。对大学生群体来讲，做好职业规划，远比学好一门专业课要轻松，要容易得多。拟订职业规划，仅仅需要的是认真、耐心、勇气与方法。职业规划应充分考虑人、环境、职业与事业之间的关系。一般来说，拟订职业规划分五个步骤，即自我评估、选择职业、确定职业目标、制订行动实施计划与措施、职业规划的调整。

一、自我评估

（一）自我评估的目的

拟订职业规划，首先要进行自我评估。自我评估就是对自己的职业理想、职业兴趣、性格、学识、人际关系、智商、情商以及组织管理能力、协调能力、应变能力等全面进行认识，目的是要正确而客观地认识自己，了解自己，掌握自己的特长与缺陷，发现自己的职业兴趣爱好并积极调整自己。只有正确而客观地认识自己，把握自己，才能对自己的职业做出正确选择，才能选定适合自己发展的职业生涯路径，才能对自己的职业目标做出理性抉择。自我评估的内容包括职业理想、兴趣、特长、性格、学识、技能、智商、情商、思维方式与方法、道德水准以及社会中的我等。

（二）掌握自己的职业理想、职业兴趣

积极评估自己，真正了解自己想干什么，爱干什么，而且能够使二者有机结合起来。理想是相对稳定且长远的，是自己的大方向、大目标。而兴趣则是自己爱干、喜欢干、乐此不疲甚至于浑然忘我投入的事情。如果没有理想，只有兴趣，那自己就会原地打转，失去方向；如果只有理想，没有兴趣，那么理想也会变成空中楼阁，人就会失去前行的动力。对于要从事的事业来说，最好是将理想与兴趣有机结合起来。这里要说的是，人的一生中，兴趣是会改变的，兴趣也是完全可以培养的，一个人可以追求一个一成不变的理想，但不一定追求一生都不变的兴趣。当兴趣发生转变的时候，理想可以引领你找到新的兴趣和通向目标的动力。这里还要指出的是兴趣不一定成为你的职业或者说事业，一个人常常有多种兴趣但一定要找到从事职业和成就事业的兴趣。这里还要特别强调的是要善于发现并培养自己想从事职业和成就事业的兴趣，其基本方法是开拓视野，尽可能接触通向你自己理想的领域。唯有接触你才有机会去尝试，唯有尝试才能发现自己的兴趣。

全国教育系统劳动模范李老师，现供职于某初级中学，在当地教育界很有名望。当年她考取了一所师范院校，读中国语言文学专业。她的理想是当一名知名的中学教师。她在大学的爱好是读书和交友。她很喜欢读书，除专业书之外，文史哲甚至理工科有些书也拿来读，每年至少要读 10 本专业之外的书。毕业实习的时候她回到自己家乡一所中学实习，在那里她发现她很爱孩子，总是带着欣赏的眼光对待每一名学生。学生们都很喜欢她，喜欢她讲教科书之外的知识，喜欢和她在一起，跟前跟后围着她转。之后，她多次到这所中学体验，发现自己的兴趣除读书以外，很爱和学生在一起，喜欢跟人打交道。当她大学毕业择业时，按当时计划她可以分配到自己原籍家乡的其他教育部门，可她要求到自己原实习的中学教书。于是，她顺利到了这所中学当一名语文老师。她到学校报到的时候，学生们排成两队欢迎她。在她的不断努力下，她成为全国教育系统劳动模范。

从这一事例可以看出，李老师之所以能够成功，能成就一番事业，是她将理想与职业兴趣实现了最完美的结合。当然，这和她的坚持与执着也密不可分。还有另外一种情况，你的理想是当一名教师，但你的兴趣不在教学上，不在学生身上，一见学生就来气，一听到上课铃声就头痛，这方面的兴趣又培养不起来，那

你就应考虑你的理想是否现实科学，是否要调整目标，去做你爱做的事，最好还是兴趣跟着理想走。

（三）掌握自己的性格，解决自己的性格能做什么、适合做什么的问题

性格是一个人对客观事物的稳固态度和习惯化了的行为方式。性格不是天生的，主要是在个体发展的历程中，在社会生活实践中，在主客观的相互作用下，使外界影响在内部反映机制中保存和固定下来，构成一定的态度体系，并以一定的形式表现在个体的外部行为之中，形成个体特有的稳固的行为方式的结果。性格与职业相匹配，可以最大限度地发挥自己的潜能、天赋，以实现自己的人生目标。对于当代大学生来说，自己的性格属于哪种类型，不用测试也能判断个八九不离十。为了慎重起见，最好还是用一些成熟的性格测试方法对自己的性格类型进行测试。

自己的性格能从事什么职业，适合什么职业，美国心理学家霍兰德的实验研究结果具有直接的指导作用。霍兰德也是职业规划大师，目前他的研究成果已被广泛使用，它可以帮助自己搞清楚自己的职业性格，为自己喜欢的职业牵线搭桥。

霍兰德把人的性格按职业需求分为六大类型，即现实型、研究型、艺术型、社会型、企业型、事务型。

六大类型性格特征的职业兴趣和职业性格归纳如下。

1）现实型。职业兴趣和职业性格：动手能力较强，喜欢与机器、工具打交道，做事遵循规则；做人很现实，不是理想主义者，追求安定而舒适的生活；通常表达能力不强，不愿与人打交道；思想较保守，对新鲜事物不太感兴趣，情感也不太丰富。

2）研究型。职业兴趣和职业性格：对自然现象和自然规律很感兴趣，思维逻辑性较强，善于通过分析思考解决难题，但不一定实施具体操作；喜欢面对疑问和不懈的挑战，不愿循规蹈矩，渴望创新；为人慎重而敏感，追求内在自我价值的实现；对科学研究和科学探索有热情并表现出极大的热情，对周围的人和事不太感兴趣。

3）艺术型。职业兴趣和职业性格：有很强的自我表现欲，喜欢以各种艺术形式表现自己的才能；想象力很丰富，创造力很强，容易凭直觉做出判断，情感丰富，容易冲动，独立性、自主性较强；追求多样化活动，善于转移注意力并善于和适应各种环境，喜欢能够表现自己爱好和个性的各种环境；在新的和意外活动中会感到愉快，喜欢经常变化的各种活动；善于通过非系统化、自由的活动进行艺术表现。

4）社会型。职业兴趣和职业性格：善于与人交往，喜欢周围有别人存在，对别人的事很感兴趣，乐于帮助别人；喜欢与人而不是与事物打交道，善于与人共

事，善于表达，想得到周围人的认可；喜欢参与解决人们普遍关心的社会问题，喜欢设想使别人同意自己的观点；对别人的反应有较强的判断力，善于影响他人的态度、观点和判断。

5）企业型。职业兴趣和职业性格：精力充沛，喜欢竞争和冒险，自信、支配欲强，好与人争辩，总试图让别人接受自己的观点；喜欢计划自己的活动和指导别人的活动，不愿被人支配，不易与人合作；在独立和负有职责的工作环境中感到愉快，喜欢对即将发生的事情做决定；在别人眼中，你是敢作敢为、信心百倍、乐观、冲动、自我显示的人；追求权力、财富和地位，不愿从事精细化工作，不喜欢需要长期思维的工作。

6）事务型。职业兴趣和职业性格：喜欢有秩序而且安稳的生活，做事有计划，善于接受上级安排的工作任务，不愿自己独立作出决策和判断，工作踏实，忠诚可靠，遵守纪律，自我控制力强，讲求精确，不愿冒险；喜欢连续不停地从事同样的工作，喜欢按照机械的或别人安排好的计划或进度办事，喜欢重复的、有规则的、有标准的职业；喜欢注重细节，按一套规则和步骤将工作做到完美，倾向于严格、努力地工作，以便能够看到自己付出努力而达到的工作效果。

从以上六大类型中可以清晰看出不同类型性格的人的职业兴趣和职业性格，大学生自己进行对照、测评，就可以知道自己属于那种类型性格。发现了自己的职业兴趣和职业性格，就可以找到与自己性格类型相匹配的职业范围和相应的职业。

六种性格类型适合的职业范围和具体职业归纳如下。

1）现实型适合的职业范围。可从事有明确而具体分工并有一定程序要求的技术型、技能型工作。适合的职业范围包括材料、测绘、船舶机械、电力、能源、电气、电子、仪器仪表等；适合的具体职业包括机械操作、维修、建筑、渔业、技术员、安装、矿工、木工、电工、测绘员、野外工作、实践技师、电气工程师、机械工程师、土木工程师等。

2）研究型适合的职业范围。可从事有创造性的工作。适合的职业范围包括自然科学、工业安全与质量、互联网开发与应用、环境保护、计算机与数据处理、化工、天文气象等；适合的具体职位包括计算机程序员、产品安全、工程师、研究员等。

3）艺术型适合的职业范围。可从事文化艺术性工作。适合的职业范围包括表演、影视、服装、纺织、皮革、媒体、出版、美容、健身、美术、设计、创意、体育、餐饮、娱乐等。适合的具体职位包括演员、影视编导与制作、工商业设计师、食品服务、美容师、体操教练、博物馆技术员、记者、艺术总监等。

4）社会型适合的职业范围。可从事与人打交道的工作。适合的职业范围包括教育、培训、公安、检查、法院、经济、公共关系、保险、家政、酒店、旅游、律师、侦探、行政、党务等。适合的具体职位包括教师、医生、护士、心理咨询、行政人员、服务行业经理、政治家、校长、园长、职业规划师、律师、精算师、导游等。

5）企业型适合的职业范围。可从事有胆略、冒风险和承担责任的工作。适合的职业范围包括生产、运营、房地产经营、金融、人力资源、经营管理、物流、销售等。适合的具体职业包括工业工程师、经纪人、经理、企业家、推销员、管理者、行政领导、理财师、人力资源开发经理等。

6）事务型适合的职业范围。可从事严格按照规则和固定方法所进行的工作。适合的职业范围包括翻译、行政、后勤、财务、审计、税务、统计、邮政、交通等。适合的具体职业包括口译和翻译、后勤管理者、秘书、货运代理、审计员、会计、出纳、图书管理员、税务人员、统计员、交通管理员、打字复印员、保管员、邮递员、人事职员等。

（四）掌握自己的能力倾向，解决自己擅长做什么、能做成什么的问题

对能力倾向测评实则是发现并掌握自己的特长和潜质、天赋。关键是能使自己的特长"越来越长"，并要扬长避短、学以致用。一个人知道了自己的职业兴趣，适合做的工作，以自己的特长专注于这项工作，必然会成就事业。爱好不等于特长。询问很多大学生你的特长是什么，许多大学生回答说打篮球，或者说书画、下棋、旅游等，其实是将爱好或者说是业余活动当成了自己的特长。大学生最应该明确的是自己的特长就是自己所学的专业以及所学专业的不断拓展。要使自己的专业"越来越长"，就要评估自己对自己所学的专业是否学好了，是否触类旁通了，是否对某些方面的缺陷采取了补救措施。

通俗地说，特长或者擅长是自己所具有的而别人却没有的、别人有的而自己却比别人强的。就自己专业的扩展来说，其专业成绩、获奖记录、实习实践经历、参加社会活动、担任学生干部等情况，都应是自己的特长。除专业之外，职业道德也应成为大学生的特长，做事先做人，万事德为先，无论哪个单位选聘人员，都首先把"德"放在首位。当然，在其他方面有一技之长且达到一定水平的也是自己的特长。把自己的特长与择业、工作紧密结合起来，在工作中就会如鱼得水，脱颖而出，能够做大事、成大事。

二、选择职业

在对自己评估的基础上，要认真选择职业。选择职业就是要选择自己最爱、最需要而且是最适合自己的职业。在选择职业时，个人的职业理想、兴趣、性格类型、能力倾向等都要与职业相匹配。个人与职业相匹配，就很容易适应新职业，

就业后的工作质量和生活质量也就越高，事业成功的指数也就越高。如果个人与职业要求不匹配，就会出现个人与职业要求的矛盾和冲突，带来的问题是自己不能适应新工作，进而会失去对工作的激情和动力，最终导致一事无成。为此，择业时一定要寻找最适合自己的职位，而不是别人认为最好的职位。在对自己客观公正地评估之后，掌握了自己的职业理想、兴趣、职业性格、特长等，知道了自己喜欢做什么，适合做什么，擅长并且能够做成什么的前提下，就能找到最适合自己的职业。

（一）调研分析职业机会

调研分析职业机会，实则是充分了解职业。主要是调研分析掌握各种环境因素对自己选择职业及对自己职业生涯发展的影响。环境因素主要包括组织环境、政治环境、社会环境和经济环境。要分析环境的特点、变化以及自己与环境的关系。特别要了解环境对自己提出的要求。只有对环境因素有了充分了解，才能使自己的职业选择更有意义。

比如说，你的职业理想是行政管理工作者或者行政领导，你对时事政治及政策很有兴趣，职业性格又喜欢与人打交道，乐于沟通、协调、组织、计划、总结和不断提升自己，又长期担任学生干部或社团领导且具有做行政工作的初步能力，你的职业选择是当一名公务员。但是现实的环境是公务员有国家行政机关的，有省、市、县、区行政机关的，并且各级行政机关对公务员的要求都有所不同，行政机关中公务员的职位很多，每个职位对从职人员的要求又不相同，这就需要你调研、了解并掌握各级行政机关公务员的基本要求和每个公务员职位的具体要求。了解并掌握了这些要求，再结合自己的情况做出选择。调研分析职业机会，要有明确的方向。主要是结合自己的实际情况调研分析自己的理想、兴趣、性格及能力倾向所指向的行业和部门。根本就不想从事艺术工作，也不具有这方面的性格和特长，就没必要去调研分析它。

充分了解职业，是自己选择职业的第一个步骤。了解职业方法很多，对于大学生来说，实习是最佳手段，还有就是去参观、考察参加讲座和招聘会、向职场过来的人咨询、订阅相关的报刊、研究网路上的招聘启事等。

（二）选对职业

职业选择正确与否，直接关系到自己事业的成败。据统计，在选错职业的人当中，有 80% 的人在事业上是失败者。选择职业应充分考虑四个方面的问题：兴趣与职业相适应、性格与职业相适应、特长与职业相适应、环境与职业相适应。还应考虑的是在选择职业时一定要务实。

务实说起来容易，做起来实属不易。务实需要耐心，需要勇气，需要毅力，还需要专注和时间。有相当数量的大学毕业生兴趣、性格、特长、内外环境与所选择的职业相适应，为什么还是找不到现实的工作职位？问题就出在不能务实上，出在择业观念上，造成高不成低不就。有的毕业生要考取省级国家机关公务员，但省级国家机关公务员须有两年相应工作经历才能报考，他这两年时间宁愿等待也不愿应考没有工作年限限制的乡镇级公务员。现在事业单位都是凡进必考，而且招考的大多数职位都安排在边远艰苦地区，许多毕业生尽管符合应招条件，但就是不去应考，宁愿呆在城里打零工，也不愿到边远艰苦地区的事业单位去。有的师范院校毕业生就想留在城市学校或县城学校，宁愿不就业也不去边远山区学校任教。这就形成千军万马齐挤独木桥。实际上大学毕业生的第一份工作应该从最基层做起，积累工作经验，将来有机会做到最顶层。为此，选择职业还必须务实。

（三）选择职业的步骤

选择职业第一步是先选择行业，第二步是选择行业中的某一类职位，第三步是选择具体职位，最后是选择适宜的工作单位和工作地方。

第一步，选择行业。选行业，是要选最适合自己并且是能够使自己充分发展的行业。社会上行业很多，每个行业应该说都有适合自己的工作职位。比如，自己学的是教育类专业，各行各业都有教育类专业的职位。建筑行业有教育培训，传媒出版行业有教育类书刊，商业也有教育类的职位，但教育类专业毕业生如果到这些行业工作，对自己的职业发展就有限制，因为所从事的工作是这一行业的副业。如果一时找不到心仪的工作，可以先到这些行业工作，但在职业规划中，最好按规划回归到最适合自己的行业。教育类专业的毕业生，最好选择教育行业或党政机关，这样，会使自己的职业一直通向宝塔顶。

第二步，选择职位。行业选择好了，选择职位也就相对容易。一般情况是选择与自己所学专业对口的职位。所选择的职位要一直向上发展并且具有连续性，如中小学所设置的职位一直向上且具连续性的是三级教师、二级教师、一级教师、高级教师，省级行政机关职位向上发展且具有连续性的是科员、副科长、科长、副处长、处长、副厅长、厅长，再往上还有副省长、省长。如果自己是学师范类专业的，最好是选择学校或教育党政机关所设置的职位，这样，就有利于自己职业的发展。

第三步，选择具体职位。对于大学毕业生来说，行业和职位选定之后，选择具体职位只能是行业和单位一类职位的最低职位，也就是从最低级职位干起。用人单位到学校招聘大学生，所招聘的职位，一般都是最低级职位。

第四步，选择工作单位和工作地方。一般来说，单位在哪里，工作就在哪里。也有的单位有分支机构，总部在一个地方，而分支机构却在另外一个地方。对于大学毕业生,对这些问题要搞清楚,不要出现自己选择的单位在西安,工作却在安康。

三、确定职业目标

确定职业目标应基于自己的理想、兴趣、性格、特长,并要紧密结合经济社会的发展和行业的发展变化。职业目标不要期望一步登天,而要循序渐进,就像登山一样一步一步往上攀登。通常目标分为短期目标、中期目标、长期目标和人生目标。短期目标一般 1~5 年,中期目标一般 5~10 年,长期目标一般 10~20 年。

对于大学生而言,在大学期间确定职业目标是自己最好的时期和机会,工作之后可能没有多少时间考虑这一问题,也可能不能静下心来考虑这一问题。确定职业目标应考虑三个因素,即坚持在一个行业中发展,坚持职位的一贯性并一直向上发展,选准一条路一直走下去。比如在教育行业,可以从小学到中学再到大学,甚至到教育管理部门;在大学当教师,可以从助教到教师到讲师到副教授到教授,甚至于当校长,当教育局局长、当厅长、当省长。这样设计,就不会走弯路。不走弯路,实际上就是捷径。

大学生确定职业目标,比较实际的就是先确定短期目标,先就业;再认真设定一个中期目标;然后再粗略地设定自己的长期目标和人生目标。工作之后再根据当时情况对长期目标和人生目标进行考量并详细规划。其目标设定的路径如下表。

自己因素 项目	因素项目 具体描述	适合自己 的行业	适合自己 的职业	设定的职位(由 低向高排序)	实现目 标时限	设定的工作单位(由 低向高排序)	设定工作 地点
自己的职业理想							
自己的兴趣							
自己的职业性格							
自己的特长							
其他因素							

四、制订行动计划与措施

确定了职业目标,为实现目标而采取行动最为关键。只有目标,而没有实现目标的行动,目标便难以实现,成为空想,更谈不上事业上的成功。要制订实现目标的计划和措施,并要认真执行计划。

　　行动计划要周密，措施要具体。职业目标有短期的、中期的、长期的，要制订好每一个时期的行动计划和具体措施。自己所选定的职业，其目标要求主要包括职业道德的培养与提高、知识的准备、技能的提高与扩展、实际工作能力的准备、人际关系的最大化、服务意识等。比如你选定中学语文教师这一职位，你怎么才能够做到为人师表、热爱学生；除专业知识之外，你还应该具备哪些知识，怎样掌握这些知识；你怎么提高你的教学水平；你应该掌握哪些教育教学方法和技能；怎么教育管理学生，从哪些方面入手；怎样提高管理学生、管理班级事务的能力与水平；怎么组织学生课余活动；学生发生突发事件怎么应对；怎么使自己一直向高职位迈进，进而成为知名教师；通过什么途径、方法达到知名教师；等等，其行动计划与措施都应该具体，并贵在落实。计划的执行情况要定期检查，发现没有落实要及时补救。

五、职业规划的调整

　　随着社会经济的发展，其职场的变化、职位的变化随时都可能发生。随着社会事业的发展，随着新的创新型公司的诞生和发展，原来没有的工作职位有可能大量增加，而原来迫切需要的工作职位，有可能在几年之后根本就不存在了。你现在进大学学的是学前教育专业，目前学前教育专业的教师缺口很大，就业没有任何问题，但四年毕业时是否还大量需要学前教育专业的教师，这就存在着变数。未来不可知因素很多，人的发展变化不可知因素也很多，所制订的职业规划本身就可能存在着一些缺陷。因此，职业规划设定好了，并不是一成不变的，而应该根据经济社会的发展、行业的发展变化、职位性质及数量的变化，结合自身的情况对职业规划作出相应的调整。职业规划本身就是在发展中不断调整的。大方向不变而不断微调的职业规划才是符合实际的，是科学的，是可以实现的。

　　对于绝大多数大学生来说，职业规划不宜进行大调整，只能是微调。一般情况是大方向不能变，不能调整，比如所选定的职业目标，即所选的行业、职业一般不要做大的调整，最好是不进行调整，而具体的职位、单位、工作地点，所选择的环境等都可以根据实际情况进行调整。

　　如果职业规划根据实际情况进行了调整，那么实现规划的行动计划与措施也要相应地进行调整，即随着职位的变化，要根据新职位的新要求，重新制订实现职位目标的行动计划与措施。

六、大学生职业规划范例（2012~2027 年）

（一）自我评估

1）现处位置：师范学院学前教育专业大一学生。

2）职业理想：知名幼儿园的著名幼儿教师。

3）兴趣特长：喜欢读书、琴棋书画。特长是目前所学专业，特别是学前教育教学法。

4）性格特征：通过测试，属外倾型性格。按霍兰德人格类型，属社会型。通过几次到幼儿园考察、实习，发现自己活泼开朗，喜欢与其他教师和幼儿在一起，总希望自己周围有教师或者最好有学生，对幼儿的事很关心、很好奇，总想为他们做点什么。好表现自己，喜欢给幼儿做示范，想得到同学们的欢迎与认可，有一种幸福满足的感觉。对幼儿园的事很关心，想到教导处参与教学方面的工作。对关于学前教育发展、幼儿情商开发等问题很感兴趣，比较在意别人的观点及做法。通过实习我还发现自己有号召力，学生总想和自己呆在一起，听我说话，看我走路，学我的样子。经过测试及实习，我认识到自己性格外向，具有社会型人格典型特征。

5）能力倾向：所学专业成绩突出。具有管人管事的能力，现在是班长，就业就是孩子王。不断探索的是如何在游戏和活动中培养幼儿的学习兴趣，促使幼儿全面发展，自认为具备一名幼儿教师的基本能力。

6）别人评价：父母说我诚实、可爱、守时守信、活泼、天真；老师说我好胜心强、好动、学习好，热心集体活动；同学说我干事热心，乐于助人，喜欢与我交朋友；实习单位领导和指导教师说我将来会成为一名出色的幼儿教师。

7）不足缺陷：①课程尚未学完，知识准备不够；②基本功与掌握现代化教育教学的技能需要提高；③对教育要求、教育规律的把握还不准确；④与人打交道的方式方法和处理复杂人际关系的应对办法不足，对突发事件还不会应对；⑤学习、工作、生活的计划性还不强；⑥看的书多，但做笔记、深入思考比较少，看的书太杂；⑦关心国家大事和政策走向，但知之不够；⑧对教育行业了解很不够。

8）其他方面：自己的气质、动力、心理、情商、思维方式、动机等，似乎清楚却又迷糊，但这些可以通过学习、参加培训与实践搞清楚，并最大程度地提高。

（二）选择职业

1）社会基本环境分析：中国政治稳定，经济持续发展，中国人有能力实现中华民族伟大复兴的中国梦。各行各业发展很快，教育行业的发展也非常迅速，义务教育得到全面普及，高中及职业教育结构趋于合理，高等教育由精英教育走向了大众化教育。中国对教育事业很重视，教育经费逐年提高。民众对教育很重视，家长的希望都在孩子身上，都想享有优质教育资源。教师这一职业被社会誉为"太阳下最光辉的职业"，称教师为"人类灵魂的工程师"。

2）学前教育行业分析：相对于初等教育、职业与成人教育、高等教育，学前教育相对滞后。当前和今后相当一段时间，国家要重点发展学前教育。国家已经出台了推动学前教育发展三年行动计划，各省、市、区均按中央的要求，结合实际出台了各自推动学前教育发展的行动计划。从各省的情况来看，都提出要普及学前三年教育。为此，国家和各省都专门设立了幼儿园建设专项资金，国家在2012年用于幼儿园新建、扩建、改造的资金就达600多亿元。目前，学前教育相对于其他类教育来说，国家对学前教育的投入更大，学前教育将发展更快。

3）幼儿教师需求分析：要普及学前三年教育，需要大量合格的幼儿教师。目前各县区幼儿园建设好了，苦于没有幼儿教师。民众对建设幼儿园和有好的幼儿教师很期盼，很多适龄儿童上不了幼儿园，不得已把孩子送到未经批准的黑幼儿园。据陕西省教育厅相关部门了解，陕西省目前尚缺幼儿教师10万多名。自己4年大学毕业，去当一名幼儿教师问题应该不大。

4）职业的选择：①行业选择。综合自己各方面的情况及对社会环境、行业环境、社会需求等外部环境的分析把握，适合自己的行业有教育行业、党政机关，还有企业、服务业。最适合自己的是教育行业。教育行业细划有教育行政、教育科研、教师等，最适合自己的是教师行业。所以，我选定教师行业。②职业选择。学校和幼儿园内部适合自己的职位很多，诸如学校里的行政职位、党群职位、教育科研职位、其他与自己所学专业相关的职位、教师职位等，最适合自己的是幼儿园的教师职位。所以，我选定幼儿园教师职位。③工作地点的选择。工作地点在陕西省大城市、中小城市、乡镇。④工作单位选择。第一是国家正式开办的公办幼儿园，第二是公助民办幼儿园，第三是民办幼儿园。

（三）拟定职业目标（2012~2027年）

职业目标：知名幼儿园的著名教师

1. 2012~2017年

1）学历目标：学前教育专业本科毕业，取得学士学位。取得教师资格证。取得计算机等级证。取得英语4级证。

2）成果目标：实现就业，这是关键。先由基层做起，进入县级或县级以下幼儿园当教师。

3）能力目标：具备从事幼儿教师的基本理论和基本技能，具有一定的实践经验。发表一篇关于幼儿教育的论文。

2. 2018~2022年

1）学历目标：在职或脱产攻读并取得学前教育专业硕士学位。

2）成果目标：由县级及县级以下幼儿园进入城市幼儿园。通过自己教育教学上和科研上的努力，能够评上县、市级先进教师，尽最大努力调到大城市幼儿园工作。组成幸福家庭。

3）职务目标：幼儿园一级教师。

4）能力目标：具备幼儿教师的综合素质并不断提升，业绩在同级同事中居于突出地位。发表论文三篇。

3. 2023~2027 年

1）学历目标：在职攻读并取得学前教育专业博士学位。

2）成果目标：在本职教育教学工作上有创造、有创新，教育教学经验在所在地幼儿园推广，能够评上省级或国家级先进教师。

3）能力目标：教育教学上成为拔尖教师。共发表论文十几篇，共有三部著作出版。

4. 实施路径

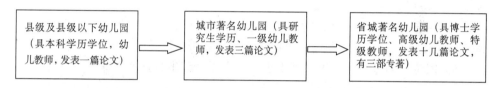

县级及县级以下幼儿园（具本科学历学位，幼儿教师，发表一篇论文）→城市著名幼儿园（具研究生学历、一级幼儿教师，发表三篇论文）→省城著名幼儿园（具博士学历学位、高级幼儿教师、特级教师，发表十几篇论文，有三部专著）

（四）行动计划与措施（2012~2027 年）

1. 2012~2017 年

1）刻苦学习。把一切时间都用在学习上，经常思考，经常请教老师，经常与同学讨论，保证专业课各科成绩都在 85 分以上。选修哲学专业，旁听相关课程。

2）勤读书。拟定自己的读书计划，主要读与学前教育相关的书籍，要写心得体会、读书笔记，每本书读完都要写一篇读后感，一学期读课余书三本。琴棋书画用来调节学习与生活，不作为主业。在毕业择业前发表一篇论文。

3）努力实践。每年寒暑假参加社会实践、走访幼儿园和幼儿家庭，做好调查记录，一定要到相关单位兼职。每次兼职 20 天以上，4 年中至少在 4 个单位兼职。不上课的时候到学校附近幼儿园去考察、学习。抓住学校专门安排实习这一难得的机会，充分提高自己的技能。

4）养成良好的锻炼、学习、饮食、生活习惯。每天锻炼 1 小时。每天保证睡眠 6~8 小时。

5）培养自己的优秀品质。诚信、自信、思考、行动、热情、创造力、意志力、积极主动性、团结合作等，都需根据自己的实际进行培养，做事先做人。

6）处好与同学的关系。学会宽容、谅解、体贴，乐于帮助同学。扩大自己的交际圈，多与教育行政机关、教育科研单位及学校人员联系、交朋友，最大化自己的人际关系。

2. 2018~2022 年

1）以极大的热情、乐观向上的心态投入到幼儿园教学工作之中。虚心向有经验的教师请教，认真备课，潜心研究教法，上好每一节课。爱幼儿、爱单位，做幼儿的知心姐姐，做幼儿的知心朋友。经常和幼儿在一起，做游戏、讲故事，开展丰富多彩的活动。

2）加强学习。按计划复习考学前教育专业研究生课程，一定要考上。向单位申请脱产学习，若单位不同意脱产学习，自己就在职学习。学习一定要认真，要按时完成每一阶段研究生学习任务。这几年，要搞好工作，同时要完成研究生学习任务，一定很辛苦，自己一定要挺过来，一定要挺过来！

3）加强教学研究。以教学中存在的问题入手，通过研究解决存在的问题。在相关教育报刊上发表三篇论文。

4）热心公益活动。只要是公益活动，自己都积极参加。处好和同志的关系，同志有困难，自己主动去帮助。争取评上市、省级先进教师。

5）锻炼必不可少。每天锻炼 1 小时，主要是跑步和打羽毛球。

3. 2023~2027 年乃至以后

1）善于思考，善于总结归纳。前五年博士研究生毕业，拿到博士学位。

2）善于学习，善于创新。有十几篇论文发表，有三部自己的著作出版。

3）善于推广经验。核心是提高自己的能力、知名度。

4）善于处理人际关系，使业界很多人都知道自己。

注：2018~2027 年，这十年是我目标执行的关键期，实现目标如何采取行动十分关键。自己现在的位置是大学一年级，对如何去做真的还没有进行深入细致的调研分析。这十年的行动计划乃至我以后的行动计划，等我参加工作后再进行深入细致的调研分析，在此基础上再进行调整补充。

第三节　拟订职业规划应注意的问题

在订定职业规划的方法与步骤中，应注意的问题有所涉及，但有些问题还没有涉及。应注意的问题要讲清楚，以促使大学生重视职业规划，认真做好自己的职业规划，不断地为实现职业规划而努力，进而成为社会有用之才，为经济社会的发展更好地施展自己的才华。

一、尽早规划，科学务实

科学务实是说所拟定的职业规划不是纸上谈兵，也不是应付交作业，而是建立在一整套科学而行之有效法则基础上设计完成的，是能够实现的。所拟订的目标通过自己的努力是能够达到的，而不能把目标拟定为幻想。职业规划要有可操作性，操作性越强，说明你的职业规划越符合你自己的实际，是科学而务实的。

目前，大学生在拟订职业规划上存在的普遍问题是，有些学生不做职业规划，有些学生不知道怎样做职业规划，还有些学生做职业规划敷衍了事。这些问题确实存在。大学生一定要很好地解决这些问题。有人说，一个人无论他现在的年龄有多大，他真正的人生之旅是从他确定目标那天开始的。对于大学生来说，尽早并科学务实地做好职业规划，明确自己的职业理想，你的理想就会变成现实，成就也就会越来越大。

师范院校学人力资源管理的小李，大学毕业后向用人单位发了几百份求职信和简历，但都石沉大海，没了踪影。他先后参加了多场招聘会，最终都没选到自己理想的职位。万般无奈之下，他先到超市做收银员，一年后辞职到某公司做销售，销售做了两年因业绩不佳被公司辞退，他又向家里筹钱开了个茶叶铺，因没有多少人脉关系茶叶只能零售，到头来连房租都包不住。他回学校向从事毕业生指导工作的老师求教，老师给了他一本书，说就按这本书上边所说的去做。这本书大部分内容就是职业生涯规划。他照着去做了，不仅有可行的职业规划，而且有行动计划与措施。他从最底层的人力资源工作干起，在几年间两次跳槽，最后进入到某上市公司的人力资源部工作，年薪增加幅度很大，从最早参加工作年薪1.4万到目前年薪9万。

古人曰："明日复明日，明日何其多。我生待明日，万事皆蹉跎。"大学生都将走上职场之路，要想成为职场佼佼者，必须尽早且科学务实地做好职业规划。有志之人立长志，无志之人常立志，当代大学生既要有志，而且要立长志。这个长志就是你职业规划中所确定的最高目标。

二、更新观念，合理定位

对大学生就业创业，国家非常重视。国家出台了很多促进大学生充分就业、高质量就业的政策规定。对于大学生创业，国家出台了相关政策，并从各个方面给予扶持照顾。作为大学生来说，制订职业规划，观念一定要转变，确定的目标特别是职业定位一定要合理，期望值不宜太高。

大学生已不再是当年的天之骄子。随着高等教育大众化的进程，毕业生一年比一年多。按照社会各行各业所提供的工作职位来看，提供的职位远远大于大学生当年毕业的总人数，完全可以做到大学毕业生充分就业。但现实情况却是每年都有相当数量的毕业生不能就业，问题就出在就业观念上，职业定位期望值太高。西安某高职学院招聘10名专职教师，应聘的博士2人，应聘的硕士700人，实实在在的有692人落聘。如果这些落聘的博士、硕士去边远高校应聘，或者到高职、中职甚至到基层单位去，就可以完全就业。

大学生应转变择业观念，要带着理想到基层去。要树立从基层做起、从最基础做起的就业观念，逐渐积累经验，循序渐进，着眼于长远发展。职业目标可以由低向高确定三级目标，即最低能就业的目标，选择三个单位；中级目标，选三个单位；高级目标，再选三个单位。通过自己的努力，从低级目标向中级、高级目标努力。

三、专注特长，不入错行

专注特长，就是不要抛弃自己所学专业和自己的特长。不要入错行，就是不要选错了行业。很多大学生对自己的特长不是很了解，总觉得比较模糊。其实很简单，你所学的专业就是你不同于其他专业的特长。而在同一专业学习的大学生特长又是什么，就是在某一方面自己比别的同学突出，或者在某一点上比别的同学突出。自己比别的同学更擅长学习，考研、考博、当教授或搞研究可能比当公务员更适合；自己比别的同学更能潜心研究技术，又是班上的学习委员，就应该到技术岗位或者技术管理岗位；如果还不知道自己比别的同学突出的那一点，就应该不断去做事、去实习、去锻炼，找到自己专业以外的长处。职业规划不要离开自己的特长，要不断发挥自己的特长。

在对行业的选择上，所强调的是专业与行业对口。即自己选择的职位，其行业也要有你所选择的职位。比如你学习的是计算机技术与应用，也热爱这一专业，也属自己的特长，但是各行业都有计算机技术与应用这一职位，那你到底选择哪一行业。要选成长性好的行业，福利待遇比较高的行业，特别要选与自己专业对口的计算机行业。

四、充分准备，不盲目跟风

充分准备，是说职业规划是一个系统工程，要从内部、外部各因素上和制订方式方法上做好全方位的准备，做到有的放矢。不盲目跟风，是说职业规划是自己做给自己的，不是做给别人的，要最适合自己，而不是随波逐流，哪儿热就往哪儿定位。

有些大学生靠感觉、凭想象设计自己的职业规划，这样做出来的规划肯定是不科学的，也是对自己不负责任的。做职业规划，必须在自我评价、选择工作区域、选择行业、选择工作岗位等环节上做好充分准备，而且要符合自己的理想、兴趣、性格、特长、社会因素等。充分准备、科学务实，这是自己做好职业生涯规划的根基。万丈高楼平地起，失去了根基，上边的高楼不会存在，即使勉强盖起来了，几天后就会倒塌。大学生拟定职业规划，切不可草率，切不可靠拍脑袋，应充分准备，一步一步把规划做好。

拟订职业规划也不要盲目跟风。什么地方热就到什么地方去，什么行业好就到什么行业去，什么单位待遇高就到什么单位去，这些可能根本就不是自己想要的，也可能根本就不适合自己。当然，自己的理想、兴趣、性格、能力倾向与这些热门行业、单位相吻合，那最好；如果不适合不吻合，就不能跟风、攀比。要树立适合自己的就是最好的理念，不要哪儿热闹就往哪儿挤。时代在发展变化，各行各业在发展变化，今天的热门行业、热门单位，也许过两年就不景气了。况且，行行出状元，只要能发挥自己的专长，到哪里都会发挥作用、做出贡献。

五、心中有梦想，扬帆起航

当代大学生一定要有梦想。中国梦，表达了中国人民的心声，概括了当代中国人的价值追求，凝聚了海内外各阶层、各方面民众的最大共识，承载着亿万人为之不懈奋斗的百年期盼。中国梦已经成为中国人民团结奋斗、实现两个百年目标、实现中华民族伟大复兴的强大思想动力和精神力量。

实现中华民族伟大复兴的中国梦，就是要实现国家富强、民族振兴、人民幸福。实现中国梦必须走中国道路，这就是中国特色社会主义道路；必须弘扬中国精神，这就是以爱国主义为核心的民族精神和以改革创新为核心的时代精神；必须凝聚中国力量，这就是中国各族人民大团结的力量。中国梦是历史的、现实的，也是未来的；是国家的、民族的，也是每一个中国人的，更是青年一代的。

大学生要深刻理解中国梦，正确处理个人理想与国家、民族理想的关系，正确处理个人发展与国家、民族命运的关系，自觉把个人的梦想融入到中国梦之中，融入到祖国和民族的发展之中。只有把自己的梦想与中国梦结合起来，把自己的梦想融入中国梦之中，人生才会出彩，才会光彩夺目。大学生要勇敢地肩负起时代赋予的光荣使命，努力实现职业规划，努力实现人生梦想，在实现梦想的过程中，不断创造光辉业绩。

第四节　为实现梦想而不懈努力

有了一个行之有效的、科学务实的职业规划，就必须很好地实施。通过实施规划，达到自己所确定的目标，即实现顺利就业，找到自己心仪的工作，进而成就一番事业，实现自己的人生梦想。要通过实施规划，使自己在品德、知识、技能、形象、人际关系、处理问题能力、思维判断能力等方面全面得到提升，不断地丰富完善自己，为自己奠定走向成功的坚实基础。

在规划实施方面，大学生存在的主要问题是实施规划的意识不强，对规划的注意力不够，采取的行动很不够。有的大学生干脆规划是规划，我是我，规划与我没有关系。导致的结果是，到了大学毕业，面对未来之路产生种种困惑、忧虑甚至失望。大学生应该清楚地知道，读大学的真实目的是学好本领，完善自我，找到最适合自己的职业，实现自己的人生梦想，为社会做出自己应有的贡献。因此，做好了职业规划，就必须持之以恒地实施规划。只有这样，才不致使自己没有方向，失去动力，迷失自我。有梦想、有机会、有奋斗，一切美好的东西都能够创造出来。

一、坚定理想信念

在自我评估的基础上，自觉把个人梦想融入到中国梦之中、融入到祖国和民族发展之中所拟订的职业规划，是科学而务实的。对这样的职业规划，要坚信、要坚持。要树立正确的世界观、人生观、价值观，热爱祖国、热爱人民、热爱中华民族，坚定地走中国道路，弘扬中国精神，凝聚中国力量，使自己所走的路越走越宽广。实现职业规划，也就是在为实现中国梦而努力。当代大学生要在实现"两个一百年"奋斗目标、实现中华民族伟大复兴的征程上，创造壮美的青春业绩。

坚持、坚定理想信念，沿着这条路毫不动摇一直走下去，自己的人生一定会出彩、一定会很有意义，自己将来也不会感到后悔和失望。

二、练就过硬本领

学习是成长进步的阶梯，实践是提高本领的途径。实现个人的梦想，实现中华民族伟大复兴的中国梦，需要大学生不断提高与时代和事业要求相适应的素质和能力，练就过硬本领。要倍加珍惜大好时光，集中精力，把学习作为一种责任、一种精神追求、一种生活方式，努力掌握现代科学文化知识，为实现梦想做好知识储备。要深入实践，在实践中学习，在学习中实践，将理论学习与实践探索结合起来，将书本知识与基层经验结合起来，及时更新知识，积极掌握技能，在深入实践过程中吸取营养、检验知识、丰富阅历、了解国情民情，使自己具有百折不挠的意志、宽广包容的胸怀、乐观向上的心态，不断提高自己的综合素质和综合能力。自己的本领越高，与自己的目标就会越近。

三、勇于创造创新

在青年大学生身上，涌动着创业创新的梦想、创业创新的冲劲、创业创新的勇气。大学生要从满足现状的思维中突破出来，不怕碰壁，不怕困难，百折不挠，勇于求索，开拓进取，具有敢为人先的锐气、逢山开路的意志、求真务实的态度，立足现实，放眼未来，在创造创新中积累经验、取得成就。当代大学生按照自己确定的职业目标，勇于创造创新，一定会有新发现、新收获、新成果，一定会成就大事业、实现大梦想，为社会、为人类做出重大贡献。

四、矢志艰苦奋斗

青年时代，选择吃苦也就选择了收获，选择奉献也就选择了高尚。无论就业还是创业，要实现个人梦想、实现中国梦，都必须艰苦奋斗。国家和民族今天的发展繁荣，是中国人民自强不息、顽强拼搏、艰苦奋斗的结果。"空谈误国、实干兴邦"，青年大学生一定要立足本职，埋头苦干，用勤劳的双手和智慧成就自己的梦想。大学生要把艰苦奋斗落实在学习上、落实在实践上、落实在创造创新上，使自己想学习、好学习、学好习，爱劳动、勤实践、苦专研，想干事、干好事、干成事，最终实现自己的人生梦想。

五、锤炼高尚品质

做事先做人。大学生要认真树立和践行社会主义核心价值观，把正确的道德认知、自觉的道德修养养成、积极的道德实践紧密结合起来，带头倡导良好的社会风气，自觉弘扬爱国主义、集体主义、社会主义思想，恪守职业道德，始终保持积极的人生态度、良好的道德品质和健康的生活情趣。现在，各个单位在招聘大学生时，首先看重的是个人的品德，是否具有正确的世界观、人生观、价值观，是否具有事业心、责任心，是否具有爱心、感恩心，是否守信、乐于助人等，这些都是用人单位特别看重的。一个人品质不行，即使很有才，用人单位也不会录用。

六、全面提升自己

自己要知道，竞争同一职位，想使自己在众多竞争者中脱颖而出，自己必须达到并且要超过这一职位所要求的最高标准和条件。自己还要知道，自己所选定的职位，其标准要求许多是自己所学专业不具备的，比如社会经验、实践能力、形象气质、团队合作、创新精神、新知识、新技能等，对于职位标准要求自己所不具备的，就要在规划的实施过程中通过努力使自己具备。自己更要知道，实现自己职业规划所确定的目标、实现自己的人生梦想，必须坚定理想信念，必须练就过硬本领，必须勇于创造创新，必须矢志艰苦奋斗，必须锤炼高尚品德，必须全面提升自己。具有社会实践经验，就必然要到社会、到单位去学习锻炼；实践能力要比别人出众，就要不断地深入到行业、单位接受锻炼；要达到职业对知识的不同要求，就要去旁听其他专业的课程，选修职位所要求的课程。凡此种种，主要是夯实基础，全面提升，突出特长，使自己的特长卓越出众。

第三章 大学生临近择业必做的功课

第一节 就业信息的收集处理

当今社会是一个信息社会。毋庸置疑，信息在人们生活中发挥着重要作用。对于即将毕业的大学生而言，求职信息是求职择业的前提和必备条件，关系大学生最终求职就业的成败。毕业生应及时、全面地掌握相关就业方面的各类信息，并认真地分析、筛选、整理这些信息，最终选择出自身需要的信息，为求职成功奠定坚实的基础。

一、就业信息的特点和作用

就业信息作为信息的一种形式，具有真实性、时效性、准确性、针对性的特点。对于高校毕业生来说，如何发挥就业信息作用，关系到最终能否求职成功。就业信息的作用具体来说有四个方面：第一，可以帮助毕业生对当前就业形势、政策有一个具体的了解，有助于求职择业目标的实现，使得毕业生在就业过程中不走弯路或者少走弯路。第二，有助于毕业生通过自己掌握的就业信息，及时补充自身知识，提高自身能力，增强个人的竞争优势。同时又可以根据掌握的就业信息，完成自我评价，及时调整就业方向，避免就业目标脱离社会实际。第三，可以帮助毕业生找到适合自身的就业机遇。毕业生获得的信息越广泛，信息质量越高，求职择业的把握性就越大，成功率也会越高。第四，有助于毕业生实现自主创业、自我发展及人生规划的实现。对于毕业生来说，大量的就业信息可以让他们对社会、用人单位、自身都有一定的了解，有助于他们规划自己的职业发展。

二、收集就业信息的渠道

毕业生获取就业信息的方式多种多样，但由于个人的关注程度、社会背景、经济状况、思维观念等方面的差异，致使每名毕业生获取就业信息的渠道有着不同的差别。总的来说主要有以下几种渠道：

1. 个人登门搜集

个人登门搜集就业信息，是指毕业生根据自己职业理想、职业兴趣、职业性格、所学专业等，在自己所选定的行业中直接到相关单位人力资源部门获取就业信息。这种就业信息的收集方式具有明确的目的性、指向性。话说得再明白一些，就是自己去寻找的就是自己所需要的。有关研究资料证明，漫无目的地将自己的简历和求职信寄给招聘单位，这种方式的求职成功率最低。直接上门，叩开令你感兴趣单位的大门，询问他们是否存在空缺职位，是否需要一名像你这样的员工，是否存在有你可以胜任的工作，这样的方式可以大大提高你求职的成功率。如果你对某一个招聘单位感兴趣，通过电话、网络找出令你感兴趣的工作项目，了解该单位的基本情况，然后亲自去拜访，这样做既可以节省时间，又可以尽快得到企业相关的信息。还可以通过对企业的实地考察，了解企业的地理环境等外部条件，助于自己做出正确决策。除登门获取就业信息之外，也可以通过发函、电话咨询等方式收集就业信息，即向企业人力资源部门发函，咨询有无近期招聘信息。发函时附上你的详细地址，以便企业及时回复你。

2. 学校的就业指导机构

每所高校都有专门就业指导机构从事毕业生就业工作，这些机构是毕业生获取就业信息的重要渠道。学校的就业机构同它的上级主管部门、有关用人单位都保持着长期、广泛而密切的联系，而且通过多年的工作实践及合作关系已经形成了稳定的关系。每年毕业生就业之际，学校就业指导机构会有针对性并及时地向各个用人单位发去毕业生资源信息函，并通过电话联系、组织各种活动收集各个用人单位的需求信息供毕业生选用。同时学校的就业指导机构一般都会在每年的11月到次年的3月专门为毕业生组织各种形式的招聘会，为毕业生和用人单位构建起一座信息桥梁，为毕业生谋求到更多就业信息。学校就业机构搜集的就业信息具有存量大，针对性、准确性、可靠性比较强的特点，而且在公布前，学校就业机构还会对这些就业信息进行整理、筛选，最终为毕业生挑选出适合本校毕业生的就业信息。

3. 传播媒介

传播媒介不仅传播速度快，而且涉及面比较广，信息传播也很及时。许多用人单位通过新闻媒体，如广播、电视、报纸、杂志等，介绍自身现状、发展前景及人才需求，从而形成一个巨大的、多方位的信息渠道。特别是国家相关毕业生就业指导部门主办的报纸、杂志以及各高校主办的有关就业专题的报刊、杂志等，都会提供大量的就业需求信息和招聘信息，以供大学毕业生进行选择。另外各地的《人才市场报》、各大城市的报纸也都会开设一些人才需求信息及招聘栏目，只要毕业生经常阅读，必定会在这些招聘信息中找到自己感兴趣的就业信息。

4. 各类就业市场

毕业生就业市场的格局和模式早已为广大毕业生所熟悉，然而有一部分毕业生对就业市场不报太大的希望，因为他们片面地认为去就业市场就职几乎没有作用。其实就业市场的招聘信息容量最大，只要把握住机会，对需求信息进行认真地筛选，一定会有收获。就业市场已经成为毕业生寻找就业信息的主要渠道。就业市场公布的就业需求信息包含了岗位空缺信息、职业供求分析及预测信息、最新的劳动就业政策法规、职业培训信息以及其他就业市场信息等。面对着如此大量的信息，毕业生需要注意如下几个问题：第一个问题，进入人才市场，一定不要轻易放弃。一般在人才市场进行招聘的用人企业可以分为以下几种情况，一种是求贤若渴，对每位求职者均热情接待，这种企业招聘的人才数量比较多，范围也比较广，专业局限性小；另外一种是用人企业希望通过招聘来扩大自己企业的影响，提高企业知名度，虽然他们也会有所招聘，但数量有限，条件也比较严格。当然也存在个别单位对应聘人才比较冷淡，甚至有些傲慢，但这些只是个别现象，并不影响就业市场整体作用。第二个问题，在人才市场中进行招聘的企业只是为了搜集材料，实质性的会见都会在招聘会结束后，因此在人才市场未被现场录取也是很正常的。第三个问题。要走访到每一个你感兴趣的企业，不应该局限在那些名声大的企业。虽然小单位拜访者比较少，但是获得的面试机会大。对于那些名声比较大的公司，要勇敢地走过去，争取认识他们，打动他们，呈上自己的简历，取得面试机会。第四个问题，要注意收集公司的小册子和宣传材料，以便在面试前对企业有一个初步的了解。第五个问题，要与公司招聘人员约定下一次见面时间，这样的话就可以给招聘人员留下对你的印象。第六个问题，离开人才市场后，要及时整理在人才市场搜集来的就业信息，并将其中重要的信息进行标记和摘录。对当时约定好的会见一定要准时赴约，对未约定的单位要在他们不太忙的时候进行定期联系，及时了解企业具体情况及人才需求信息。最后在前往人才市场参加招聘会前，要了解招聘会的针对对象是哪些人。有的招聘会只是针对有一定社会经验的人才，有些则是专门针对应届毕业生的，这样就可以避免盲目地去参加人才市场的招聘会。

5. 社会关系

利用社会关系获取就业信息甚至找到心仪的工作，也是获取就业信息、实现顺利就业的一个主渠道。利用自己的社会关系帮助自己找工作，只要处理得当，你会惊喜地发现，亲友们甚至陌生人都愿意帮助你，关键是要处理好与他们的关系。利用关系网并不意味着要时刻纠缠亲朋好友，要他们立刻回电话给你提供一个工作。这里所说的社会关系包含以下几个方面：家庭和亲戚；父辈的同学、同事及朋友；邻居和一面之交的熟人；以前或是现在的老师；校友；其他求职者等。

利用社会关系进行就业信息的搜集，应该注意以下几点：首先，处好与他们的关系。善于运用"套近乎"措施。对于你们之前在一起的美好回忆，你可以不经意间提起，或者提到某个你们都认识、最近都见过的人，以此来拉近与自己的关系。其次可以将自己的求职意向及考虑选择的公司告知对方，征求对方的意见。询问对方能否看看你所做的求职简历有无问题。可以将自己的择业进展情况告诉对方，以求得到他们的帮助。再次，要重视对方提供的就业信息。如果对方给你带来一些就业信息，应该对对方的行为表示感谢，这样的话可以为自己以后谋取更多的就业信息。当你得到对方推荐的时候，一定要问清楚去企业的时候是否可以提及推荐人的名字以及其他需要注意的事项。如果最终得到了亲友的帮助，就应该道谢。最好是书面感谢，在写感谢信的时候可以附上一份个人简历。在得到某份工作后，一定要告知帮助你的人，让他们清楚你现在的情况。

此外，学校老师利用自己的同学、学生、科研伙伴、协作单位等关系获得的就业信息，往往具有针对性强、可靠性强的特点，这些信息都经过老师的筛选，与毕业生的就业意向和所学专业相契合，有利于毕业生尽快就业。而校友是近似于老师的正式就业信息的提供者，其提供信息的最大特点是比较接近本校、本专业的特点，尤其是刚刚毕业的校友具有求职择业的实践和体会，有对就业信息获取、处理、应用的经验，他们提供的信息更具有参考价值和利用价值。毕业生还应该充分利用实习、社会实践、校友回校等机会与校友多接触，利用合适的机会介绍自己，从而得到他们的帮助和指导。

6. 互联网

网络求职的优点是信息量大、更新速度快、用人单位和求职者之间的交流比较快捷，缺点则是信息的可靠性比较差。

互联网求职具有以下几点优势：第一，从互联网上可以直接、快速地了解每年国家和教育部、省市及各部门关于毕业生的就业信息；第二，互联网可以为毕业生提供在线就业指导，提供求职经验和就业技巧；第三，毕业生可以通过网上自荐，得到用人单位的网上招聘；第四，可以进行就业心理测试及辅导，从而使得毕业生结合自身情况做出正确的职业选择；第五，可以详细了解最新的就业信息，网上就业求职信息既有人才市场提供的就业信息，也有高校就业指导机构提供的就业信息，同时可以第一时间了解用人企业的需求信息；第六，网上求职的信息反馈速度快，较上述几种方式更为快速。

网络求职还需要具备以下几项技巧：首先是上网前的准备。这就需要大学毕业生在网上求职前有明确目标，有一定的努力方向。要对自身有一个充分、全面、客观的评估，进而对自己作出正确的定位，避免无目的应聘。其次是网络求职技巧。第一点就是要择时而动。选择合适的时机在网上发布自己的求职信息，避开网络高峰，这样可以保证填写求职表格时不会因网络问题而出现错误信息。第二点要留意首页。因为一般单位都会在自己网站的首页公布最新信息，这里面包含着最新的招聘信息和政策信息，有助于毕业生对单位有全面的了解，但这往往被大学生所忽略。第三点就是关心政策。不同地区的人事政策是不同的，许多政府人事网站都有"政策法规"栏，在初步确定求职的区域后，应该关心一下当地对于大学毕业生的相关政策。第四点是随时下载。因为网站上的招聘信息比较多，更新速度也比较快，最好的办法就是将引起你兴趣的招聘信息下载下来，以便自己随后仔细阅读。第五点留意友情网站。在一些求职网站上有"其他网站""友情网站""友情链接"等栏目，这些栏目都会有一些相关招聘站点的存在，值得大学生一看，特别是不同区域的人才网站，往往会有意想不到的收获。最后是下网后的工作。主要包括信息整理和保持联络两个方面。信息整理方面需要对从互联网上下载的招聘信息进行整理，用笔记本记录有用的信息。保持联络方面要注意求职不能一蹴而就，持之以恒是最有效的办法，在接到不录用的通知后也要表示自己的谢意，以便下次联络。

三、收集就业信息的方法

就业是毕业生告别学生生涯，开始职业生涯的重要转折点。每个毕业生都应该高度重视择业和就业，树立正确的就业观，了解相关的法规政策，做好心理调适，广泛收集就业相关信息，提高就业技巧，为成功就业打下坚实的基础。就业信息收集的方法主要有以下三种基本方法。

1. 全方位搜集法

把与自己专业有关联的就业信息全部搜集起来，再根据一定的标准进行整理和筛选，以备使用。这种方法获取的就业信息比较广泛，选择的余地也较为宽裕，但会占用大量的时间和精力。

2. 定方向搜集法

根据自己事先选定的职业方向和求职的行业来划定一定的范围，进而来搜集相关的就业信息。这种方法以个人的专业方向、能力倾向和兴趣特长为依据，便于找到更适合自己特点、更能发挥自身能力的职业和单位。需要注意的是，当你选定的职业方向和求职范围过于狭窄时，将会大大缩小你的选择余地，特别是你所选定的职业范围是竞争激烈的"热门"工作时，很可能给下一步的择业带来较大困难。

3. 定区域搜集法

由于个人对某个地方或某些地区有着特别的偏好，因此就业信息的搜集主要侧重于这些区域，对职业方向和行业范围却较少关注和选择，这是一种重地区、轻专业方向的信息收集法。按这种方法收集信息和选择职业，也可能由于所面向地区的狭小和"地区过热"(即有较多择业者涌向该地区)而造成择业困难。

一般来说，毕业生通过上述渠道所搜集到的原始就业信息都比较杂乱，有相当一部分信息是没有用处的，毕业生应根据自己的实际情况和需求，对信息进行去粗取精，去伪存真，有目的、有针对性地加以筛选处理，使获得的信息具有准确性、全面性和有效性，使之更好地为自己的求职服务。在整理信息过程中，可以将搜集来的信息按地区、按性质进行分类，再按自己的择业标准进行等级分类，最后把那些自己感兴趣的信息列为第一等级，作为求职择业的重要选择方向。

四、就业信息的处理与利用

由于信息的来源和获取的方式不同，信息的价值也就有所不同。因此，对于收集到的就业信息要进行去粗取精、去伪存真地整理、筛选，这是利用信息的前提条件。

在信息处理的过程中，要遵循以下几项原则：第一，发挥优势、学以致用。即在处理就业信息时，要做到留下那些可以发挥所长、学以致用的信息，这样有利于发挥优势，避免因信息量大而造成时间、经历的过度浪费。第二、面对现实、理论联系实际。在处理就业信息时，无论个人意愿有多么美好，在实际操作过程中一定要面对现实，不能贪图虚荣、好高骛远，坚决做到量力而行、量"能"择业、量"才"定位。即把所获取的就业信息进行对照衡量，挑选出适合自己的就业信息，尤其要选择那些适合自己性格、气质和利于自身特长发挥的单位和岗位。第三、在政策允许的范围内进行择业。处理就业信息时，要把个人意愿和国家需要相结合，根据社会需要与自身能力、愿望做出正确的择业选择。第四、辩证分析。即运用辩证唯物主义方法论来分析所收集的就业信息，用发展的、变化的眼光来研究、处理信息的实际价值。第五、综合比较。即把所有的信息综合起来进行全方面的权衡比较，从而分析各自利弊与优劣，最终让自己找到一个较为完美的就业信息。第六、善于挖潜。即对那些具有潜在价值的信息进行深入思考，加以引证，充分利用。让所收集到信息的价值达到"会用则有，不会用则无"的地步。第七、果断抉择。就业信息有很强的时效性，及时用之是财富，过期不用等于无。因为较好的职业岗位总会吸引许多求职者，而最终录取的名额是有限的。如果犹豫不决，不及时反馈信息，往往会痛失良机，酿成终生遗憾。

就业信息处理的过程实际上是一个求职决策的过程，这是择业的关键所在。求职者在广泛搜集就业信息的基础上，要结合自身的学识、能力，依据国家、地区的政策和法规，对获取的最原始的就业信息进行有目的、有针对性的归纳、整理、分析和选择。这个过程具体分为三个阶段：第一阶段是鉴别获取的信息。由于所获取的信息不一定都全面、准确，因此要对信息进行细致的鉴别和判断，挑选出适合自己的，使之更好地为自己的择业服务。鉴别信息首先要确定信息的可靠程度，对于不可靠和心里不踏实的信息要通过其他渠道和措施进行确认。其次要鉴别信息的内容是否齐全，特别是发现自己想要知道的细节没有或者不清楚时，要及时进行实际考察，侧面了解和询问，或通过其他渠道了解，如在应聘时向企业负责人提问，要等信息基本准确后再做决定。第二阶段是按照自己的标准，将信息按照轻重缓急进行分类。在信息加工之前，先认真地温习自己的职业规划，对照自己的职业规划对获取来的就业信息进行初选，去粗取精，去伪存真。然后进行细选，挑选出符合自己的信息。然后进行精选，决定两个以上的信息作为最有用的信息。对挑选出的有用信息进行一个简单的排序，确定好主次。第三阶段是反馈信息。将已排序好的就业信息，按照从高到低的顺序依次反馈给用人单位，表明自己想去该单位就业的诚意。反馈信息可以选择一个，也可以选择两个以上，一旦同时收到两个单位的接收通知，那么对于不打算去的单位要及时反馈自己的想法，并真诚地表示自己的歉意。信息一旦反馈出去，应多与用人单位进行联系，随时听候用人单位的答复。

在就业信息处理的过程中，还要注意以下几个问题：第一、从众问题。即缺乏主见，人云亦云，别人说哪里好就往哪里跑，别人往哪里走，自己就往哪里凑。要有自己的主见，所选择的一定要是适合自己的。第二、轻信问题。即一味盲从，认为亲友告知的信息就一定准确、可靠，报刊上的信息就是百分百准确，因而未做任何筛选、处理而为己所用。对就业信息一定要进行甄别。第三、举棋不定。面对大量的就业信息，陷入到信息的漩涡中不能自拔，左思右想，犹豫不决，拿不定主意，最终结果就是竹篮打水一场空。自己要清醒，要果断。第四、急于求成。有的毕业生由于缺乏社会经验，一旦真正进入到人才市场，容易心慌意乱，不知所措；有的对自身就业条件持悲观态度，担心找不到适合自己的单位，因而一旦获得就业信息，不经深思熟虑，就匆忙做出决定；有的不够慎重，在没有广泛收集信息时便做出决定，一旦获取新的信息后，又推翻自己之前做出的决定。毕业生在处理就业信息的过程中，一定要认真，举一反三，不要急于求成。

在对就业信息进行严格的筛选和正确的处理后，应尽快将这些就业信息利用起来。这不仅因为就业信息的有效期限往往比较短，最长不过几个月，而且所有的信息对所有的高校毕业生都是公开的，一旦你不及时使用，那么其他人就会捷足先登。而用人单位在招聘够自己所需要的人数后就不会再招聘，尤其是那些大型单位其岗位需求少之又少。所以毕业生在使用信息时，既不要盲目，也不能拖时。

第二节　就业材料的准备

一、撰写求职信

毕业生求职信是一种自我介绍、自我推荐的信件。毕业生通过求职信表明自己的求职意向，阐明自己的理想、兴趣、能力、知识、技能、特长、健康状况等，以引起招聘单位的重视，目的是能被招聘单位录取。求职信对于就业有着十分重要的作用。求职信一定要写得有水平，有特点，有闪光点。求职信一到招聘者手中，要使招聘者眼前一亮，想主动约见你，想和你交谈。求职信无论在文体上还是内容上都必须给招聘者留下深刻的印象。

（一）求职信的格式与内容

毕业生求职信是写给求职单位的，它既与书信有相同之处，又有不同之处。一般来说，求职信属于书信范畴，其基本格式应当符合书信的一般要求。内容主要包括称呼、正文、结尾、署名、日期、附件等六个方面。称呼方面。求职信的称呼往往比一般书信的称呼更为正规些。在实际书写时要区别对待，如果写给国家机关、事业单位的人事部门领导，一般要用"尊敬的×××处长（科长）"称呼；如果求职于"三资"企业，则用"尊敬的×××董事长（总经理）先生"；如果写给大学校长或人事处的求职信，则称之为"尊敬的×××教授（或校长、老师等）"。不要使用"×××老前辈""×××师傅"等不正规的称呼。当然有些求职信也可以不写姓名，如"尊敬的负责人""尊敬的董事长先生"等。正文方面。正文是求职信的中心部分，其形式多种多样，一般要求说明求职意愿、应聘岗位、个人基本情况、学业成绩、个人特长等内容。结尾方面。结尾部分一般应写明希望对方给予答复，并希望有机会参加面试，表示敬意、谢意、祝愿。如"祝贵公司兴旺发达""深表谢意"等，也可以用"此致敬礼"的通用词。署名部分。这部分应注意与信首的"称呼"保持一致，一般都在署名前加上如"你诚恳的××""您信赖的×××"等词语；也可以直接签上自己的姓名。日期方面。这部分一般写在署名的下方，最好用阿拉伯数字写，并写上年、月、日。最后为附件部分。求职信一般都要求同时附一些有效证件复印件，如英语四级证、计算机等级证、获奖证书以及简历、近期照片等。最好有一个附件目录，这样既方便招聘单位的审核，同时也给对方留下负责认真、考虑周到的好印象。

求职信的内容主要包括以下四方面：本人基本情况和求职信息来源的说明，应聘岗位和能胜任该岗位工作的各种能力，自己潜力的介绍，希望得到面试机会。具体来说就是在求职信的开始首先介绍你是如何获得求职信息的，获得就业信息的时间以及是否有人向你推荐过职位，切忌不要给人留下自我炫耀的印象。接下来主要阐明你对单位或职位感兴趣的原因，以及与招聘岗位相关的背景及能力。这里着重要表明你能给单位带来什么，如果单位录用你，你会做出什么贡献。这部分的写作要与个人简历结合起来，只写最能代表自己长处、技能和业绩的内容，注意不要只是单纯地写自己的长处和技能。最后要写出你对招聘单位的希望，委婉地提出面试的要求。因此在最后部分最好向招聘单位提出"何时""何地""怎么联系"的问题。求职信的格式内容如下表。

称呼（尊敬的×××）

问候语（您好！）

正文

第一段：写明写信的理由、应聘职位以及从何处得到的招聘信息。

第二段至第三段：阐述你应聘的动机和自己认为适合该职位的理由。如有与应聘职位相关的技能、经历，也可加以说明。这里切记不要详述简历，只需简单提及即可。

结尾：感谢招聘者阅读了此信，表示希望得到面试的机会，并表明希望对方安排面试。

结尾	此致敬礼
署名	×××
日期	××年××月××日
附件（目录）	

（二）求职信的写作技巧

1）态度真诚，摆正位置。写求职信时，首先要想明白招聘单位要我能干什么，我应聘到这个单位能干什么，获得职位后自己又会给这个单位带来怎样的业绩。

把这些问题搞清楚了，你才能摆正位置，写出的内容才能切合实际。此外在写求职信时，态度要诚恳，要实事求是，不要自吹自擂，炫耀浮夸，也不要表现出自己的虚弱怯懦，缺乏自信。

2）整体美观，言简意赅。求职信的文字如果整洁美观，那么就很容易使用人单位对求职者产生好印象；相反，如果字迹潦草、甚至看都看不清楚，则会给用人单位留下不好的印象。现在大学生的求职信基本上都是用计算机打印出来，这样自然很好。但自我感觉自己的字写得很好，建议用手写方式公公整整地书写，这样既能给用人单位留下很好的印象，又展示了你的特长。不管手写还是打印，内容一定要言简意赅。在写求职信的时候，应该先打草稿，反复推敲，力争做到表达清楚，用词恰当，内容准确，语言优美。

3）富于个性，有的放矢。求职信的目的就是为了引起招聘单位的注意，从而引起对方的兴趣。求职信在开头的时候尽量避免套话、空话，要以简短词语开头并迅速切入主题。求职信的核心内容就是言明胜任工作的条件，但这并非多多益善，而是要有针对性，有的放矢地去阐述自己的特长。所以，在动手写求职信之前，要着眼于现实，对应聘单位有一定的了解，恰如其分、有针对性地介绍和突出自己的特长。求职信中所阐述的自身特长要力争与招聘单位所提供岗位的条件相一致。

4）以情动人，以诚感人。语言有情，会有助于双方交流。写求职信更要注意的是传递信息的时候要感动对方。如何做到以情动人，关键在于摸透对方的心理，然后根据你与对方的关系采取相应的对策。以情动人的目的就是要设法引起对方的共鸣，或者得到对方的赞许。在注重以情动人的同时，还要以诚感人，以诚取信。这就需要态度诚恳、诚实，言出肺腑，内容实事求是，言而可信，并且优点要突出，缺点不隐瞒。只有真诚才能取信于人，才能得到用人单位的重视。

（三）大学生求职信范例

求　职　信

尊敬的领导：

您好！

我是中山大学管理学院会计专业 2002 届毕业生，中共预备党员。短短四年的大学生涯，使我无论从知识水平、思想素质，还是从能力认识方面，都上了一个新的台阶。

一专多能是我的不懈追求。大学期间我深入系统地学习会计审计专业课程，形成了较为全面的知识体系，并在专业实习中得到了确实的运用和提高，具备一定的业务操作能力。我尤其注重提高自己的计算机和英语水平。我副修了计算机软件相关课程，并通过国家计算机二级考试，熟悉 Dos、Windows、Office、WPS、用友等实用软件，掌握 FoxPro、C 等语言。对计算机网络有较深的了解，现担任学校学生宿舍区网络管理员。英语水平较高，已通过大学英语四六级考试，并通过剑桥商务英语二级考试，具备良好的听、说、读、写能力，为以后从事多种行业的研究及业务工作打下了扎实的基础。

为了更全面的发展和提高自己，我积极参加院系组织的各种社团实践活动，先后担任过中山大学会计学会副会长、会计系宣传委员、审计班团支书等学生干部，从中得到很大的收益，具备了较强的组织管理能力和社会适应能力，培养了执着的敬业精神和勤奋踏实的工作作风，从而也对将来步入社会充分展示自我水平有了更足的信心。

我真诚希望能在贵处供职，以一名大学生的自律和奉献精神，以一个年轻人特有的热情，以自己扎实的专业知识和技能投入到工作中去，为贵公司发展略尽绵薄之力。我相信自己孜孜不倦的追求，会寻觅到让自己施展才华的天地。我也坚信如果有幸得您的栽培，一定会创造出更好的未来。真诚的学子，恳盼您的回音，等待您的考验。

　　此致

　　敬礼

陈健

2001 年 10 月 22 日

98audit,Schoolof　Business,Zhongshan University　　　　October 22th, 2001

Guangzhou, China　510275

　Dear Sir/Madam,

I'm a student of ZHONGSHAN (Sun yat-sen) University. I would like to apply for a position in your company. The attached resume gives my personal details and shows my qualifications.

My professional course is Accounting. During the past three years, I tried to be an excellent student in Ivory Tower. I had a good habit of thinking and solving problems all by myself. All the courses I have learned will help me acknowledge my job.

Especially, English is my proficiency. I passed College English Test of Band Four and Six. Also I passed BEC 2. I believe it is enough to demonstrate my capacity in practical English.

I also specialize in computer application. I passed　the National Computer Rank

Examination Grade Two. I master the Windows Operation System and Office Application Software and can freely surf in Internet. I have studied some program languages, such as, FoxPro and C. I have mastered a great deal of knowladge about Network. Now I act as Net-administrator of student's dormitory.

Besides the above-mentioned achievements, I still spent time taking part in various social jobs. Anyway, it gives me a lot of experience in tackling with people and increases my ability. I can organize some important activities with high efficiency.

I'm optimistic to my life and my future. I know the job accounting nowadays is full of competitions, however, challenge is welcome. For I have the confidence and competence to do good jobs.

If you give me a chance, I will give you a surprise!

If I'm short-listed, don't hesitate to contact me.

Thanking you in advance!

Yours faithfully

二、制作个人简历

要获得求职成功，还应认真、正确、完整地写好个人简历。个人简历是生活、学习、工作、经历、成绩的概括集锦，是为了让用人单位全面了解自己，从而为自己创造面试的机会，最终达到就业的目的。个人简历一般作为自荐信的附件，呈送于用人单位。

（一）个人简历的格式及基本内容

个人简历一般有三种格式：表格式、时间顺序式、学习工作经历式。表格式是使用表格的形式列出自己的基本情况、学习、工作经历，让人一目了然；时间顺序式是按照年月顺序，列出自己的学习、工作经历，条理清楚；学习工作经历式是根据需要有选择地列出自己的学习、工作经历，充分表现自己的技能、品德。对于即将毕业的大学生来说，采用表格式和时间顺序式最好。

个人简历一般应包括以下几方面内容：第一为个人资料部分，包含姓名、性别、出生年月、籍贯、政治面貌、婚姻状况、身体状况、兴趣、爱好、性格及自己的联系方式等。第二为学业内容，包含了毕业学校、所学专业、学位、主要课程成绩、外语以及计算机掌握的程度。第三为本人经历，主要指的是大学以来的简要经历，包括学习和担任社会工作的经历，有的需要从毕业的高中写起。第四为自我评价。总结大学阶段的表现，并由班主任或学院主管部门填写意见。第五为所获荣誉。包括三好学生、优秀团员、优秀学生干部及奖学金等方面所获荣誉。

第六为本人愿望。根据自己的爱好、兴趣和特长，表明自己想要找的工作岗位。

（二）制作个人简历的要求

个人简历编写的真正用处就是让用人单位充分了解自己，从而获得可能的就业机会。因此简历要写得简洁精练，切忌拖泥带水。简历的格式要便于阅读，有吸引力，从而给用人单位留下良好的印象。如果你认为某些地方需要引起用人单位的注意，可以在这些词语下面画线或加着重号。

（三）制作个人简历应注意的问题

1）简历与自荐信不同。简历是叙述求职者的客观情况，而自荐信则主要反映求职者的主观情况和求职意向。从某种意义上说自荐信是对个人简历的必要说明和补充。

2）简历是一份材料，重在证明个人的身份详情、学习经历、生活经历、学习成绩以及工作经验等，其目的是用来支持自荐信，让用人单位全面了解自己，用以证明自己能适合担当所求职的工作。

3）求职简历不同于工作简历。一般的工作简历只是个人的一份历史记录，仅仅反映自己曾经做过什么。而求职简历，不仅要反映自己能做什么，做过什么，还要反映做得如何，具备了哪些素质和能力，从而给用人单位留下深刻印象。

下面给出一个个人简历的范例。

姓名	×××	性别	男	出生年月	××××，××，××
籍贯	××省	民族	汉	政治面貌	中共党员
主修	××技术	辅修	德语		
专长	组织管理，人际交往，接受新事物等				
教育	2009.9~2013.7　××大学 2006.9~2009.7　××中学				
主要社会工作	2010.10~2011.10　××大学××学院学生会学习部部长 2011.10~2011.11　××大学××学院学生会主席 2009.10~2013.7　××大学××学院××班班长				
外语及计算机能力	英语四六级一次通过；德语专业四级 通过计算机二级考试				
奖励	2010.10　××大学一等奖学金 2010.10~2012.10　××大学优秀学生干部				
现实表现	该生思想上积极要求进步，学习成绩优秀，有较强的组织能力和管理能力，是一位品学兼优的大学生。				

Name	×××	Gender	Man	Date of birth	××××, ××, ××
Native place	××省	National	Han	Political landscape	The Chinese communist party party member
Major in	××technology		Minor in	German	
Specialty	Organizational management, interpersonal communication, to accept new things, etc				
Education	2009.9~2013.7　××University 2006.9~2009.7　××Middle School				
Main social work	2010.10~2011.10　××university××College students' XueXiBu minister 2011.10~2011.11　××university××College student body President 2009.10~2013.7　××university××College××Monitor of class				
Foreign language and computer skills	Through the English Cet one　time; German Professional Level 4 Through the Computer Level 2 Test				
Reward	2010.10　　××University a first-class scholarship 2010. 10~2012.10　××University outstanding student cadres				
Reality and performance	The student ideological progress, and actively seek the academic record outstanding, has　strong organization ability and management ability, is an excellent student.				

三、证书等材料的准备

为证明自己在大学四年期间所取得的成绩和各种荣誉,增加自己求职的砝码,加深用人单位对自己的印象,这就需要提供各种可以说明自己能力、成绩的各类获奖证明,主要为大学期间所获的各类奖励和荣誉等。具体来说,可以分为以下几类:

1）毕业证书、学位证书、各类学历证书和结业证书;

2）"三好学生""优秀学生干部""优秀团员""优秀毕业生"等荣誉证书;

3）英语四级、六级证书、计算机等级证书、各类奖学金证书;

4）社会实践、征文比赛、文艺演出、体育运动会、社团活动等各类活动的获奖荣誉证书;

5）在正式出版物发表过的文学作品、科研论文、美术设计品、摄影作品及各类小制作、小发明、小创作的图像资料;

6）其他有关专长、爱好的证明材料等。

这些获奖证明材料或荣誉证书是毕业生的"拳头产品"，是敲开用人单位大门的"重磅武器"。因此无论是用人单位还是毕业生个人都较注重这方面材料的收集。

第三节　调整好心态

就业是大学生人生道路上的一次重大选择，将会遇到比以往任何时候都严肃的难题、复杂的矛盾和深深的困惑，每个人都要承受各种心理压力。因此，大学生有必要学习心理方面的知识，培养良好的心理素质，实现成功就业的目的。

一、心理素质对就业的影响

心理素质是指人在认知、情绪情感、意志、性格、自我意识、价值观及社会交往与适应能力等方面的素养。它是在环境的熏陶下，个人经过长期的修养、逐步内化的一种心理结果。心理素质直接影响着人的自身发展、人的活动效率及人对各种环境变化的适应能力。目前我国高等学校教育中心理素质教育已经成为教育的重要内容，学校逐步加大了心理教育的力度，逐步提高心理素质教育的地位。

心理素质是 21 世纪大学生综合素质中一个重要组成部分，在求职就业过程中，心理素质的强弱扮演着重要的角色。健康的心理素质是大学生学习和成功的重要因素之一。良好的心理素质基本表现是：一是具有良好的自我意识。能在社会关系中全面、客观、积极地看待自己，对自己的优点、长处感到喜悦。也能正视自身存在的弱点和不足。二是有正常的人际关系。能全面接纳他人，包容他人的缺点与不足。与人相处中多持尊敬、信任、喜悦等积极态度，减少嫉妒、怀疑、憎恶等消极态度，在人际交往中保持自尊、自信、自重。三是能积极地解决问题。在现实环境中会遇到各种问题，对所遇到的问题和矛盾能运用有效的方法加以妥善的处理，不回避、不消沉，表现积极进取的精神。四是有较强的情绪协调和控制能力，面对压力和挫折，有较强的耐挫能力。善于协调和控制心理情绪，面对挫折和压力，能经常保持较为平静的心态和控制行为的自觉性，显示出积极的情感特征。五是有积极、乐观的人生态度。有现实的理想，对未来充满希望，又不过度沉迷于幻想；具有积极学习、努力探索的愿望，善于寻找发现自己喜欢的活动，并主动致力于自己所从事的活动，努力克服困难，去争取成功。一些青少年在成长过程中，由于受到学习、家庭、人际交往、自身成长等诸多因素的影响，都会存在各种心理问题。1990 年以来，对部分大专院校在校生的问卷调查表明，有 40% 的学生存在不同程度的心理问题。清华大学曾对 2200 名学生进行心理测试，其中 17.2% 的人属于情绪不稳定型，有 2.6% 的人心理障碍问题比较严重。

如今社会，要求人的适应能力更强，现代社会重要特点表现在变化迅速，社会结构重新组合，行业重新划分，技术不断更新，社会风潮追风逐浪。因此对在校大学生在求职就业准备方面提出了更高的要求，这也就需要大学生具备更好的心理素质，具体有三方面。

第一方面应具备敢于竞争的良好心理素质。现代社会中，竞争是其内在发展的强大动力，在社会发展中有着十分重大的作用，主宰着每个竞争者的个人命运。因此从大学生进入大学之初，就要有意识地培养自身的竞争意识，提高竞争能力。竞争能力的培养取决于竞争意识的确立，只有具备明确的竞争意识，才能有积极的竞争行为。对大学生而言，没有一个既定的就业模式，每个人都有自己的长处，如何在激烈的竞争中脱颖而出，这就取决于他们不畏强手、顽强竞争的意识，充分发挥潜能，使得积极的竞争意识在他们成为社会强者的过程中起到积极作用。除了竞争能力的培养外，大学生还应具备良好的性格。对于大学生来说，良好性格的培养主要侧重于社会倾向方面，尤其是大学一年级学生，从进入大学开始就要有意识地培养大学生性格中的社会倾向，培养人的独立性，即人性的独立、思维的独立、精神的独立；培养进取性，即强烈的成就需要、开拓欲望、竞争意识。

第二方面为能适应社会变化的心理素质。进入 21 世纪后，国际经济、政治形势的变化，国内各种政治经济的改革，使得大学生所处的就业环境在不断地发生变化。面对多变的未来环境，大学生必须具备良好的应变和适应能力及良好的应变心理素质，即面对新的工作环境、学习环境、人际环境和生活环境，能尽快地适应并积极投入其中。具体来说首先具有积极的心态去适应社会环境，对外部环境不苛求、不抱怨。既能适应自己熟悉的环境，又能适应不熟悉的环境；既能适应有利于自己的环境，又能适应不利于自己的环境。其次就是对职业选择的适应。每个大学生在求职就业过程中都会受到社会分工和社会需求的局限，职业选择的自由也仅仅是在社会需求的职业中，根据自身条件和他人需求所进行的选择。于是在大学生就业过程中往往出现职业选择不适应的现象，喜欢从事自己喜欢的职业，不愿意从事不喜欢的职业。最后是对他人的适应，即对他人保持宽容、尊重态度，并以积极、灵活的心态去与他人交往；对他人无苛刻要求。由于人的差别，人与人之间的差异、分歧，甚至矛盾都在所难免，使得现实生活中隔阂、误会随时发生。随着社会的发展，人际交往程度越来越频繁，人员的流动，职业的变化，交往范围的扩大都使得人际交流问题越来越大。这就促使大学毕业生在学会适应社会环境、适应社会的同时，要学会适应与人交往。

第三方面应具备战胜挫折的心理素质。21 世纪是机遇与挑战并存的时代，大学生在就业准备及就业过程中时刻会面临受挫的考验。因此，从进入大学开始，大学生应着力培养自己的耐挫能力，以便在遭遇挫折困难时，能够具备正确的心态，理智地分析原因，冷静地思考对策，变挫折为激励，变压力为动力，克服和战胜挫折困难，最终走出困境，步入成功。当代大学生肩负着历史的重任，应有意识地磨练自己耐受挫折的能力。要充分认识挫折是难以避免的，应有"做最好的努力，做最坏的打算"的心态，正确分析和认识挫折产生的原因，培养自己正确归纳的能力；有意识地锻炼提高自己的耐挫能力，在现实的学习、生活、工作中，有意容忍和接受一些日常的挫折，以磨练自己的耐挫能力。有意识地磨练自己坚韧的性格品质，培养不屈不挠、坚韧不拔的精神，从而不断克服挫折，战胜困难，走向成功。

心理素质对大学生就业方面的影响主要表现在两方面：

一方面是对大学生求职择业的影响。这方面又包含三点具体内容：第一是对就业目标的影响。求职就业是大学生完成学业，走向社会、服务社会的需要。求职就业中的首要问题是确定就业目标，而心理素质对确定择业目标又起着重要作用。它决定求职者能否客观正确地分析自我、认识自我，如所学专业、思想修养、能力特长、兴趣爱好等；能否客观正确地分析用人单位需要和社会需要；能否将个人利益与国家利益、个人理想与社会需要有机结合起来；能否在就业目标中找到自己准确的位置。第二是对择业目标实现过程的影响。就业是选择与被选择的过程，是大学生施展才华、叩开职业大门的过程，也是用人单位评判、筛选人才的过程。大学生在就业过程中，将会遇到自荐、面试、笔试、竞争等一系列的考验，也将会遇到专业与爱好、专业与效益、专业与地域、地域与家庭之间产生的矛盾。能否顺利地通过这些考验，能否果断地处理这些矛盾，心理素质起着重要作用。良好的心理素质，可使人在面对考验和矛盾时，做到镇静自如，乐观向上，不怕挫折，勇于创新，缜密考虑，果断决策。面对就业，无论成功与否，都能及时进行情绪的自我调整，正确支配自己的感情和行动，能对外界刺激做出符合社会行为规范的反应。特别是在不成功时，更能有效地克制自己，调整自己的心态，尽快摆脱消极情绪的影响，避免情绪过度波动，以便及时总结经验，另辟蹊径。若心理素质不佳，是很难面对这些考验和复杂矛盾的。第三是对实现职业目标的影响。良好的心理素质对就业目标的实现起着促进和保障作用，可使求职者充分发挥自己的聪明才智，挖掘自己的潜力，综合自身的优势，扬长避短，不懈努力，从而找到最能施展自己才华、实现人生抱负的舞台。

另一方面是对大学生职业适应与职业成就的影响，这方面包含两点具体内容：第一是对职业适应的影响。大学生求职就业完成后将走向新的岗位，由于角色、人际关系、环境的变化，需要适应和处理这一转折时期出现的各种问题。若心理素质良好，就能及时适应调整心态，把握自我，开放自我，与新的环境保持平衡，尽快适应职业角色，使适应期大大缩短，反之，则适应期延长，难以适应角色。第二是对职业成就的影响。适应职业仅仅是一个开端，在岗位上做出成就和贡献才能实现人生抱负。心理素质对职业成就的取得起着重要的作用，若心理素质良好，就能发挥个体优势，热爱职业，献身职业，以顽强的意志攻关，解决工作中的困难，改进和提高工作效率，在岗位上做出贡献；反之，则很难做出成就。

二、求职择业常见的心理问题

面对就业，大学生的心理是复杂多变的。从积极方面来说，主要体现如下：第一，通过几年的大学学习、生活，在知识、能力与人格方面有了长足的发展与进步。第二，有着强烈的就业意愿和积极的就业动机，为能尽快实现自己的抱负而努力奋斗。大学生毕业时都为自己即将走向社会，将自己所学的知识与本领奉献社会，实现自己的人生价值而感到由衷的高兴。第三，为能感受就业制度的深入变革而庆幸。就业岗位和就业方式的多样化为大学生就业提供了更多的机会和更大的自由度，许多大学生都愿意经济社会发展一展才华。第四，热爱所学专业，准备在专业领域内大干一场。但是，在就业过程中大学生又难免会出现种种心理矛盾、心理误区和心理障碍，有时这些问题会严重阻碍大学生的就业与发展。

（一）常见的心理矛盾

心理矛盾也可理解为心理冲突，是指两种或两种以上不同方向的动机、欲望、目标和反应同时出现，由于无法做出判断而引起的紧张心态。心理矛盾并不奇怪，每个人都会出现心理矛盾，也都是在矛盾心理中度过的，甚至可以说心理矛盾是促进心理发展的动力。但是过分强烈而持久的心理矛盾对人的心理健康与活动效果会带来消极的影响，大学生在求职就业中的心理矛盾就属于这种情况。这类矛盾既有需求矛盾，也有目标矛盾，主要表现为以下几个方面：

1）拥有远大的理想，但不能正视现实。每个大学生对未来都有美好的追求，在就业过程中这种追求和憧憬变得尤为强烈，更为丰富，更为远大。经过充实而丰富的大学生活，大学生的知识系统也变得更为成熟，面对着多变的社会形势，他们满怀豪情，准备放手一搏。然而他们由于社会经验欠缺，接触社会较少，理想往往脱离社会的客观条件。许多大学生多梦想着成为企业家或大老板、商业巨子，希望走上商业成功之路。但是现实中他们并未考虑到自己的知识、能力、性格、爱好、气质等是否适合从商或者未真正考虑所选择单位是否有利于自己的未来发展，出现了理想的自我膨胀与现实的自我萎缩之间的矛盾。

2）追求个人价值的实现，却缺乏艰苦创业的思想准备。在就业过程中，很多大学生都自愿根据自己的专业到祖国需要的地方去建功立业，实现自己的人生价值。然而一些大学生缺乏艰苦创业的心理准备，不愿到艰苦的地方去，不愿到边远地区去，不愿深入到基层中。有些大学生虽然也关注国家与民族的前途，但过分强调个人价值，幻想去那些工作条件好、层次高的单位，要一举实现自己的人生价值。

3）渴望充分竞争，然而缺乏竞争的勇气。就业制度的改革，为高校毕业生就业提供了公开、公正的竞争环境。在这样的大环境下，如果没有强烈的竞争意识，不参与竞争，就不可能成就事业。然而竞争也让一部分高校毕业生感到了压力，使少数人感到无所适从。部分大学生错误地认为竞争为不正之风开辟了新途径，双向选择滋长了不正之风。虽然当今的社会环境使得理想的竞争环境还没有真正到来，但随着我国加入 WTO，这种公平的竞争环境必然会到来。如果无法面对现实，那么势必会造成一定的心理障碍，使毕业生在就业过程中失去勇气，变得顾虑重重，举棋不定。

4）有较强的自我意识，但缺乏把握自我的能力。大学阶段，大学生的自我意识日趋完善，对自我的存在及意义有了清楚的认识。在就业过程中，他们已经意识到自己将作为人才被社会使用，为社会贡献自己的才能，因此他们也要求社会能够承认他们这种自我意识，并以此为标准进行就业。另一方面由于大学生的人生观、价值观尚未最终定型，加上社会环境的影响，他们往往不能客观地评价自己。一些大学生对自己评价过高，缺乏承受挫折的心理准备。还有少数大学生自我评价过低，时常产生自卑自贱的心态，就业选择时容易产生期望值过低，缺乏主动竞争的心态。

5）强调个人情绪的宣泄，但往往导致自我心理的封闭。大学生在毕业阶段的心理冲突中，孤独感占了主要位置。由于内心的极度焦虑，宣泄意识得到加强，普遍渴望宣泄，寻找一吐为快的契机，进而达到自身心理上的平衡。另一方面由于毕业生缺乏对周围人的信任，不愿轻易打开自己的心扉，表露自己真实的内心想法。有的人害怕引起他人的误解，有的则担心别人知道自己的秘密，害怕自己在与别人竞争中处于不利地位。所以毕业生与周围人交往时，总会掩饰自己内心的想法。种种自觉与不自觉的对周围世界心理上的"敌意"，使这个阶段的大学生的社会认识产生了偏差。总之，低落的情绪、压抑的情感，人为造成自我心理封闭，是毕业阶段大学生就业的一个重要心理误区。

6）鱼与熊掌不可兼得，难以决断。就业过程中，往往遇到多种选择的境遇。各种选择各有优缺，倘若犹豫不决，往往会错失良机。在大学生就业过程遇到难以决断的问题主要为：经商能赚钱，但不稳定；留在家乡的话人际关系较熟，但缺乏新鲜感和挑战性；去外地有新鲜性和挑战性，但又人地两生。

（二）常见的心理误区

心理误区是指人在心理上特别是认识和人格上陷入无出路而又不能自拔，且本人对此又缺乏意识的形态。大学生在求职就业中常见的心理误区如下：

1）"双向选择"就是"自由选择"。部分学生认为，既然现在社会是市场经济，就业政策就应该是完全的市场政策，供需双方完全可以自由交易、自由成交。自由度越大，毕业生与用人单位双向选择的空间就越大，"我愿意选择哪里就选择哪里""哪里选择我，我都可以去"。他们时常抱怨改革的步伐太慢，埋怨"一定范围内的双向选择"实际上是给他们划定范围，他们期望一个无拘无束的选择空间。他们并不明白就业制度的改革必须和劳动人事制度、招生制度和户籍制度相配套，是逐步推行和实施的，是一个循序渐进的过程。

2）我不能比别人差。大学生参加大规模的招聘会次数不多，衡量就业岗位是否好与评价自己的价值能否得到承认的最常见的办法是互相攀比，比周围的同学哪个选择了知名度高、效益好的单位，哪个同学去了大城市或高层次部门。他们在心理上总具备这样的想法，就是"我不能比别人差""我不能不如人""过去我事事顺利，就业依然会顺利"。尤其是学习成绩好的学生更是如此，于是在选择过程中，攀比嫉妒，强求心理平衡，总是把"比别人强"作为标准。结果，不从实际出发，延误了时机。

3）大多数人钟情的一定是好工作。部分学生在选择工作单位时，自己毫无主见，总是随波逐流，跟随大多数人的步伐走。他们认为，大多数人钟情的，一定是好工作；大多数人选择的，一定没错。结果，人云亦云，不假思索，盲目跟着大多数人走，忽视了自己的长处，丧失了最能发挥自己才能的机会。

4）必须去沿海或大城市。面对就业，部分学生认为要去就去沿海或大城市。在他们的眼里，沿海可以挣到更多的钱，到大城市，自己会得到更多的发展机会。他们宁肯到沿海或大城市从事非本专业的工作，也不愿去当地或西部地区、边远地区就业；宁愿得到大城市的一张床，也不愿要边远地区的一套房。他们选择的目标不是北京、上海、广州，就是深圳、天津、珠海，很少考虑能让自己事业发展和能力发挥的地方，也很少考虑到国家和社会的需要。

5）选择单位就看实惠不实惠。部分毕业生认为，就业既然是人生的一次重大选择，那么选择单位时就要看实惠不实惠。他们的想法是"管它专业对口与否，挣钱是第一""前途前途，有钱就图""先挣钱，后搞专业"。在与用人单位洽谈时，首先考虑的是单位的效益怎么样、奖金丰不丰厚、能否解决住房问题，而很少涉及专业问题。在他们眼里，只有经济效益好不好，很少问津是否能将自己的才能充分发挥出来。

6）求职的竞争是关系的竞争。有些大学生认为，就业的竞争不是求职者素质的竞争，而是关系的竞争，看谁的关系硬，看谁的关系能起作用。于是这些学生不把立足点放在自身努力上，而是找关系、托门路、递条子，甚至不惜代价，重礼相送，用庸俗化措施对待就业。在自己反对不正之风的时候，又用不正之风的手法对待就业，使公正、公开、公正的竞争原则受到了损害。

7）首次就业关系一生命运。有的学生受传统就业观念的影响，把初次就业看得过重。在他们眼里，选择一个单位就预示着自己找到铁饭碗，自己将会在这个单位终守一生。他们看不到人才流动制度改革的步伐正在加快，看不到新的就业观正在深入人的思想中，看不到越来越多的人正是通过人才流动才找到适合自己的岗位。

8）非国有单位不予考虑。部分学生就业的观点是"非国有单位不予考虑"，认为只有国有单位才可靠、保险、稳定。这些学生主动选择就业于国有单位是应该给予肯定，但是工作的稳定与保险不是以单位所有制决定的，而关键要看其是否主动适应市场经济的需求，是否有发展空间。在现实社会中，不少非国有企业能主动适应市场的要求，同样有助于大学生聪明才智的发挥。那种认为到国有企业就可以稳定的观点是过时的，随着人事制度的改革，国有单位也充满了竞争，不适应工作岗位的人，也会失业。

（三）常见的心理障碍

心理障碍是指心理不健康的现象或倾向，它是心理压力和心理承受力相互作用，使人失去了应有的心理平衡的结果。心理障碍表现十分复杂，程度亦有轻重之分。大学生就业过程中出现的心理障碍多属适应过程中的轻度心理障碍。具体表现为以下几个方面。

1）焦虑。焦虑是由心理冲突或挫折而引起的，是一种复杂情绪的反应，主要表现为恐惧、不安、忧虑及某些生理反应。轻度忧虑，人人都有，属于正常现象，可以使人产生一种压迫感，促使人更加努力。过度焦虑，则会干扰人的正常活动，容易导致较严重的心理障碍或疾病。毕业时期的大学生心理问题主要表现为过度焦虑，这些问题体现在自己的理想能否实现，能否找到一个适合自己特长发挥且待遇丰厚的单位；用人单位能否选中自己，屡屡被人拒绝后怎么办；自己相中的单位，亲戚朋友不同意怎么办；选择单位失误，造成"千古恨"怎么办；到单位后不能胜任工作怎么办等等。这种焦虑现象使大学生毕业时精神负担沉重，紧张烦躁，心神不宁，萎靡不振；学习上得过且过，穷于应付，反应迟钝；生活中意志消沉，长吁短叹。有些学生在屡遭挫折后，甚至会产生就业恐惧感，一提就业心理就会十分紧张。大学生就业过程中的焦虑心理的另一种特殊表现为急躁。在工作确定前，大学生普遍都有急躁心理，恨时间太慢，怨用人单位不识人才，希望无须周折便可如愿以偿。在选择单位上，缺少对单位信息的详细了解而匆匆签约。而在毕业之际，没有落实工作的毕业生，心里更为急躁，缺乏对自己的自我控制，往往会导致事倍功半。

2）自卑。一些大学生低估了自己的能力，总是自惭形秽，看不起自己。在求职就业过程中他们往往缺乏信心、勇气，不敢参与到竞争中，这样的人多为自我意识发展不健全的大学生、部分女大学生以及性格内向或有生理缺陷的大学生。

在屡遭失败后，一些大学生容易产生强烈的自卑心理，胆小，畏缩，觉得自己事事不如他人。自卑是一种缺乏自尊心、自信心的表现，使得一些学生悲观失望，忧郁孤僻，不思进取，阻碍了学生自身聪明才智的正常发挥。

3）怯懦。怯懦是一种胆小、脆弱的性格特征。有些大学生在求职就业过程中过于怯懦，有一种"丑媳妇怕见公婆"的心理。有的在面试过程中不是面红耳赤，就是语无伦次，答非所问，之前准备好的台词、腹稿，紧张之下就忘得一干二净。有的大学生胆小谨慎，生怕一句话说错、一个问题回答不好会影响自己在新单位中的形象，以致不敢放开说话。这些学生渴望公平，但在机遇面前却手忙脚乱，局促不安。他们盼望竞争，却在机遇面前未能发挥自己的才能。这种怯懦的心理多见于一些女生和性格内向或抑郁气质型大学生，往往会影响到他们面试期间正常水平的发挥。

4）孤傲。部分大学生对自己能力评价过高，自认为高人一等，十分傲气。或认为自己学习成绩十分优秀，各方面条件都不错，不会没有好的工作，任何一个单位录用自己都是十分幸运的。或认为现实环境没有自己发挥才能的地方。这些大学生在就业过程中，好高骛远，期望值过高，看不上这个单位，瞧不起那种职业，没有让自己满意的工作。孤傲心理是缺乏客观的自我分析和自我评价的表现，很容易让他们脱离实际，以幻想代替现实，使得就业目标与现实情况产生极大的反差。一旦未能如愿，便会产生孤独、失落、烦躁、抑郁的心理现象。

5）冷漠。当一些大学生在就业过程中受到挫折而感到无能为力、失去信心的时候，会出现不思进取、情绪低落、情感淡漠、沮丧失落、意志麻木等现象。他们认为自己已看透世事，在就业方面多持有听天由命，任凭命运的态度。冷漠是遇到挫折后的一种消极心理反应，是逃避现实、缺乏斗志的表现，与就业竞争机制是不相应的。

6）问题行为。问题行为即违背社会行为规范的不良行为。毕业前，一些大学生因某些主题需要不能满足、或强度较大的挫折感，加之平日缺乏应有的品德与个性修养，做出各种违背校纪的不良行为，比如逃课、损坏公物、对抗、报复他人、拒绝交往、过度消费等。这些问题行为的出现，不仅会影响学生顺利毕业，严重的还会触及国家与学校的法律制度。

三、以良好的心态对待择业

要消除毕业生求职就业过程中的心理问题，大学生不仅需要学会自我心理的调适，更要以积极的心态去面对就业。

（一）正视现实

正视现实是大学生就业必备的健康心态之一，其包括了两方面的内容：正视社会与正视自身。

1）正视社会。人是社会之人，是现实之人，无论正视与否，现实都是客观存在的。积极的心态是正视社会、适应现实，消极的心态则是脱离社会、逃避现实。随着社会主义市场经济的发展，社会越来越尊重知识与人才，这对大学毕业生来说是重大机遇，对大学生就业、创业是有利的。社会将会最大程度上为大学生提供求职就业的机会，这为大学生施展才能提供了广阔的天地，有助于大学生自身才能的发挥。目前我国的经济水平还比较落后，社会提供的工作岗位不可能让每个大学生都满意。供需形势的不平衡，致使西部地区、边远地区、基层和第一线都需要大量的人才，而东部沿海地区人才需求处于饱和状态。今天的中国，通过宏观调控手段控制人才的流向，这就需要一部分大学生前往西部地区、重点行业和艰苦地方去就业。加上我国目前针对毕业生的就业制度还不完善，仍存在一些不正之风，一些用人单位利用手中职权对大学生提出了十分严格的要求。这些客观存在的现实情况需要大学生去面对。因此当代大学生必须从实际出发，处理好理想与现实的关系。那种脱离社会、好高骛远的想法都是错误的，逃避现实、脱离社会都是不可取的。

2）正视自身。常言道：知己知彼，百战不殆。一个不能正确认识自己的人，又怎么能把主观愿望与客观现实有机结合起来，从而确定适合自己的发展目标？正视自身，首先要对自己有一个全面的认识，如思想表现、专业学习、自身能力、身心素质等。对自己的充分认识，有助于将主观愿望与客观现实有机结合起来，有助于大学生就业目标的实现。比如对自身能力的认识，不仅仅包含了一般能力（即智力），而且还包括了学习能力、实践能力、科研能力、社交能力、组织管理能力、创造能力等。在市场经济充分发展的时候，用人单位对毕业生能力的考察是多方面的。因此大学生在就业过程中，正视自我，对自己的个性心理特征有一个全面、客观的认识，有助于大学生找到适合自身的工作。

（二）不怕挫折

挫折是指个人在从事有目的的活动过程中，遇到的干扰和障碍，致使动机不能实现的情绪状态。遇到挫折时，要认真分析失败的原因，是主观努力不够还是客观要求太高，是客观条件苛刻还是主观条件不具备，只有认真分析，找到真正失败的原因，才能更好地调节心理。大学生在就业时，应该保持健康稳定的心理，采取积极的态度，遇到挫折，不要消极退缩。当然，从根本上说一个人战胜挫折的能力绝不是一时努力就能提高的，而是有赖于大学生平日不断增强自身修养，学会科学地认识和分析问题，不断提高分析和解决问题的能力。对于当代大学毕业生来说主动接受一些磨难，增加一些挫折经历，是十分必要的。

（三）敢于竞争

大学生就业制度的改革，为毕业生和用人单位提供了更多"双向选择"的机会，更加体现了竞争机制，使得大学生在享有国家赋予权利的同时，结合自身专业、爱好、性格、特长、愿望等来寻找工作岗位。大学毕业生可以通过各种途径与方式展示自己、推荐自己，最终获得用人单位的录用。

敢于竞争首先要具有竞争意识。大学生要适应就业制度的改革，强化竞争意识。要充分认识到改革给社会带来的巨大变化，增强社会的竞争意识。作为天之骄子的大学生更应该具有青年人的朝气和锐气，要敢想、敢说、敢干，不能唯唯诺诺、羞怯自抑。敢于竞争就要从实际出发，充分考虑自身因素，扬长避短，发挥特长。敢于竞争要靠真才实学，而不能夸夸其谈，更不能互相拆台、互相嫉妒。竞争应是在互相学习、互相勉励、共同进步中进行。敢于竞争就要准备经受挫折。求职就业的竞争，失败是不可避免的，要有充分的思想准备，尤其是做好遭受挫折的准备，这样才能成为竞争中的强者。

人生本就是一场竞争。大学毕业生在面对激烈的社会竞争时，应摒弃侥幸心理，面对机遇，敢于正视现实，在激励的竞争中奋力拼搏，最终实现自己的人生目标。

（四）放眼未来

尽管现在我国社会为大学毕业生提供了"双向选择"的机会，大部分学生可以通过这样的机会获得自己理想中的工作，但由于种种因素影响，部分大学生的就业意愿还是无法实现的。对此，大学生应该有充分的认识，要从长计议，正视现实，放眼未来。要充分认识到，职业是自己人生的起点，全身心地投入其中，才能使自己成长、发展，从而实现自己的人生理想，达到为社会服务的目的。要充分认识到目前我国人才匮乏的地区是基层和西部地区，这些地方有助于大学毕业生才华的施展。

大学生也应该看到我国目前人事制度正处于改革时期，随着市场经济的发展，人事制度也在发生变化，人才流动的机会也会越来越多。因此首次就业的失败或未能如愿，还会有第二次、第三次甚至更多的机会。越来越开放的人事流动制度将会为毕业生提供更为广阔的就业前景。

第四章 择业考试考察的应对策略

第一节 择业笔试的应对策略

笔试是招聘单位采用书面形式对应聘者进行的考查和评估，是高校毕业生求职应聘的一个重要环节。笔试考查范围一般包括基本知识、专业知识、文化素养和心理健康等，实际是考察应考者的综合素质。由于笔试成绩具有真实、客观、公正以及便于排序等特点，所以笔试是各类招聘单位所普遍使用的考查方式。熟悉和了解求职中的笔试环节对毕业生来说十分必要。

一、笔试的形式和内容

笔试是招聘单位通过书面答卷的方式对应聘者进行有关知识和能力的测试形式。笔试有现场集中笔试和远程在线答题等方式。笔试的命题范围广泛，内容具有针对性，试卷题型和内容结构一般比较规范，同时，试卷的判定也比较客观公正。对招聘单位来说，笔试一般考查和评估应聘者在基本知识、专业知识、文化素养和心理健康等方面的综合素质；而对应聘者来说，笔试也是一种相对较为公平的测试方式，试题的完成率和准确率与应聘者的能力密切关联。很多时候笔试成绩是招聘单位确定进一步面试名单的依据，所以毕业生们应认真对待笔试。

（一）笔试的形式

从考试的方式上看，笔试分为现场集中答题和远程在线答题。公务员考试和事业单位考试均采取现场集中答题的方式，答题时间相同，题目内容一致。而某些分布地域广泛、招聘流程成熟的企业会采用远程在线笔试的方式，即应聘者在不同地点使用互联网设备在线作答。

笔试考试还分为开卷考试和闭卷考试。允许应聘者携带参考资料和辅助设备参加的笔试为开卷考试。与闭卷考试相比，开卷考试的试题更具开放性，更加灵活，为考生回答问题提供了充分的思考空间，有利于考生充分发表自己的见解，展现自己的能力，发挥自己的水平。而闭卷考试则禁止考生携带与考试相关的资料。

1. 公务员和事业单位招聘的笔试形式

（1）公务员考试的笔试形式。

中央、国家机关公务员考试是公务员主管部门组织的担任主任科员以下及其他相当职务层次的非领导职务公务员的录用考试。公共科目笔试是根据公务员应当具备的基本能力并针对职位进行的考试。按照职位性质，报考职位分两大类，报考者只能选择一个类别中的一个部门或单位进行报考。以中央党群机关、中央国家行政机关及部分中央垂直管理机构中的省级机关和直属机构，部分依照公务员制度管理的国务院直属事业单位为第一类。以中央垂直管理机构地（市）级以下所有机关及部分中央垂直管理机构中的省级机关和直属机构，部分依照公务员制度管理的国务院直属事业单位为第二类。

中央、国家机关的公务员笔试包括公共科目和专业科目，以前公共科目笔试按 A、B 类职位分别进行。A 类职位笔试公共科目为《行政职业能力测验》（A）和《申论》；B 类职位笔试公共科目为《行政职业能力测验》（B）；另外，专业科目笔试和面试时间由招考部门自行通知。从 2006 年开始，A、B 类都要考一样的科目，就是《行政职业能力测验》和《申论》，只不过《行政职业能力测验》分别命题。公共科目由中央公务员主管部门统一确定，专业科目由省级以上公务员主管部门根据需要设置。

公共科目全部采用闭卷考试的方式，其中，行政职业能力测验的考查范围包括：常识，涵盖政治、法律、经济、管理、人文、科技等；言语理解与表达，包括 6 种题型：阅读理解（短文阅读、文章阅读）、词语表达（选词填空、词语替换）和语句表达（病句判断、歧义辨析、长句判断、选句填空）；数量关系（数字推理、数学运算）；判断推理（图形推理、演绎推理、定义判断、事件排序）以及资料分析（文字资料分析、表格资料分析、统计图形分析）。行测试题考试时限 120 分钟，满分 100 分，全部为客观性试题，共 135~140 道题。时间短、题量大，这就要求考生不仅做题速度要快，还要具备一定的答题技巧，更重要的是要具备良好的心理素质。申论主要通过考生对给定材料的分析、概括，考查其运用马克思主义哲学、邓小平理论和行政管理等理论知识以公务员身份解决实际问题的能力，以及阅读理解能力、综合分析能力和文字表达能力，申论试题全部为主观性试题，考试时限为 180 分钟，满分 100 分。每年合格分数线根据职位级别的不同而有所差别。

省级、市（地）级、县（区）级公务员考试的笔试与国家考试形式基本一致，具体要求还需报考者认真阅读其招聘公告。各个地方的考试科目为地方自拟，有意报考地方公务员考试的毕业生要注意查阅当地政府公布的招考简章，以便有针对性地进行复习。

（2）事业单位笔试。

事业单位考试又称事业编制考试，这项工作由各用人单位的人事部门委托省级和市、地级的人事厅局所属人事考试中心命题和组织报名、考试，并交用人单位成绩名单，部分单位自行命题组织实施。目前尚无全国统一招考，省级、市（地）级、县（区）级各个单位统一招考，一般规模大的采取网络报名，人数少则现场报名。招考公告一般情况下发布在省级、市（地）级、县（区）级的人事厅局所属的人事考试中心的网站上，笔试和面试分数基本上各占一半，有些地区笔试与面试成绩比为 4∶6，一般无最低分数线，按分数从高到低择优录取。

2. 企业招聘的笔试形式

企业招聘的笔试形式较为多样化，笔试程序有现场集中笔试的，也有远程在线答题的；考查类型有闭卷考试的，也有采取开卷形式的；笔试时间由企业灵活安排，笔试的内容、各部分所占权重以及计分和晋级规则等，均由招聘企业设计安排。但部分行业和一些成熟企业会依据多年招聘经验而形成较为规范的笔试形式，毕业生们需要关注相关行业和企业在往年招聘中的笔试形式。

考试中应遵从监考人员的指示，在没有得到指令的情况下翻阅试卷，很有可能被取消笔试资格，有很多公司都非常看重应试者的守纪与诚信。毕业生们要明确一点，笔试不仅仅是一场考试，也是求职过程中的一个环节，考场上的表现很可能会影响到之后的面试。

（二）笔试的内容

1. 公务员及事业单位招聘的笔试内容

（1）公务员笔试的内容。

公务员笔试两科为《行政职业能力测验》和《申论》，但《行政职业能力测验》依据职位类别分别命题。部分岗位在应考者通过初试之后还有专业科目考试。

行政职业能力测验主要测查与公务员职业密切相关的、适合通过客观化纸笔测验方式进行考查的基本素质和能力要素，包括言语理解与表达、数量关系、判断推理、资料分析和常识判断等部分。

言语理解与表达主要测查报考者运用语言文字进行思考和交流、迅速准确地理解和把握文字材料内涵的能力，包括根据材料查找主要信息及重要细节；正确理解阅读材料中指定词语、语句的含义；概括归纳阅读材料的中心、主旨；判断新组成的语句与阅读材料原意是否一致；根据上下文内容合理推断阅读材料中的隐含信息；判断作者的态度、意图、倾向、目的；准确、得体地遣词用字等。常见的题型有阅读理解、逻辑填空、语句表达等。

数量关系主要测查报考者理解、把握事物间量化关系和解决数量关系问题的能力,主要涉及数据关系的分析、推理、判断、运算等。常见的题型有数字推理、数学运算等。

判断推理主要测查报考者对各种事物关系的分析推理能力,涉及对图形、语词概念、事物关系和文字材料的理解、比较、组合、演绎和归纳等。常见的题型有图形推理、定义判断、类比推理、逻辑判断等。

资料分析主要测查报考者对各种形式的文字、图表等资料的综合理解与分析加工能力,这部分内容通常由统计性的图表、数字及文字材料构成。

常识判断主要测查报考者应知应会的基本知识以及运用这些知识分析判断的基本能力,重点测查对国情社情的了解程度、综合管理基本素质等,涉及政治、经济、法律、历史、文化、地理、环境、自然、科技等方面。

申论考试中,考生根据指定的材料进行分析,提出见解,并加以论证。申论主要考查应考人员对给定材料的分析、概括、提炼、加工能力,测查应考人员的阅读理解能力、综合分析能力、提出问题和解决问题能力、文字表达能力等,申论考试是具有模拟公务员日常工作性质的能力测试。

专业科目考试。公共科目笔试成绩公布后,中央公务员主管部门将根据《招考简章》公布的计划录用人数与面试人选的确定比例,从通过公共科目笔试最低合格分数线的报考人员中,按照成绩从高到低的顺序,确定各职位参加专业科目考试的人员名单。各职位参加专业科目考试的人员名单将在考录专题网站上统一公布。报考人员可登录该网站查询是否进入专业科目考试。专业科目考试的时间、地点、考试大纲及要求等内容由招录机关确定。专业科目考试的组织实施由招录机关负责。

(2)事业单位笔试的内容。

近年来各地事业单位笔试科目以《公共基础知识》为主,内容主要有马克思主义哲学、毛泽东思想概论、中国特色社会主义理论体系、部分法律知识、职业道德、文史基础常识、公文与论文写作知识、自然科技常识、环境保护、事业单位概况、省情市情县情概况以及时事政治等方面的内容。

2. 企业招聘的笔试内容

(1)专业知识和技能测试。

专业知识和技能测试,这种考试主要检验求职者具备的文化知识和相关的实际能力。一般招聘单位在接收毕业生时,主要是看学校提供的推荐表及成绩单,同时再辅以自荐材料就可以了解其基本的知识能力等情况。但大部分招聘单位,需要通过笔试的方式对应聘者进行专业知识的再考核。值得引起注意的是,这种笔试已成为越来越多的企业不可或缺的招聘环节。企业招聘笔试主要针对研发型和技术类职位的应聘者,这类职位的特点是,对于相关专业知识的掌握要求比较高，题目主要涉及工作需要的技术性问题，专业性比较强。对毕业生而言，专业笔试主要考查基础知识、基本技能，而不是很高深的学问，一般都是专业基础课。这类考试的结果和毕业生们的大学学习成绩密不可分。所以，要成功应对这类的考试，需要坚实的专业基础。大公司和小公司的笔试内容的侧重点有很大区别。一般小公司注重实用性，考得比较细，目的就是拿来就用。大公司则强调基础和潜力，所以考得比较泛。对于大公司的笔试，建议可以看看公务员考试的教材，有很多智商题，也有很多综合性问题，熟悉这类问题对准备大公司的笔试是很有帮助的。

（2）性格和心理测试。

相对于专业知识考试，非技术性笔试的考查内容相当广泛，这类笔试一般来说更常见，对于应聘者的专业背景的要求也相对宽松。除了常见的英文阅读和写作能力、逻辑思维能力、数理分析能力外，有些时候还会涉及时事政治、生活常识、情景演绎，甚至智商测试等。心理测试是用事先编制好的标准化量表或问卷要求被试者完成，根据完成的数量和质量来判定其心理水平或个性差异。一些特殊的用人单位常常以此来测试求职者的态度、兴趣、动机、智力、个性等心理素质。

（3）英语能力测试。

英文笔试是在所有的笔试中占的比例最大的一类非技术性笔试，其考查的重点主要是阅读理解能力和写作能力，即表达能力。英文笔试还有一类非常重要的形式，就是英文写作能力的考查。有些企业的笔试，是结合了前面所述的英文阅读测试和写作测试的，有些则是专门考查英文写作能力的。

（4）论文笔试。

论文笔试是检验应聘者分析、综合、比较、归纳、推理等思维能力的方法。其形式采用论述题或自由应答型试题。该笔试的最大长处是有利于考查应聘者的思考能力，从而能够检查应聘者思想认识的深刻程度。这种测试往往会导致种种不同的答案，易于发现人才，促进智力发展，远比简单的测验题更能判断一个人的水平。做此类题时，讨论问题要深刻、有见地。

二、笔试的准备

（一）储备应考知识

1. 注重提升综合素质

无论是公务员考试、事业单位考试还是企业招聘考试，笔试是一种能力测试，考生应侧重平时的积累和综合素质的提高。就公务员考试来说，公务员考试是一种能力考试，侧重于考生平时的知识积累和综合素质的提高，这种能力未必是通过死记硬背和临时突击能够提高的，功夫应该下到平常。毕业生应注重在平时善于思考和积累，提高综合能力和素质，避免将考试准备寄托于一时的死记硬背。

平时的学习和积累，毕业生可以从以下方面做准备。一是明确职业生涯规划，为提升就业能力早打基础。首先，树立正确的职业理想，找准职业倾向，择己所爱，培养自主学习能力，学会把外部学习技能内化成为自己能力的过程，变成学习的主人，拥有创造的愿望和乐趣，善于发现自己的不足及乐于探究求新，为获得理想的职业积极做好准备。其次，正确进行自我评估和职业分析，发挥优势，改进不足，进行职业生涯规划时，充分了解职业的特性、现状及发展空间，以及对求职者的自身素质和能力的要求等，进行职业定位，选择最适合自己的职业，根据自己的实际找工作。再次，优化自身知识结构。按照社会与职业发展要求，将已有的科学知识重组、交叉融合，培养和提高综合素质。最后，加强职业需要的实践能力，要加强社会实践能力，除了掌握基础知识外，提高运用能力，还需具备从事该行业岗位的实际工作能力。二是强化基础知识熟练程度，在学习过程中促进专业知识体系的形成。毕业生们可以利用外语和计算机技能获取更多的信息，注重在学习过程中将专业知识融会贯通，不断地提升自己的综合素质。

2. 熟练掌握考试技能

首先，先易后难，先简后繁。笔试题型多，内容多，又要限时答好，必须合理安排答题时间。拿到考卷，先要看清注意事项、答题要求，然后从头到尾大略看一下试题，了解题目类型、份量轻重、难易程度，根据先易后难、先简后繁的原则确定答题步骤。

其次，精心审题，字迹清楚。在具体答题时，必须认真审题，切实弄清题目要求，逐字逐句分析题意，按要求进行回答。书写时，力求做到字迹清楚，卷面整洁，格式、标点正确，不写错别字。

再次，积极思考，回忆联想。有些试题的设计，从理论和实践两方面检查考生的基础知识和技能，并以综合运用为主，检验考生的实际水平和学习灵活性。因此，有的试题是具有一定难度的。考试时要积极思考，努力回忆学过的知识，并进行联想，将已学过的有关内容相互联系起来比较分析，积极思考，找出正确答案。

最后，掌握题型，答题精细。要了解各科考题的特点，熟悉每种题型的答题方法，防止出现不必要的差错。常用的题型有填充题、问答题、选择题、判断题、应用题、论文题等。

（二）安排考务行程

除了对笔试形式和内容做到细致的了解，应聘者还应充分重视准备考务文具以及关注考试时间、地点，安排考务行程。2002 年起，中央和国家机关公务员招录工作的时间固定为：报名时间固定在每年 10 月下旬，考试时间则固定在每年 11 月的第四个星期日。地方的公务员考试时间差异很大，而且每年招考时间会有一些变动，一些省份一年还有春、秋季两次考试。此外，政府还会组织一些选调干部到基层的考试，有些部门还会单独招考。除了省里的考试，各个城市也会有一些零散的考试，如村官考试。时间都很灵活。有意报考的毕业生们需注意关注各地的招考信息。报考各类公务员考试不受次数限制，只要时间上不冲突，可以参加多次公务员考试。中央的公务员考试、学校所在地的公务员考试、生源地的公务员考试，还有一些对生源没有限制的省份、城市的公务员考试，只要是符合条件的都可以参加。

　　应考者务必携带的考试文具包括黑色字迹的钢笔或签字笔、2B 铅笔和橡皮。应考者必须用 2B 铅笔在指定位置上填涂准考证号，并在答题卡上作答。在试题本或其他位置作答一律无效。

　　应考者还需规划好考试行程，如果考试地点在当地，一般情况下考试当天通往考点的道路通行压力增大、公共交通压力增大，考生需较平常提早出发。如果考试地点在异地，则应注意安排好长途客运时刻以及异地住宿，以确保按时从容地参加考试。

三、笔试的应对策略

（一）注重积累，厚积薄发

1. 学以致用，理论联系实际

　　现在的求职考试越来越强调用学过的知识来解决实际问题，具有很强的实用性。从考试准备角度讲，知识分为两大类：一类是主要靠记忆掌握的知识；另一类是必须通过不断的运用来掌握的知识。实际上，现在应聘考试主要是考应聘者对知识的运用能力。因此，在复习过程中必须始终突出一个"用"字，通过各种实践，把学得的知识运用到工作实际中去解决各种具体的问题。

2. 提纲挈领，系统掌握

　　在知识与能力这两者中，知识无疑是基础，没有扎实的基础知识，也就无从谈什么能力的培养和提高。掌握知识的一个有效方法就是把零散的知识化为系统。但是应聘笔试往往范围大，内容广，使考生在复习时无从着手，存在着一定的随意性和盲目性。因此，在着手应聘复习时，应首先打破各学科的界限，认真梳理各科要点，整理成一个条理化、具体化的知识系统总纲目，然后按照这个总纲目有计划、有步骤地进行复习。一般说，凡是与求职有关的一些知识，如文史知识、科技知识、经济知识、法律知识和一般的电脑知识，均要系统地复习。

不要把复习重点放在难点、怪题上，要把基础知识掌握好，在实际运用上下功夫。不要死扣几道题，有时笔试出题量较大，其用意一方面考查知识掌握程度，一方面考查应试能力。所以考生在浏览卷面后，要迅速答较容易的题目，余下的时间再认真推敲其他题目。答题时要掌握好主次之分。有时毕业生见简答题是自己准备较充分的，洋洋洒洒写了上千字，而对论述题则准备不够，就随便写了几十个字。这样功夫没用到点上，成绩当然会受到影响。毕业生在统览全卷的基础上，要抓住重点题目下功夫，认真答写，充分显示自己的知识水平。

国外一位著名教育家说过："获得的知识，如果没有一个完整的结构把它们联系在一起，那将是一种多半会被遗忘的知识。"按照控制论的观点，实现控制的一个重要条件就是被控制对象的系统化。然而复习和学好以上知识的目的也不单只是为了应聘考试，所以复习时绝不要照搬参考资料，也不要机械地记忆，而是要把所学知识作为实践的例子，精心设计，深入分析，积极思考，举一反三，使自己在学习中有所悟，有所得。

3. 多读多炼，提高阅读能力

提高阅读能力，对扩展知识面和回答应聘考试的各类问题很有益处。要提高阅读能力，首先得坚持进行阅读实践。知识的获得，主要依靠传授；能力的提高，则必须通过实践。因为许多知识学过了，但不一定就会用，还必须经过一定的练习，才能真正理解消化。复习时经常做些阅读训练，有助于阅读能力的提高。

在做阅读训练时，一定要做到"眼到"和"心到"，特别是"心到"。即对每个问题都仔细揣摩，认真思考，分析比较，综合归纳，多问几个为什么，这样才不至于白练。切不可图数量，赶进度，也不能光对答案，不求其所以然。只有肯动脑子，才能有悟有得，才能长本事。否则，练得再多，也提高不了自己的阅读能力。

4. 正确理解，提高语言的转换能力

应聘笔试中一个极其重要的考试是将你阅读理解了的东西用自己的话把它们表达出来，这在阅读考题中叫"语言的转化"。这种转化有三种形式。①把题中比较抽象、概括的话作出具体的解释；②把考题中的具体阐述恰当地加以概括；③把考题中比较含蓄的语言加以明了和正确的阐述。很显然，要将作品的真意换成自己的语言，并非一件易事，它已经含有很多的思维加工成分，而这正是检测阅读水平高低的一个重要方面。

5. 敏锐思考，提高快速答题能力

为了适应招聘考试中的题量，还应该尽快培养自己快速阅读、快速思维和快速答题的能力。因为现代阅读观念不只着眼于信息的获取,而且还特别重视速度。所以在准备笔试的时候一定要提高做题速度。注意了以上一些答题技巧后,还应该重视中外文基础知识的学习,因为基础知识是从中外文现象中抽象出来的理性认识,基础知识成绩的好坏标志着中外文能力的水平及文化素质的高低。因此,它是你在笔试前必备的一门功课。

(二)突出重点,掌握方法

对考前复习的情况进行具体分析,包括需要复习的内容,自己掌握知识和能力的情况,哪些内容是自己掌握得不好或没有掌握的,有多少复习时间,如何分配等。

妥善安排复习时间和内容,计划出每一科复习大致需要多少时间,每一阶段要达到什么目标,复习什么内容。不仅要有总的复习目标,还应有阶段性的目标。复习计划中的复习活动要多样化,各科复习交替进行。

复习计划制定后要严格执行,以顽强的意志控制自己的复习。要增强战胜困难的信心,采用限时量化复习方法,加快复习速度,提高复习效率。要有张有弛,劳逸结合,防止过度疲劳,以充沛的精力确保复习计划的执行。

1. 归纳提炼法

将大量的知识归纳提炼为几条基本理论,用一个简明的表格或提纲或几句精练的语言准确地写下来。把个别的概念、定义、定律、定理放到知识的体系中贯穿思考,弄清相互联系、衔接,列出它们的相似点和不同点。抓住概念、定义、公式、定律等基础知识,对于容易混淆的概念或法则用对比的方法进行辨析,弄清相互间的联系和区别,这是加深理解、强化记忆的有效方法。

2. 系统排列法

对归纳提炼出来的知识点,进行聚同去异,使之成为系统的排列过程。在系统排列时,依据某些相同的或相似的特征为基础,不断地把较小的组或类联合为较大的组或类。也可采用相反的方式,依据对象的某些特征或特征差异为基础,把它划分为较小的组或类。通过这种系统排列,组成一定的顺序,从而找出各部分之间的联系和关系,更好地认识其特性。

3. 厚书变薄法

把章节或单元的学习按一定的科学系统自编提纲,进行高度概括,把"厚书变薄"。"变薄"的原则是具有科学性,把大量看起来是单一的或逐个理解的知识内容有意识地归并到某个知识体系中,从横向、纵向上形成有机联系,组成一条知识链。在概括学习内容时,抓住关键的知识点,前后联系,纵横结合,起到提纲挈领的作用。

4. 串联结构法

在系统复习的基础上，对章节与章节、单元与单元进行各种串联，做更高层次理解。对已掌握的知识进行整理、归纳、分类、列表，以形成自己的知识体系，建立起良好的认知结构。在复习每个具体内容时，先冷静地想一想，再看书。逐个章节复习，找出难点、重点。在全面复习完后，最后把整个的知识点，在脑子里过一次电影。这种方法可以改变一味死记硬背的方法，从整体上把握知识。

（三）积极准备，平稳心态

笔试不仅仅考查文化、专业知识，往往还考核心理素质、办事效率、工作态度、修辞水平、思维方法等。所以毕业生在参加笔试时，要认真审题，将自己的认识水平、知识水平和能力水平通过笔试较好地显示出来。

要适当减轻思想负担，不可给自己施加过大的压力，否则适得其反。笔试的前一天要注意休息，保证充足的睡眠，避免考试时精神不振，影响正常思维。要适当参加一些文体活动，从而使高度紧张的大脑得到放松休息，以充沛的精力和平稳的心态去参加考试。

第二节　择业面试的应对策略

面试是招聘单位以当面交谈的方式对应聘者进行考察的形式。面试是招聘单位直观地了解应聘者求职动机、就业意向、表达能力等的有效方式，同时也是应聘者向招聘单位详细了解就业环境、工作内容、福利待遇等的宝贵时机。在面试中，招聘单位可以直观了解应聘者的口才和应变能力，优秀的应聘者也可以借此机会全面展示自身的知识、素质和能力。笔试是招聘过程中的第一个环节，而面试则是招聘过程中具有决定性的环节，应聘者的面试表现往往是招聘单位做出决定的重要依据。毕业生由于面试经验较少，常常在面试中铩羽而归。本节将介绍面试的形式与内容、面试的准备和面试的应对策略，以帮助应届毕业生学会面试，在面试中脱颖而出。

一、面试的形式与内容

（一）面试的形式

根据不同的分类方法，面试的形式大致有以下类型。

1. 根据面试的标准化程度而分

可以分为结构化面试、半结构化面试和非结构化面试三种。所谓结构化面试就是面试题目、面试实施程序、面试评价、考官构成等方面都有统一明确的规范进行的面试；半结构化面试是指只对面试的部分因素有统一要求的面试，如规定有统一的程序和评价标准，但面试题目可以根据面试对象而随意变化；非结构化面试则是对与面试有关的因素不作任何限定的面试，也就是通常没有任何规范的随意性面试。

2. 根据面试对象的多少而分

根据面试对象的多少，面试类型可分为单独面试和小组面试，单独面试是一次只有一个应考者的面试，现实中的面试大都属于此种类型。单独面试的优点是能够给应考者提供更多的时间和机会，使面试能进行得比较深入。单独面试又分为两种类型，一种类型是只有一位考官负责整个面试过程，这种面试方式大多在较小的单位录用较低职位的人员时采用；另一种类型是多个考官面试一位应考者，这种形式在国家公务员录用面试和大型企业的招聘面试中广泛采用。小组面试则是多名应考者同时面对考官的面试，如小组讨论就是一种小组面试，考官同时要对多名应考者进行评价。小组面试的优点是效率比较高，而且便于同时对不同的应考者进行比较，不足之处是一位应考者的表现会受到其他应考者行为的影响。集体面试主要用于考查应试者的人际沟通能力、洞察与把握环境的能力、组织领导能力等。在集体面试中，通常要求应试者做小组讨论，相互协作解决某一问题，或者让应试者轮流担任领导主持会议，发表演说等，从而考查应考者的组织能力和领导能力。无领导小组讨论是最常见的一种集体面试法。众考官坐于离应试者一定距离的地方，不参加提问或讨论，通过观察、倾听为应试者进行评分，应试者自由讨论主考官给定的讨论题目，这一题目一般取自于拟任岗位的职务需要，或是现实生活中的热点问题，具有很强的岗位特殊性、情景逼真性、典型性和可操作性。

3. 根据面试目的而分

根据面试的目的不同，可以将面试区分为压力性面试和非压力性面试。压力性面试是将应考者置于一种人为的紧张气氛中，让应考者接受诸如挑衅性的、非议性的、刁难性的刺激，以考查其应变能力、压力承受能力、情绪稳定性等。典型的压力式面试，是以考官穷追不舍的方式连续就某事向应考者发问，且问题刁钻棘手，甚至逼得应考者穷于应付，考官以此种"压力发问"方式逼迫应考者充分表现出对待难题的机智灵活性、应变能力、思考判断能力、气质性格和修养等方面的素质。非压力性面试是在没有压力的情境下考察应考者有关方面的素质。

4. 根据面试内容设计的重点不同而分

根据面试内容设计的重点的区别，可将面试分为行为性、情境性和综合性三类面试。行为性面试的内容侧重于应考者过去的行为；情境性面试是通过给应考者创设一种假定的情境,考察应考者在情境中如何考虑问题、做出何种行为反应；综合式的面试则兼有前两种面试的特点,而且是结构化的,内容主要集中在与工作职位相关的知识技能和其他素质上。

5. 依据面试的功能而分

依据面试的功能差别,可以将面试分为鉴别性面试、评价性面试和预测性面试。所谓鉴别性面试,就是依据面试结果把应考者按相关素质水平进行区分的面试；评价性面试则是对应考者的素质做出客观评价的面试；而预测性面试是指对应考者的发展潜力和未来成就等方面进行预测的面试。

6. 依据面试结果的使用方式而分

依据面试结果的使用方式,可以将面试区分为目标参照性面试和常模参照性面试。所谓目标参照性面试,就是面试结果须明确应考者的素质水平是否达到某一既定的目标水平,通常分为合格与不合格两种；而常模参照性面试,则是根据面试结果对应考者按素质水平高低进行排序,从而进行优胜劣汰决策的面试,结果往往分为若干档次。

7. 根据面试的进程而分

根据面试的进程可以将面试分为一次性面试和分阶段面试。所谓一次性面试,即指用人单位对应考者的面试集中在一次进行。在一次性面试中,考官通常由用人单位人事部门负责人、业务部门的负责人以及人事测评专家构成。而分阶段面试是指分为几次进行的面试,一般先由人事部门对应考者进行面试,主要是考察一些一般性的问题,将明显不合适的人选剔除。然后再由用人部门的主管人员进行面试,此次面试主要考察应考者的专业知识和业务技能,衡量应考者对拟任的工作岗位是否合适。最后,人事咨询顾问会对应考者进行面试,其目的是对应考者与拟任职位有关的心理方面的特质,如情绪稳定性、进取心与成就动机、自信心等进行测试。

(二)面试的内容

不同的招聘单位对面试过程的设计会有所不同,有的单位会非常正式,有的单位则相对比较随意,但一般来说,面试可以分为以下四个阶段:

1. 准备阶段

准备阶段主要是以一般性的社交话题进行交谈,例如主考会问类似"从宿舍到这里远不远""今天天气很好,是吗？"这样的问题,目的是使应聘人员能比较自然地进入面试情景之中,以便消除毕业生紧张的心情,建立一种和谐、友善的面试气氛。毕业生这时就不需要详细地对所问问题进行一一解答，可利用这个机会熟悉面试环境和考官。

2. 引入阶段

社交性的话题结束后，毕业生的情绪逐渐稳定下来，开始进入第二阶段，这阶段主要围绕其履历情况提出问题，给应聘者一次真正发言的机会。例如主考会问类似"请用简短的语言介绍一下你自己""在大学期间所学的主要课程有哪些""谈谈你在大学期间最大的收获是什么"等问题。毕业生在面试前就应对类似的问题进行准备，回答时要有针对性。

3. 正题阶段

进入面试的实质性正题，主要是从广泛的话题来了解应聘人员不同侧面的心理特点、行为特征、能力素质等，因此，提问的范围也较广，主要是为了针对应聘者的特点获取评价信息，提问的方式也各有不同。

4. 结束阶段

主考在该问的问题都问完后，会问类似"我们的问题都问完了，请问你对我们有没有什么问题要问"这样的话题进入结束阶段，这时毕业生可提出一些自己想提问的问题，但不要问类似"请问你们在我们学校要招几个人"这样的问题，大部分单位都会回答你"不一定，要看毕业生的素质情况"，可以就如果被公司录用可能会接受的培训、工作的主要职责等问题进行提问。

二、面试的准备

（一）准备完善的自我介绍

求职面试时，大多数面试考官会要求应聘者做一个自我介绍，一方面以此了解应聘者的大概情况，另一方面考察应聘者的口才、应变和心理承受能力、逻辑思维能力等。千万不要小视这个自我介绍，它既是打动面试考官的敲门砖，也是推销自己的极好机会，因此一定要好好把握。应聘者具体应注意以下方面。

1）自我介绍时首先应礼貌地做一个极简短的开场白，并向所有的面试人员（如果有多个面试考官的话）示意。如果面试考官正在注意别的东西，可以稍微等一下，等他注意力转过来后才开始。

2）注意掌握时间，如果面试考官规定了时间，一定要注意时间的掌握，既不能超时太长，也不能过于简短。

3）介绍的内容不宜太多地停留在诸如姓名、工作经历、时间等东西上。因为这些在你的简历表上已经有了，你应该更多地谈一些跟你所应聘职位有关的工作经历和所取得的成绩，以证明你确实有能力胜任你所应聘的工作职位。

4）作自我简介时，眼睛千万不要东张西望，四处游离，显得漫不经心的样子，这会给人做事随便、注意力不集中的感觉。眼睛最好要多注视面试考官，但也不能长久注视目不转睛。再就是尽量少加一些手的辅助动作，因为这毕竟不是在做讲演，保持一种得体的姿态也是很重要的。

5）自我介绍结束后不要忘了道声谢谢，有时往往会因此影响考官对你的印象。

接到面试通知后，最好在家打个自我介绍的草稿，然后试着讲述几次，感觉一下。面试中一段短短的自我介绍，其实是为了揭开更深入的面谈而设的。一分钟的自我介绍需要将自己最美好的一面，毫无保留地表现出来，要令对方留下深刻的印象。

简短的自我介绍，应该注意将自己的优缺点进行客观的描述，把握招聘单位对人才及其技能的需求，同时注意保持良好的仪态。

首先，想要一矢中的，必须知道你能带给公司什么好处。当然不能空口讲白话，必须有事实加以证明。最理想的就是能够展示过去的成就。例如你曾为一些单位做过网页设计，并得过奖项或赞扬。当然，这些例子都必须与现在公司的业务性质有关。职位越高，自我认识就越重要，应将个人的成败得失，尽录在日记中。这样，就可以时刻都清楚自己的弱点与强项。

其次，清楚自己的强项后，便可以开始预备自我介绍的内容，包括工作模式、优点、技能，突出成就、专业知识、学术背景等。好处众多，但只有短短一分钟，所以一切介绍还是与该单位有关的好。如果是一家电脑软件公司，应说些电脑软件的话题；如是一家金融财务公司，便可跟他说钱的事，总之投其所好。有一点必须紧记：话题所到之处必须突出自己对该公司作出的贡献，如增加营业额、减低成本、发掘新市场等。铺排次序内容的次序亦极重要，是否能紧握听众的注意力，全在于事件的编排方式。所以排在头位的，应是你最想他记得的事情。而这些事情，一般都是你最得意之作。与此同时，可呈上一些有关的作品或纪录增加印象分。

最后，不管内容如何精彩绝伦，若没有美丽的包装，还是不行的。所以在自我介绍当中，必须留意自己在各方面的表现，尤其是声线。切忌以背诵朗读的口吻介绍自己。最好事前找些朋友作练习对象，尽量令声线听起来流畅自然，充满自信。身体语言也是重要的一环，尤其是眼神接触。这不但令听众专心，也可表现自信。曾有一项报告指出，日常的沟通，非语言性的占了70%。所以，若想面试成功，应紧记注意一下你的身体语言。

（二）讲究面试礼仪

应届毕业生由于缺乏面试经验，在与面试官交谈时，尤其是与多位面试官交谈时，常会出现莫名的紧张情绪。于是坐立不安，手脚不听使唤，无法专心回答面试官的问话，导致整场面试糟糕透了。这些举动肯定都被面试官看在眼里，结果可想而知。以下内容将和毕业生们共同讨论关于职场面试的礼仪。

1. 入座礼仪

坐姿包括落座和坐定的姿势。如果面试官让你坐下，你不用客套地说："您先坐。"而应该神态大方，举止文雅。入座时要轻而缓，不要发出任何嘈杂的声音。面试过程中，身体不要随意扭动，双手不应有多余的动作，双腿不可反复抖动，这些都是缺乏教养和傲慢的表现。有些人因为紧张，无意识地用手摸头发、耳朵、甚至捂嘴说话，虽然你是无心的，但面试官可能会因此而认为你没有用心交谈，还会怀疑你话语的真实性。

不同性别，对于面试就座时的礼仪要求也不同。男性就座时，双脚踏地，双膝之间至少要有一拳的距离，双手可分别放在左右膝盖之上，若是面试穿着较正式的西装，应解开上衣纽扣。

女性在面试入座时，双腿并拢并斜放一侧，双脚可稍有前后之差，如果两腿斜向左方，则右脚放在左脚之后；如果两腿斜向右方，则左脚放置右脚之后。这样对方从正面看双脚是交成一点的，腿部线条更显修长，也显得颇为娴雅。若女性穿着套裙，入座前应收拢裙边再就坐，坐下后，上身挺直，头部端正，目光平视面试官。坐稳后，身子一般占座位的 2/3，两手掌心向下，自然放在两腿上，两脚自然放好，两膝并拢，面带微笑保持自然放松。

2. 交谈距离礼仪

职场面试人员进入面试室，一坐下来就习惯地将椅子往前靠。由于这位面试官非常亲切，面试者慢慢变得轻松起来，开始讲述自己对这份工作的向往，说到激动的地方，就不由自主将身子探得更近了。看着兴奋演说、唾沫横飞的面试者，面试官似乎有些尴尬，而此时的面试者已经失礼了。

交谈的目的是为了与别人沟通思想，要做到愉快地交谈，除了要注意说话的内容外，还应注意与主考官保持一定的距离，这样才能让对方听得清楚、明白。西欧一些国家从卫生角度研究出，人说话时，可产生 170 左右个飞沫，可飘扬 1 米远，最远达 1.2 米，咳嗽时能排出 460 左右个飞沫，最远可喷出 9 米远，就更别说打喷嚏会产生多少病菌了。也就是说，保持适当距离交谈，也是对别人最起码的尊重和礼貌。

保持距离合乎礼仪。从礼仪上说，说话时与对方离得太远，会使对方误认为你不愿向他表示友好和亲近，这显然是失礼的。但是如果离得太近交谈，一不小心就会把口沫溅在别人脸上，这是最尴尬的。因此，从礼仪角度来讲，一般与主考官保持一两个人的距离最为适宜。这样做，既让对方感到亲切，同时又保持一定的"社交距离"，在人们的主观感受上，这也是最舒服的。保持距离交谈更有效。在求职面试中，人作为一个整体形象，双方交谈传递信息，不仅凭借语言，而且还要依赖身体语言来发挥魅力，如手部动作、面部表情变化等。美学原理告诉我们，距离能产生美。说明距离在交谈中还是能起到一定作用的。面试时选择一个最佳位置和最佳距离，才能够更好地发挥。面试交谈时，无论是从卫生角度还是从文明礼貌角度来考虑，都应该与人保持一定的距离，这样，有利于大家的身体健康，对双方都是有利的。倘若交谈时忽然想打喷嚏、清喉咙，要转过身"行事"，最好是取出手帕或餐巾纸捂住口，做过之后要表示歉意。

3. 起身离开礼仪

面试交谈完毕，要礼貌起身。起立的动作最重要的是稳重、安静、自然，绝不能发出任何声音。入座通常由左边进入座位，起立时可由左边退出。一般我们坐椅子时，有上座的专门规定，进入房间可由左边开始坐，站立时也要站在椅子的左边，无论是就坐还是起身都不要发出任何声音。

（三）面试着装要点

求职面试准备中同样不可忽视的是衣着装扮，面试竞争激烈，毕业生就业压力大，应征面试时衣着装扮不容马虎。大方得体的面试着装，可使毕业生们在面试时更有信心。考虑衣着时请先考虑公司的性质以及应聘的职位。如果公司规定穿制服的话，你就要考虑准备整洁大方的套装。如果是网络公司的话，便装也不会有太大不便。不过若你是应聘销售、公关、市场以及高级职位的，穿深色或者灰色的套装会比较合适，当然，可以用一些雅致的小饰物装扮自己。服装问题应该在面试前天晚上就决定，考虑周到，不要临时变卦。

对男同学而言，深色西装适合任何面谈，再配上白色或者浅灰、浅蓝衬衣，款式简洁的领带。切记不可选择颜色明亮的领带，廉价蹩脚的领带夹也会减分。衣服必须干净平整，头发务必梳理整齐，皮鞋擦亮，指甲清洁，另外，刮干净胡子。

女士的服装比男士有更多的选择，但仍以保守为佳。深色或者中性色的套装或夹克和裙子，配上一件端庄的衬衣(请勿加花边)，穿上与之相配的深色长筒袜以及半高跟的轻便鞋子(不要穿露出脚趾或细高鞋跟的)。使用棕色或黑色的手提包，将化妆品、履历表等放在里面。裙子以过膝的一步裙为好。发型也需保守。另外，白色、亮眼的黄色橙色、粉色系列的套装不太适合面试。

若能得到面试的机会，千万不能马虎，毕业生应从以下几点把握面试着装要点。

1. 忌脏污和褶皱

破旧、皱得像酸菜干的服装，也许很"酷"，但绝对不适合穿去面试，如此装扮会让人觉得你个性吊儿郎当，没有诚意。此外，时下流行仿脏污、故意抓皱褶的前卫风潮服装，也不适合。

2. 忌装着装可爱或太花哨

职场不同于演出，更不同于幼儿园，着装不能太可爱、太花哨。你平日特爱"与众不同"，疯狂迷恋粉红色系的娃娃装，但面试可能决定你的一生，你就应该暂时把内心里的"粉红狂"收起来，把身上的粉红娃娃、缤纷花朵、绒毛玩具、公主发夹一一取下来，认真去面试。

3. 忌浑身名牌

参加面试，衣着装扮的确要花钱打点，但不代表就得要浑身名牌。浑身名牌，常会给人"败家""个性娇纵""不肯吃苦耐劳"的负面印象，就算是应征精品业的工作，也不必如此。不过，拎一只材质好一点的名牌包，是被许可的，但最好品牌的 Logo 不要太明显。

4. 忌浓妆艳抹

如果你是自然主义者，不爱化妆，但在面试时，可以上淡妆，提升气色，遮挡让人略显疲惫感的黑眼圈。不过，太过浓烈的浓妆艳抹也不合适，要尽可能避免。

三、面试的应对策略

在简历筛选和初试中突出重围的应聘者，还将面对一轮或多轮面试，如何在面试中脱颖而出，靠的是应聘者的实力和面试表现，只有全方位准备面试，才能做到知己知彼、百战百胜！

（一）心理准备

通过"假想"的方法在面试前预估面试的场景和内容，不断地完善相关必要问题的回答。面试前几天调整好自己的情绪，保持良好的精神面貌。最主要的是善用"假想"。有个很著名的美国短跑运动员曾经说过她的成功秘诀之一便是"假想"。除了刻苦的训练和心理调节外，她在每次赛前都会假想跑道的长度、弯度、材质弹性，周围的人声人浪甚至场边青草的香味。

面试前，你不但要假想面试的场景气氛，而且要想好每一步可能发生的情景。对于自己的履历应该烂熟于心，对于一些常规性问题早做充分准备，例如，你认为你能为公司做些什么？你为什么认为自己适合这份工作？你的同学和老师对你的评价如何？等等。对于自己的优势弱势更要理性分析，尤其是针对诸如"你的缺点是什么"这样反面的提问，要想方设法地用简洁而正面的语言回答问题。

（二）材料和文具

1）钢笔或水笔两支。为什么要两支？做备份以防万一啊。带钢笔或者水笔是以备随时填写正式的表格。

2）记事本。面试时记录或计算可能用得到。将笔和笔记本放在手提包的外层，方便随时使用，不至于到时现翻，浪费时间又显得缺乏组织能力。

3）最近更新的简历。至少两份，多多益善。即使你的简历已使你获得面谈机会，约谈者仍有可能收取另一份履历。准备完整的履历表有两个目的：第一，在公司填写申请表时，可随时取出作为参考；第二，面谈后可直接留给公司。多准备几份的目的在于如果不止一个面试官的话，可以表现出你的仔细完备。

4）文凭和各种证书。文凭和证书俗称"敲门砖"，如果担心丢失，就带复印件。

5）照片和身份证。有可能用不着，但有备无患。

6）报纸或者杂志一份。有时等候面试的时间很长，在等待时可以翻看报纸或杂志。不过千万不要携带"八卦"报纸杂志，最好携带相关专业杂志，可以显现出你始终关注这个领域的动向。

7）公文包一只。若要携带以上物品，女士们可要准备一只适合自己的公文包，手袋是挤不下这些东西的，况且其中有些文件不能折。

8）"秘密武器"。如果你有工作成果的证明或者作品甚至专利证明，请务必带上，这可是证明你自己最好的"秘密武器"！

（三）熟悉招聘单位及应聘职位

熟悉可能任职的新单位会增加面试官对自己的印象，因为你对招聘单位了解越多，表明你对这个单位及工作越有兴趣。此外，还可以增加你在面谈时的自信。了解招聘单位情况越多，越能把握自己，应付如流。一般招聘单位通知你面试有两种方式，一是电话，二是来信或 E-mail。面试通知的到来也意味着你"侦察"行动的开始。如果是电话，除了记下对方单位名称、面试时间地点外，不要简单就说再见，请尽力搞清如下问题：面试的方式，是多人同时进行面试，还是一个一个单独面试，面试的内容是什么，是不是会有笔试，或者此次面试只进行笔试。还有面试的对象，面试官姓氏和职位，是人事主管还是部门负责人。如果是书面的通知，你也要及时打电话向对方询问，有了这些信息，你对面试就应该心里有底了。

随后的"侦察"行动自然是搜集该单位的资料，如单位的规模、性质、开办年月、做什么产品项目、年营业额、成长幅度、人事制度、企业文化、在行业中的排名等，尽量多了解一些。现在的单位一般都有自己的网站，这为"侦察"行动省下不少力气，了解得越清楚，你的面试成功率也就越高。一个对他所面试的单位很熟悉的应聘者，往往较容易获得面试官的认同；反之，一个对单位做什么产品都不去了解的人是很难获得面试官的信任的。除此之外，如果能够了解单位的氛围，对你准备合适的穿着和谈吐也是十分有用的。

重要的是，尽可能了解你所申请的职位。如果你熟悉职务的性质，你将会成为强有力的申请人。值得注意的一点是，为某项特殊职务做好一切准备绝对是正确的。但是你千万不可将自己局限在某项特殊职务上，而忽略对其他职务的考虑。

（四）熟悉通勤路线

准备好了这一切，剩下的就是通过地图确定到达面试地点的路线，特别留意一下住地到对方单位的交通，有时面试会提到相关问题，无论坐车骑车，选一个时间最短的答案备用。有空的话，最好能先跑一趟，观察一下招聘单位周边的环境，看看对方单位的"档次"，用行话来说就是"踩点"。

做好以上准备，面试便成了一场"有准备的仗"，毕业生们只需带上自信心，就可以轻松应对面试了。

第三节　考察考核的应对策略

一、考察考核的方式与内容

（一）考察考核的方式

1. 考察考核的形式

考察，即实地观察调查，或细致深刻地观察。招聘过程中的考察考核，是指招聘单位依据相关条件、标准和程序，对拟聘用人员进行的专门性的考察和评价。招聘单位对应届生应聘者的考察考核方式一般有两种：第一种是定向考察考核。即招聘单位到应聘者所在大学相关部门更细致地了解应聘者的情况，包括核实应聘者的学习成绩、核实各种奖项和证书、核实证明材料等，并通过和任课教师、辅导员及同学交谈，了解应聘者的品行、为人、做事、处世、人际关系、组织协调能力、应变、吃苦、身心健康等。第二种是情境考察考核，即招聘单位把应聘者分成若干个小组，通过小组讨论或完成某一特定任务对应聘者进行考察考核。考察考核是招聘单位录用决策的重要依据。

2. 考察考核的意义

对应届生应聘者的考察考核，对于督促在校生提高自身素质、严于律己、为职业生涯打好基础等具有十分重要的意义。首先，考察考核有利于客观公正地评价应届生应聘者，激励在校生提高素质，争取专业知识和实践能力的提高。其次，有利于招聘单位全面客观地了解应届生应聘者，为录用后的依特长定岗提供依据。

3. 考察考核的原则

考察考核作为招聘单位录用的环节之一，事关招聘过程的严谨高效和招聘效果的优质。考察考核过程遵循以下原则：首先，考用结合的原则。招聘单位对拟聘用应届生的考核结果，事关该应聘者被录用后的岗位分配、培训和待遇等，招聘单位对应届生应聘者的考察考核结果具有重要意义。其次，客观、公正、公开的原则。客观即实事求是的对应届生应聘者做出评价，全面反映其学习和实践能力，避免主观性；公正即对应届生应聘者的考察考核遵循相关规定的程序；公开即招聘单位和应届生应聘者的毕业院校对考察考核的目的、内容和标准等，能够公开程序，广泛接受质疑。最后，全面考察和重点考察相结合的原则。全面考察即对应届生应聘者的德智体美劳等方面逐一考察；重点考察即在全面考察的基础上，着重考察专业技能、实践技能和团队协作能力等。

（二）考察考核的内容

考察考核的内容主要有应聘者在校的学习能力、实践能力、基本技术和团队协作能力等。

1. 文化知识和专业技能

对应届生应聘者的学习能力的考察，又可从德智体美劳五方面进行。德，评价该生是否具有良好的道德品质和正确的政治观念；智，评价该生是否具有系统的科学文化知识、专业技能；体，评价该生是否具有健康的体质；美，评价该生的审美观、鉴赏和创造美的能力；劳，评价该生的劳动观念和劳动技能。

2. 实践能力

应聘者实践能力由基本社会实践能力和专业社会实践能力构成，基本社会实践能力包括认知能力、表达能力、人际交往能力、组织管理能力、自主学习能力、一定的外语和计算机应用能力，专业社会实践能力包括专业操作能力、分析和解决问题的能力、开拓和创新的能力。招聘单位对应届生应聘者的实践能力的考察，离不开以上方面。

3. 团队协作能力

团队协作能力，是指建立在团队基础上，发挥团队精神、互补互助以达到团队最大工作效率的能力。对于团队成员来说，不仅要有个人能力，也需要有在不同位置上各尽所能、与其他成员协调配合的能力。首先，团队大于个人，团队不仅强调个人的工作成果，更强调团队的整体业绩。团队所依赖的不仅是集体讨论和决策，它同时也强调成员的共同贡献。其次，团队协作的本质是共同奉献，这种共同奉献需要一个切实可行、具有挑战意义且让成员能够为之信服的目标。只有这样，才能激发团队的工作动力和奉献精神，不分彼此，共同奉献。在一个团队里面，只有大家不断地发挥自己的长处优点，不断吸取其他成员的长处优点，遇到问题都及时交流，才能让团队的力量发挥得淋漓尽致。再次，团队协作与个人的潜力关系密切，当团队的每一个人都坦诚相待，都有一份奉献精神，取长补短，个人的能力肯定会得到大大的提升，三人行，必有我师焉。如果大家把团队里面每一份子的优点长处都变为自己的长处优点，灵活运用，不仅团队的力量日益强大，自己的能力、潜力也慢慢得到升华。最后，团队精神的核心就是协同合作。团队协作能力是招聘单位考察应聘者的重要方面之一。

二、考察考核的准备

（一）招聘单位的考察维度

1. 忠诚度

面临跳槽，企业往往会看重应聘学生对忠诚度的看法。尤其是一些国有大型企业，更为重视员工的忠诚度。招聘中面试官或许会提出"请分析职业技能和忠诚度哪个对企业更重要"的问题。

2. 实践能力

在注重学生学习成绩的同时，相当多企业非常重视应聘者的实践经历。例如通用电气（中国）有限公司（GE）就表示他们要招聘的绝不是简单的"学习机器"，在校期间实习、兼职家教的经验都是积累社会经验的好机会，这应该受到企业重视。

3. 团队协作精神

经营规模宏大的名企往往非常重视员工的团队协作精神。例如联想集团有限公司人力资源部的有关负责人就表示，该公司尤其欢迎具有团队协作精神的应聘者。

4. 创新精神

对于大型企业来说，离开了不断的创新就等于失去生命力，因此应聘者是否具有创新精神也是重点要考查的。如联想集团在面试中就十分重视创新精神和能力。

5. 对企业文化的认可程度

企业在招聘过程中常会考虑到员工是否能够认可和适应该企业的价值观文化，

这将决定员工是否能够很好地为企业服务。例如索尼公司在招聘过程中把员工能否适应日本文化尤其是索尼的企业文化作为重点考核内容。通用电气有限公司在招聘中也要看学生是否喜欢、认同 GE 的价值观，即"坚持诚信、注重业绩、渴望变革"。

6. 人际交往能力和良好的沟通能力

如索尼把人际沟通能力作为重点考核内容，而毕博管理咨询有限公司人力资源部的经理则透露在招聘过程中非常重视学生的沟通技巧，因为作为未来的咨询师应聘者一定要具有与客户沟通、协调的能力。

7. 对新知识能力的求知态度和学习能力

招聘人员表示，应届毕业生往往不具备直接进行业务操作的能力，基本上都要经过系统培训，所以学习和求知欲应该是重点考查的内容，很多企业都坚持这一原则。

（二）准备工作

1. 准备身份证信息、学历证书和专业资质证明

目前的假证书、假文凭充斥社会，尽管求职者提供了学历证书，招聘单位还是需通过官方的手段进行核实，才能确保真实。应届生应聘者应提前与毕业院校学籍档案管理方面沟通，支付自费的查询和复印、邮寄费用，保证能够及时提供准确的毕业信息给招聘单位。专业资质证明可以向招聘单位提供相关信息，便于招聘单位到相关的专业认证网站上查询，如律师资格证、会计资格证、工程建造证等都有相关的专业查询网站。

2. 准备社会实践证明

为保证调查的可靠性，一般招聘单位会通过以下途径了解求职者的社会实践及工作情况：即向求职者参与实践或供职过的单位的负责人取得确认信息。应聘者最好提前与实习单位的负责人做好沟通，请相关负责人在接到查询要求时，如实说明相关情况，如任职时间、任职岗位、离职原因、品行评定及奖惩状况等。

三、考察考核的应对策略

（一）考察考核的一般流程

在情境考察考核中，招聘单位将应聘者分成若干个小组，通过小组讨论或者完成某一特定任务对应聘者进行考察考核。小组讨论的地点一般为能够容纳多人的会议室，招聘单位会对应聘者进行分组和编号。在考察考核开始前，主持人会向应聘者宣读将要讨论的题目，并说明发言规则，同时回答应聘者的提问。所有

事项交代清楚之后，应聘者开始自由讨论。讨论结束之后，按照预定的发言规则进行发言。考官在全过程中既可以旁观应聘者的表现，也可以直接切入应聘者的发言，与其互动沟通。在情境考察考核中，招聘单位通过自由讨论环节考察应聘者的团队合作能力、领导协调能力及沟通和语言表达能力等。

考察考核由一组应聘者组成一个临时工作小组，讨论给定的问题，并作出决策和总结发言。在这个临时小组中，招聘单位并没有指定负责人，也不指定座次和角色，而是让应聘者自行组织和安排，从而便于考察应聘者的表现，哪位应聘者能够脱颖而出，哪位能够扮演自发的领导角色。通过应聘者自发的组织和讨论，招聘单位在旁观测每一位应聘者的组织协调能力、语言表达能力、辩论的说服能力等各方面能力和素质，以及自信程度、进取心、情绪管理能力、反应灵活性等特点是否符合拟任岗位的要求。

情境考察考核的方式，一般是若干应聘者组成一个小组，共同面对一个需要解决的问题，小组成员以讨论的方式，经过汇集各种观点，共同找出一个最合适的答案。考察考核的步骤一般是：①接受问题，成员各自分别准备发言提纲；②小组成员轮流发言，阐述自己观点；③成员交叉讨论，得出最佳方案；④解决方案总结并汇报讨论结果。

招聘单位的主要评分依据从以下维度进行考量：发言次数的多少；是否善于提出新的见解和方案；敢于发表不同的意见，支持或肯定别人的意见，坚持自己的正确意见；是否善于消除紧张气氛，说服别人，调解争议，创造一个使不大开口的人也想发言的气氛，把众人的意见引向一致；看能否倾听别人意见，是否尊重别人，是否侵犯他人发言权。还要看语言表达能力如何，分析能力、概括和归纳总结不同意见的能力如何，看发言的主动性、反应的灵敏性等。

（二）考察考核的题目类型

1. 开放式题目

开放式讨论题目的答案范围很宽泛，几乎无法确定参考答案，只能凭借考官的主观判断结合应聘者的横向比较来给出评价，所以给考官带来一定的操作难度。但同时却给了应聘者极大的想象空间，应聘者回答问题时只需要考虑答案是否全面、是否有针对性，思路是否清晰，是否有新的观点和见解等，除此之外，考生可以自由发挥、自由想象。

如：①你认为现在我国的主要环境污染是哪些？哪些污染的危害性最大？为什么？②一个领导干部最重要的任务是什么？③怎样才能提高下属的工作积极性？④中国足球队聘请外国教练对于中国足球的未来发展有什么影响？⑤中国如何才能成为世界强国？

对考官来讲，这种题容易出，但不容易对应聘者进行评价，因为此类问题不太容易引起考生之间的争辩。对于应聘者来说，这些问题的特点就是没有固定的答案，而且回答者容易产生共鸣。应聘者之间也不容易因为以上问题产生过多的争辩。正因为此类题目所测查应聘者的能力范围较为有限，所以在考察考核面试中此种类型的题目采用较少。此类题目主要考查应聘者思考问题时是否全面，是否有针对性，思路是否清晰，是否有新的观点和见解等。此类问题没有标准答案，考生完全可以以自己的知识积累进行回答，只要言之有理，条理清晰就是不错的答案，如果再能有新观点、新思路一定是优秀的答案。

2. 两难式题目

两难式题目是让应聘者在两种互有利弊的答案中选择其中的一种。主要考察应聘者分析能力、语言表达能力以及说服力等。此类问题对应聘者而言，既通俗易懂，又能够引起充分的辩论。对考官而言，不但在编制题目方面比较方便，而且在评价应聘者方面也比较有效。但是，此种类型的题目需要注意两种备选答案具有同等程度的利弊，不能存在其中一个答案比另一个答案有很明显的选择性优势。比如：你认为一个单位是给你良好的发展机会对你有吸引力，还是给你比较可观的薪水更能吸引你？又如：如果给你吃葡萄，你会选择先吃已经有点发坏的葡萄还是选择好的葡萄先吃？为什么？

这类问题的特点就是无论你选择哪个答案都不会错，关键是看应聘者的个性和分析问题的能力与别人有什么不一样。无论选择哪个答案都要有自己的观点，还需要很有说服力的观点，这样的话就对应聘者提出了很高的要求。这类问题也能在一定程度上考察出应聘者的素质和能力。这类题目主要考查应聘者的分析能力、语言表达能力以及说服力等。回答此类试题需要在"两难"中选择"一难"，一旦选定答案，应聘者就要旁征博引来支持论证自己的选择，因为选择即观点。

3. 多选式题目

多选式题目是让应聘者在多种备选答案中选择其中有效的几种或对备选答案的重要性进行排序。这种问题主要考察应聘者分析问题、抓住问题本质等方面的能力。多选式题目往往没有一个确定的正确答案，考官从应聘者的选择或排序以及应聘者做出的理由陈述中，判断该应聘者的性格特点、心理特点以及与拟任职位的匹配性等多方面信息。多选式题目命题较难，但对于应聘者的测试效果较好，易于考察应聘者各个方面的能力和人格特点。

例如：设想你们是科学考察队队员，原打算在原始森林进行科学考察一个月返回。现在在考察中遇到地震与外界失去联系，只能靠大家自己想办法走出原始森林。在撤退过程中，你们必须挑选一些重要物品以便于你们撤出原始森林。下面列了13项物品，为了确保安全撤离，你们这组人的任务就是按这些物品的重要性对他们进行重新排列，把第一重要的物品放在第一位，第二重要的物品放在第二位，依此类推，最不重要的放在最后。这些物品为：①汽油打火机；②压缩饼干；③救生绳；④锋利的砍刀；⑤便携式取暖器；⑥小口径手枪；⑦一罐脱水牛奶；⑧两个 100 毫升的汽油瓶；⑨地图；⑩磁质指南针；⑪5 加仑白酒；⑫急救箱；⑬太阳能发报机。请大家讨论，每人用 5 分钟给出自己的排列顺序并说明理由。通过讨论，不同的人可能给出不同的答案，比如就第一重要物品来说，应聘者可能会选择压缩饼干，也可能选择发报机，这样就反映出了应聘者不同的性格和心理特点。选择压缩饼干的应聘者是把生存放在了第一位，认为只有保障生命才有脱险的希望，可见这种类型的应聘者性格和心理特点是务实、客观，但会缺少勇气和魄力；选择发报机的应聘者是把希望和信念放在了第一位，认为只要有发报机就有机会与外界取得联系，报告自己的位置以获得营救或帮助，可见这种应聘者的性格和心理特点是富有激情和信念，但缺少务实性和自主性。虽然没有正确答案，但是考官很容易根据职位的需求来选择最适合职位的应聘者，做到人职匹配，实现面试选拔的目的。

这类题目主要考察应聘者分析问题的实质，抓住问题本质方面的能力。此类试题的备选项较多，需要应聘者把握关键环节、关键事务、紧急事件，选择时既要遵循急重轻缓原则，又要把握生命第一原则；既要合情合理，又要合乎法律政策。

4. 操作式题目

操作式题目是提供材料、工具或道具，让应聘者利用所给的材料制造出一个或一些考官指定的物体来。主要考察应聘者的能动性、合作能力以及在一项工作中的实际操作能力。比如给应聘者一些材料，让他们一起构建一座铁塔或者一座楼房的模型。这类问题，考察应聘者的操作行为比其他类型的问题要多一些，情景模拟的程度要大一些，但考察语言方面的能力则较少，因为主要是看他们的动手能力。此类操作类问题因为具有一定的技术性，同时也需要考官必须很好地准备所能用到的一切材料，对考官的要求和题目的要求都比较高。此类测试一般出现在技术性行业比较强的领域里，比如计算机操作、网络维护工作，行政办事窗口单位等，还有的就是组织协调部门等需要实际动手操作的职业。典型的例子比如要求用 Photoshop 软件为政府网站设计一个新闻照片的背景，看谁的设计有创新或者可以在设计过程中互相协作，这种测试是需要在现场就实际操作出来的。这类操作性问题也可以考察一个小组或者几个人的合作能力，但最能体现的是一个人的实际操作能力。这类题目主要考察应聘者的主动性，合作能力以及在实际操作任务中所充当的角色。应聘者应时刻保持思路清楚，精诚团结，节约资源，讲求效率。

例如，给每个小组一个鸡蛋，一些吸管和胶带，请各小组在 20 分钟内想出一个办法，利用这些资源，让鸡蛋从 2 米的高空掉下来而不碎。最后选出一个人做演示和总结，并请每个人对刚才的表现做总结。应聘者在测试过程中应尽量成功完成任务，尽量节约资源。操作式题目是一种面试技术岗位的好方法。

（三）考察考核的应对技巧

1. 发言积极主动

在考察考核过程中，每一位应聘者的发言内容、发言时机、应对辩驳时的反应能力以及倾听别人观点时的态度等都能表现出性格和教养，所以在考察考核过程中应注意涵养，发表观点时应该目光专注，避免下意识的小动作，避免因对对方观点不认同而不屑一顾。在互动讨论中应沉着应对，言辞恰当，避免过分措辞，既要以理服人，又要充分客观地与其他应聘者交换意见，避免表现出自命清高、装腔作势或口若悬河等令考官介意的事情。

2. 抓住重点、言简意赅

针对讨论题目，要深入思考，全面分析，提炼出发言的主要内容，并条理清晰地从多方面分析问题，论证观点。发言态度要诚恳，对于其他应聘者提出的反对意见，可以深入交换意见，分享彼此的观点。

3. 注意发言技巧

在考察考核过程中，当遇到其他应聘者提出不同观点时，要注意发言技巧，巧妙地提出不同意见。如可以先肯定对方的说法，再做转折，而后予以否定。先予肯定，可使对方在轻松的心理感受中，继续接受信息，尽管最终是转折了，但是这样柔和地叙述反对意见，对方能较易接受，即使使自己能从难以反驳的困境中解脱出来，又使对方能在较平和的心境中接受。切记不要在对方情绪激动的时候力图使他改变观点，因为在情绪激动时，情感多于理智，过于逼迫反而使其更加坚持原有观点。

第五章　创业认识阶段的关键问题

第一节　创业与创业精神

一、创业内涵解析

（一）广义的创业

创业，无疑是当今时代极具吸引力的一个字眼，因为创业不仅意味着可以过一把老板瘾，还可以施展才能，实现自身价值和人生理想，创造出更丰富的产品、服务，为我们自身和社会创造财富。

那么，到底什么是创业？现代社会所讲的创业概念源于 Entrepreneur，意为企业家、创业者。在一定意义上，创业与企业家是密切联系在一起的概念。因此，"创业"的内涵也极其丰富。下面是比较有代表性的定义。

杰弗里·蒂蒙斯（Jeffry Timmons）在《New Venture Creation》（Timmons J A，1999）中指出："创业是一种思考、推理和行为方式，这种行为方式是机会驱动的，注重方法和与领导相平衡。创业导致价值的产生、增加、实现和更新，不只是为所有者，也为所有的参与者和利益相关者。"

郁义鸿等在《创业学》（郁义鸿等，2000）中指出："创业是一个发现和捕捉机会并由此创造出新颖的产品或服务，实现其潜在价值的过程。"

从广义的角度看创业，可以理解为一个人根据自己的性格、兴趣、所学专业、能力等选择适合自己的职业，并为这个职业的成功准备各种条件，最后实现自己的人生目标的过程和结果。所以，广义的创业不仅包括自主创业，还包括岗位创业。岗位创业是指在现有岗位上顺应时代发展和岗位目标要求，创造性地发挥劳动者的聪明才智，通过提高自身能力和素质，以期得到晋升和发展，并为岗位提供者尽可能多地创造财富，实现开拓性就业。因此，从这个角度说，人生就是创业。

（二）狭义的创业

狭义的创业通常仅指自主创业，是指创业者个人或创业团队转变择业观念，以资源所有者的身份，利用知识、能力和社会资本，通过自筹资金、技术入股、寻求合作等方式创立的新的社会经济单位。即不做现有就业岗位的填充者，而是为自己、为社会更多的人创造就业机会。自主创业的主体是投资者和资产所有者。自主创业需要创业者拥有关键资源或者有整合资源的能力，因此较岗位创业更为复杂艰难。

大学生自主创业，是指一些有理想、有胆识的大学生为自己开辟一条择业新路，是大学生主动参与社会竞争的一种尝试。自主创业大学生主要表现在大学生利用自己的知识、才能和技术，以自筹资金、技术入股、寻求合作等方式创立新的就业岗位。他们是为自己、为社会更多人创造就业机会的开拓者。大学生自主创业不同于改革初期干部职工"下海"，也不是专业性比赛。它不仅要求学生能结合专业特长，根据市场前景和社会需求创造出新产品和服务，而且要直接面向市场、面向社会，在为社会创造价值的同时，实现自身价值。目前，虽然真正走上自主创业道路的大学生为数不多，但它代表一个方向，引领了一种新的就业潮流。本书介绍的创业也主要侧重于狭义的创业。

二、创业精神

不管什么样的企业，都是要靠人来运作的。创业精神，是企业运作的灵魂，是创业者在个性方面所具有的独特特征，如机会捕捉能力、高成就动机等。哈佛商学院给出的创业精神的定义是：创业精神不是简单体现在创造新企业，也不是简单体现在创新上，创业精神就是一个人不以当前有限的资源为限制而追求商机的精神。根本上，创业精神代表一种突破资源限制，通过创新来创造机会、创造资源的行为，没有资源创造资源，有限资源创造更多的资源，这种能力是衡量创业精神的核心指标。创业精神作为一种积极的思想观念和精神状态，是一种内化的能力，表现为创新、承担风险和主动进取的行为，对个人的进步和社会的发展具有十分重要的推动作用。

尽管人们对创业精神的含义各持己见，看法不一，但是，我们仍可归纳出普遍为企业所运用，与某些普遍适用的行为特性相关联的五大创业精神：创新力、执行力、必胜的信念、注重价值创造和甘冒风险的精神。

（一）创新力

创业永远是一个动态的、学习的过程，不断梦想和创造、创新的精神是创业精神的第一源泉，创业者就应该是在梦想之路上狂奔的人。在如今的知识经济和智慧经济时代，一个企业的生存、发展和繁荣，日益地依靠创新的能力——能够迅速变为有效的新产品、新服务、新方法、新工具、新流程和新商业模式的新主意，能够及时地发现问题、解决问题、识别应对风险、革新自我和创造机会的能力。优秀的创业者了解自己周围的人才和环境，并能有效地调动一切资源，朝向一个新的目标而努力。

提起创新，人们往往先想到技术创新和产品创新，其实企业创新的形态远不止这些。一般地，企业创新主要包括发展战略创新、产品(或服务)创新、技术创新、组织与制度创新、管理创新、营销创新等。

（二）执行力

在某个时间你产生了一个想法，而实际上，还有另外一些人也因同样的大环境产生了同样的想法。竞争已经开始了，谁能先执行起来，谁的执行最好，创新思路能否付诸实践，产生预想或更好的效果，靠的就是执行力。再伟大的目标与构想，再完美的操作方案，如果不能强有力地执行，最终只能流于形式或空谈。

执行力是贯彻战略意图，完成预定目标的操作能力，是把企业战略、规划转化成为效益、成果的关键。对个人而言执行力就是办事能力；对团队而言执行力就是战斗力；对企业而言执行力就是经营能力和竞争力。

企业的生存之道正逐渐从抓住机会和资源，转向以市场、客户为中心，这个时候决定企业命运将不再仅仅依靠企业高层抓资源、抓机会的能力，而需要充分体现企业的综合运作水平，这需要企业从基本功开始，扎扎实实地做好企业管理与执行的系统。

（三）必胜的信念

美国成功学奠基人、最伟大的成功励志导师奥里森·马登说过这样一段耐人寻味的话："如果我们分析一下那些卓越人物的人格品质，就会看到他们有一个共同的特点，他们在开始做事前，总是充分相信自己的能力，排除一切艰难险阻，直到胜利。"所有创业失败者都是被自己打败的，而不是被竞争对手打败或者因为商业环境等条件导致失败。而所有创业的失败都首先来自于丧失了创业精神或者说失去了取得成功的信心。企业在发展过程中免不了出现危机和困难，越是危急当头，就越需要我们付出更大的热情和勇气。对于成功企业而言，正如比尔·盖茨所说，面对挑战，微软员工几乎达到了乐此不疲的境界，这就是微软帝国赖以构建的坚实基础。成功的开始不过就是一个想法，一个强烈成功的想法，是奋斗拼搏的动力，没有破釜沉舟不留后路的意识，是不可能发挥自己的潜能的。

（四）注重价值创造

市场经济承认个人利益、重视物质利益。但是这绝不意味着市场经济等于物欲横流，或者创办企业一定唯利是图。实际上，创业具有"修身、济家、治国、平天下"的意义，规划人生目标、反映人生价值、实现社会责任、体现崇高理想和远大志趣。

　　"我的责任就是为公众提供卓越的产品，丰富他们的生活，并带去乐趣。如果我们公司的利润下降、收入减少，就说明了我们没有履行我们的社会责任。"——松下电器公司创始人松下幸之助。创业家们坚信，他们的事业对全人类有着重要的意义，他们坚信，他们能为消费者、员工，当然也包括他们自己创造价值。我们称他们的工作带有使命感。这就引申出两个问题：他们的战略是什么？他们如何实现战略并创造价值？在这两方面都表现出众是所有伟大的创业家的共性：他们能制定聪明的战略并创造卓越的价值。

（五）甘冒风险

　　敢于走前人和别人没有走过的路，敢于尝试，甘冒风险是开启创业成功大门的钥匙。敢冒风险是理智基础上的大胆决断，是自信前提下的果敢超越，是新目标面前的不懈追求。很多时候，只要积极地尝试过、努力过，姑且不论成败，也毕竟拥有了经验，而且人的精神意志也会在不断尝试的过程中渐渐得到锻炼和提升。创业者不可能在安全的等待中成功，而是在冒险中创造机遇获得成功。

第二节　创业类型及创业规律

一、创业的类型

　　创业类型的选择与创业动机、创业者的风险承受能力密切相关，也会影响创业策略的制定。一份对 106 位创业者进行问卷调查的数据结果表明，创业依照其对市场和个人的影响程度，可以分为四种类型。

（一）复制型创业

　　复制原有公司的经营模式，创新成分很低。例如，某人原本在餐厅担任厨师，后来离职自行创立一家与原服务餐厅类似的新餐厅。新创公司中属于复制型创业的比率虽然很高，但由于这类型创业的创新贡献太低，缺乏创业精神的内涵。

（二）模仿型创业

　　这种类型的创业，对于市场无法带来新价值的创造，创新的成分也很低，但是与复制型创业不同之处在于创业过程对于创业者而言还是具有很大的冒险成分。例如，某一企业的经理辞职，模仿别人开设一家流行的网络咖啡店。这种形式的创业具有较高的不确定性，犯错机会多，代价也较昂贵。但是创业者如果具有适合的创业人格特性，经过系统培训，掌握正确的市场进入时机，获得成功的机会还是很大的。

（三）安定型创业

这种类型的创业，虽为市场创造了价值，但对创业者而言，本身没有面临太大改变，做的还是比较熟悉的工作。这种创业类型强调的是创业精神的实现，也就是创新活动。企业内部创业也属于这一类型。

（四）冒险型创业

这种创业除了对创业者本身带来极大改变之外，个人前途的不确定性也很高。对于新企业的产品创新活动而言，也将面临很高的失败风险。冒险型创业虽然有较高的失败率，但是成功所得报酬也很惊人。如果创业者想要获得成功，必须在能力、时机、策略等方面，都有很好的搭配。

二、创业的一般规律

1. 要创业就得做好亏本的准备

即使在号称创业天堂的美国硅谷，创业成功率也不超过 10%。我国民营企业的平均寿命不超过三年，能够存活十年以上的企业只占 1%，因此，创业者都必须明白创业失败概率之高的事实，都应该做好充分的亏本和失败的准备，以免被创业失败彻底打垮。

2. 快速创业成功的关键是眼光要好

"眼光好"体现在：能看准行业发展的大趋势，看准市场需求的巨大潜力，积极开拓全国性，甚至全球性市场，敢于充当行业的先驱者，这相当于选择了竞争对手少的行业、没有人来分食蛋糕，意味着不战而胜。

3. 必须先了解自己投资的目标行业

在二十四岁创业之前，研究了四十种行业，要研究找出哪种最赚钱的行业。比尔·盖茨认为，在信息时代，掌握信息不太重要，掌握未来的趋势才是更重要的。

4. 避免创业计划误导

真正好的创业计划，通常是在稚嫩的创业构想基础上实际奋斗一段时间之后才会变得逐渐清晰。随着知识和经验的不断增加，我们的创业计划也需要随之不断进行调整、修正、补充、创新。所以，当其他条件都有眉目的时候，即使我们的创业计划并不特别出色，我们仍然可以启动我们的事业。创业成功的关键在于实践，倘若总是"只想不干"，即使有再好的创业计划也没有意义，结果注定是一事无成。

5. 要做未来成长空间大的行业，量大是致富的关键

比尔·盖茨领导微软推出 Windows 95 时，在三个月之内就在全球范围内刮起了 Windows 95 旋风，销售了 7000 万套，一套的零售价 100 美金，销售额达 70 亿美元。可见，海量销售是比尔·盖茨成为世界首富的原因。所以，量大是致富的关键。

6. 产品卖不出去时要从品质和价格上找原因

产品卖不掉通常有两个原因，一是产品品质不好；二是价格太高。因此，必须确保我们的产品品质是同等级、同价格当中最好的，才能保障产品在市场中的竞争力。

7. 创业者的重要职责之一是要选对人

创业成功首先靠创业者选对人，同时需要拥有最适用的资源，包括拥有最适用的人才、最适用的技术、最适用的管理制度、最适用的工具装备。这些都是创造最好的 "产品" 和服务的保障。

8. 成功等于每天进步 1%

二战结束之后，日本聘请了美国的管理学权威戴明博士去做演讲，他们希望知道日本怎样才能在世界拥有一席之地。戴明博士说："很简单，我教给你们一个管理秘诀——每天要求员工进步 1%"。结果，松下电器、索尼、本田公司都认真采纳了戴明博士的建议，并取得了巨大的成功。这个成功秘诀对世界知名的日本企业有效，对世界 500 强企业有效，对创业者当然也会非常有益。

9. 创业者要有成功的强烈欲望

一个强烈成功的想法，是奋斗拼搏的动力，没有破釜沉舟、不留后路的意识，是不可能发挥自己的潜能的。

10. 和志同道合的积极者做朋友

取得成功的人的指引会少走弯路，面对困难和超出自己能力的事，需要有智囊组的指引或朋友的支持等。有时候哪怕是一句鼓励的话也是相当受益。

11. 要养成必要的好习惯

好的习惯能成就一个人的事业。要设立目标并为目标列出计划。要养成出色完成自己承诺任务的好习惯，这一点非常重要。为实现目标做出计划和步骤，这样可以更有效地工作，能清晰地知道工作的进度，使目标更明确。

12. 不要过多地依赖于经验

很多时候经验是靠不住的，在今天这个变化多端的世界，做决策或是对市场进行分析的时候，如果单凭过去的经验的话，将是十分危险的。有时候过去成功的经验会把自己带向失败的泥沼。

三、创业失败的常见原因

1. 选错合作伙伴

选错合作伙伴是导致创业失败最常见的原因之一。双方或因目标不一、性格冲突、人品缺陷，或因思路相左、利益冲突，最终分道扬镳、不欢而散，致使创业以失败而告终。

2. 低标准用人，庸才当家

有些经理人常想：先应眼前之急，以后再雇出色的人才。这是大错特错。企业间的竞争归根结底是人才的竞争。雇人一定要坚持高标准，要有耐心，直到找到真正合适的人选来帮助你创业，然后你尽可以放手让他们去做。只有这样，你才会事半功倍。

3. 忽视利润，华而不实

投资创业者切忌眼高手低或漠视赢利目标，去做本来不属于企业正业的事情。一旦真正失去赢利能力，企业必将走向衰落。我国一些文化名人就曾经在创办企业中因为热衷于媒体曝光、忽视利润而失败，他们甚至感叹："原来贷款是得按时偿还的。"

4. 不讲诚信，欺诈客户

诚信是市场经济的基础，是公平交易秩序的保障，是聚集资源的加速器，是提高资源配置效率的法宝。不讲诚信，不仅败坏了自家声誉，也埋下许多经营危机。

5. 外行当家，管理无章

浙江一家纽扣大户夫妻白手起家，苦心经营十多年纽扣生意之后赚钱数百万。之后赶时髦转行做皮革加工厂，因为完全不懂行，最终酿成二次创业失败，几乎赔进去了前十多年积累下来的所以积蓄，其教训非常深刻。因此，外行当家犹如一个从来没摸过方向盘的人却要直接在高速公路上开车，其结果可以想象。

6. 重"义"轻"利"

有超过 70％的创业者只强调创业员工的忠诚，而不重视员工的利益。一旦员工提出利益的要求，创业者就视为不忠，这一现象在小企业更为常见。利益是任何员工生存和成长的根本物质基础，如果创业者忽视利益，优秀人才将必然流失。

7. 轻人才培训

创业期的企业注意力集中在业务增长上，很可能一味使用人才而忽视对人才的培训。这必然导致企业在进入高速成长期后，老员工和骨干的素质难以应付企业新的增长和发展，而制约企业成长。

8. 鼠目寸光，谨小慎微

只注重眼前利益，忽略长期投资，无法提高普通雇员的士气，并且缺乏长远计划。过分地追逐当期利润而忽视必要的无形资产投资和积累，可能会得不偿失。

9. 狂傲自负，低估竞争对手

千万不要低估你的竞争对手，不要沉醉于已有的成功。在激烈的商业竞争中，"如临大敌、如履薄冰"是所有成功者必备的心态和素质。研究表明，把握市场机会是创业成功的关键因素，创业前应该进行充分的市场调研。

中央电视台七套《致富经》栏目、清华大学中国创业研究中心和中国农业大学 MBA 中心联合推出的《中国百姓创业调查报告》表明：在被调查的创业者中，有过失败经历的创业者占 48%。在失败的创业者中，首先是因资金周转问题导致企业失败被最多的创业者所认可；其次是创业项目选择错误；最后是管理不善。报告显示，创业初期，创业者遇到的主要困难是资金筹集、市场需求、技术、人才和内部管理等。其中多数创业者在创业初期都要遇到资金筹集的困难，然后是市场需求问题。创业企业在经营过程中遇到最普遍的问题是资金困扰和客户拖欠账款。这两个问题严重时最容易导致企业无法正常运转而走向破产。司法、宏观经济以及其他的外部环境在创业企业经营过程中的影响相对要小一些。多数创业者将市场营销列为其企业内部管理中的主要问题。另外，企业的战略目标制定和员工管理也是较多新创企业在内部管理中面临的难题。

观察发现，成功创业者通常都具有坚定的创业意志和对事业的深厚情感，以及显著的独立性、敢为性、坚韧性、适应性、合作性等性格特征。具体表现为：有支配欲，喜欢发号施令；敢于承担中度风险，勇于实践，责任感强，做事积极主动、绝不拖拉，能正确对待挫折和失败，不轻言放弃，勤于学习和思考，善于总结经验教训，乐于创新，善于沟通合作，对他人对利益和需求敏感，精于资源整合，愿意与人分享财富、利益和快乐，善于理财，易于取得他人的信赖和支持，具备明确的利他志向、利他行动和利他能力。

第三节　创业能力与创业规划

一、创业能力与职业生涯

创业是一种理念、一种精神，一种不满足于现状、敢于创新并承担风险的精神，是一种在考虑资源约束的情况下把握机会创造价值的认识。因此，创业所需要的能力更为全面，包括捕捉机会、整合资源的意识，以及领导、沟通能力等。无论你从事什么样的行业或职业，这些创业能力都将在你的职业生涯中发挥积极的作用。

创业的八大能力——《俞敏洪谈大学生创业》。

第一，目标能力。你有什么样的目标？想把它做成什么样的状态？我们不是为了创业而创业，而是为了做好一件事情，做大一件事情，并且前提是你在进行自我评估后发现这是有可能实现的，这个时候你才能够开始创业。

第二，专业能力。当你身无分文、白手起家，或者资金有限的时候，有一个重要前提：你必须是你创业的这个领域中的专家，是一个能控制专业局面的人。如果对专业不懂就去创业，那么失败的风险会非常大。

第三，营销能力。营销分实的营销和虚的营销。所谓实的营销，我们营销的是课程，告诉学生为什么要来上这个课，上完能有什么收获。另外，我们还营销"新东方"这个品牌，这就是虚的营销。在中国做企业，品牌营销往往还跟个人营销结合在一起，就是说你个人的形象有时候能够代表企业形象，所以往往要把个人的道德、行为和企业的道德、行为结合起来。

第四，转化能力。第一种转化是把科学技术转化成生产力，你拥有了技术，拥有了能力，但没法转化成产品卖出去，这是不行的。第二种转化是转化你个人的能力，就是能把在大学里学的专业知识转化为社会能力、管理能力。

第五，社交能力。一个企业家，要善于和社会各界打交道而看问题的眼光又超越社会。

第六，用人能力。假如新东方没有相当一批人才，是做不到今天的。你要能把他们统一在一起，既要运用利益的杠杆，又要动用感情的杠杆、事业的杠杆把他们完美地结合在一起。

第七，把控能力。对人的把控能力、对环境的把控能力、对企业发展步骤的把控能力，构成创业是否成功的重要条件。

第八，革新能力。一个人或者一个企业家成长的过程，就是不断否定自己的过去，承认自己的现在，追求自己未来的过程。新东方从个体户发展到家族店，然后变成哥们合伙制，接着变成国内股份制有限公司，然后发展成国际股份制有限公司，最后变成上市公司，每一次改变都意味着要进行大量的利益改革和结构

改造，大量的人事改革和改造，如果你改不过来，企业就有可能面临崩溃

二、创业规划

对于一个立志创业的人来说，职业生涯规划与其创业规划在一定程度上是同一个东西。要制定一份好的创业规划，从原则上说，应该把握三个主要内容：自己能够做什么，社会需要什么，自己拥有什么资源。因此，就有必要进行自我分析、环境分析和关键成就因素分析。

第一，自己能够做什么。作为一个创业者来说，只是知道自己想干什么，这还是不够的，更重要的是，应该知道自己能够做什么、做到什么。当然，这也是相对而言的，因为一个人的潜能发挥是一个逐渐展现的过程。但是，一个人对自己的兴趣、潜能有一个基本的认识，仍然是一项具有前提性的工作。

第二，社会需求什么。一个人在明确自己想做什么、能做什么的同时，还应考虑社会的需求是什么这一重要因素。如果一个人所选择的创业领域既符合自己的兴趣又与自己的能力相一致，但却不符合社会的需求，那么，这种创业的前景无疑会变得暗淡。由于分析社会需求及其发展态势并非一件易事，因此，在选择创业目标时，应该进行多方面的探索，以求得出客观而正确的判断。

第三，自己拥有什么资源。要创业，就必然依赖各种各样的资源。创业者应该清楚地审视自己所拥有或能够使用的一切资源的情况，是否足以支持创业的启动和创业成功之后可持续地进行。这里所说的资源，不仅指经济上的资金，还包括社会关系，即通过自己既有人际关系以及既有人际关系的进一步扩展所可能带来的各种具有支持性的东西。

总之，一份创业规划也必须将个人理想与社会实际有机地结合，创业规划同样能够帮助一个人真正了解自己，并且进一步评估内外环境的优势、限制，从而设计出既合理又可行的职业事业发展方向。只有使自身因素和社会条件达到最大程度的契合，才能在现实中发挥优势、避开劣势，使创业规划更具有可操作性。

一份创业规划能够在多大程度上取得实际成功，就取决于它在多大程度上对以上三个原则进行了准确的把握，并进行了最完美的结合。

如果具体地说，一份创业规划至少应该包括以下一些主要内容。

1）确立创业目标和方案。一个人要把一个创业理想变成为现实，首先就必须确立一个创业目标并制定一个总体计划。

2）制定创业原则和步骤。创业原则常常是在创业理念的指导下确立的，它会产生有效的创业实践构想，并使创业活动赢得新的资源。创业步骤把整个创业过程和有关阶段加以具体划分，但是，它在深层上仍然是创业目标、创业原

则的一种体现。

3）创造创业的基本条件。要创业，从来不是等到条件成熟了之后才开始的。创造创业的基本条件，本身就是创业的一个重要组成部分。这种条件既包括创业领域的内在条件，也包括创业领域的外在条件。

4）确定创业的期限。有必要制定一个关于创业成功的时间表。

附录：创业适应性测评表——我是否适合创业？

A 栏和 B 栏中各有一些表述，A 栏或 B 栏中，有一个更符合你的情况。如果A 栏里的表述符合你的情况，请在 A 栏下面的空格中填写 2；如果 B 栏里的表述符合你的情况，请在 B 栏下面的空格中填写 2。

在自我评价时要诚实。这些练习只针对你个人，它将帮助你评价自己是否具有成功经营企业的技能、经验及素质。

1. 创业动机	
A	B
我有一份工作。	我没有工作。
在决定创办自己的企业之前，我有一份好工作。	在决定创办自己的企业之前，我没有一份好工作。
我从自己干过的每一份工作中都学到了一些东西，我发现工作很有意思。	我工作只为挣钱。工作没有乐趣，我对工作兴趣不大。
我想让我的企业成为我终身的事业。	我想创业，是因为没有其他选择。
我想拥有一家企业，这样我能够为我的家庭提供更好的生活方式。	我想创办企业是因为想取得成功。富人都有自己的企业。
我坚信，我的成功与否更多地取决于自己的努力。	一个人不论做什么，要想成功，都需要其他人的许多帮助。
总计	总计

2. 风险承受能力	
A	B
我坚信，要在生活中前进必须冒风险。	我不喜欢冒风险，即便有机会得到很大的回报也是这样。
我认为风险中也蕴含机会。	如果可以选择，我愿意以最稳妥的方式做事。
我只有在权衡了利弊之后才会冒风险。	如果我喜欢一个想法，我会不计利弊地去冒风险。
即使投资于自己企业的资金亏掉了，我也愿意接受这样的现实。	投资于自己企业的资金可能会亏掉，我难以接受这样的现实。
不论做任何事，就算我对这件事有足够的控制权，我也不会总是期待完全控制局面。	我喜欢完全控制自己所做的事情。
总计	总计

3. 坚忍不拔和处理危机的能力	
A	B
即使面对极大的困难，我也不会轻易放弃。	如果存在很多困难，真的不值得为某些事去奋斗。
我不会为挫折和失败沮丧太久。	挫败和失败对我的影响很大。
我相信自己有能力扭转局势。	一个人能自己做得事情是有限的，命运和运气起很大的作用。
如果有人对我说不，我会泰然处之，并会尽最大的努力改变他们的看法。	如果有人对我说不，我会感觉很糟糕并会放弃这件事。
在危急情况下，我能保持冷静并找出最佳的应对办法。	当危机升级时，我会感到慌乱和紧张。
总计	总计

4. 家庭支持	
A	B
我会让家人参与他们产生影响的企业决定。	我不会让家人参与他们有影响的企业决定。
因为对企业的全心投入，使我不能花很多的时间和家人在一起，他们会理解我。	因为对企业的全心投入使我不能多花时间和家人在一起，他们会感到不快。
如果我的企业最初不是很成功，并且给家人带来经济上的困难，他们愿意忍受。	如果我的企业最初不是很成功，并且给家人带来经济上的困难，他们会十分生气。
家人愿意帮助我克服企业遇到的困难。	家人可能不愿意或者没有能力帮助我克服企业遇到的困难。
家人认为，我创办企业是个好主意。	家人对我创办企业感到担心
总计	总计

5. 主动性	
A	B
我不惧怕问题，因为问题是生活的组成部分，我会想办法解决每一个问题。	我发现解决问题很难。我害怕这些问题，或者干脆不想它们。
当我遇到困难时，我会尽全力去克服困难。困难是对我的挑战，我喜欢挑战。	如果我遇到困难，我试图忘掉它们，或等待其自行消失。
我不会等待事情的发生，而是努力促使事情发生。	我喜欢随波逐流并等待好事降临。
我总是尝试做一些与众不同的事情。	我只喜欢做我擅长做的事情。
我认为所有的想法能都会有用，因此，我会寻求尽可能多的想法，并看起是否可行。	人会有很多想法，但是一个人不可能做所有的事情。我愿意坚持自己的想法。
总计	总计

6. 协调家庭、社会和企业的能力

A	B
在企业能够承受的范围之内，我从企业拿出钱来供我和家人使用。	我的家人需要多少钱，我就从企业拿出多少钱。
如果我的朋友或家人有经济困难，我只会用留给我个人的钱来帮助他们。我不会从我的企业拿钱。	如果我的朋友或家人有经济困难，我将帮助他们，即使这样做可能会损害我的企业。
我不能把大量的工作时间花在家人和社会关系上而忽略我的企业。	我会优先考虑家人和社会关系，它们高于企业。
家人和朋友必须向其他顾客一样，为使用我的产品、服务或企业的资产付钱。	家人和朋友将从我的企业得到特殊的好处和服务。
我不会因为顾客是我的朋友或家人就可以赊账。	我会常常让我的朋友和家人赊账。
总计	总计

7. 决策能力

A	B
我能够轻松地做决定，我喜欢做出决定。	我发现做决定很难。
我能独立做艰难的决定。	在我做出艰难的决定之前，我会征求很多人的意见。
一旦需要做出决定，我常能尽快地做决定做什么。	我尽可能长地推迟做决定的时间。
在做决定之前，我会认真思考并考虑所有可能的选择。	我凭感觉和直觉做出决定，我只知道眼下要做什么。
我不怕犯错误，因为我可以从错误当中吸取教训。	我经常担心会犯错误。
总计	总计

8. 适应企业需要的能力

A	B
我只提供顾客需要的产品或服务。	我只提供自己喜欢的产品或服务。
如果我的顾客想要更便宜的产品或服务，我将想办法满足他们的需求。	如果我的顾客想要更便宜的产品或服务，他们只能找其他的企业。
如果我的顾客想赊购，我会想办法用最低的风险为他们提供赊购服务。	我不会向任何人赊销我的产品或服务。
如果将企业迁到其他地方生意更好，我准备这样做。	我不准备重新选择企业地点，无论我的企业在哪里，顾客和供货商就必须到哪里。
我将研究市场趋势，并力图改变工作态度和方法，以跟上时代的发展。	最好按照我已经知道的方法去工作，跟上时代的发展太难了。
总计	总计

9. 敬业精神	
A	B
我善于在压力下工作。我喜欢挑战。	我不善于在压力下工作。我喜欢平静和轻松
我喜欢每天工作很长时间，我不介意占用业余时间。	我认为工作以外的时间很重要。人不能长时间工作。
我愿意为自己的企业而减少与家人及朋友在一起的时间。	我不愿意为自己的企业而减少与家人及朋友在一起的时间。
如果必要，我可以把社交活动，休闲娱乐和业余爱好放在一起。	我认为在社交活动，休闲娱乐和业余爱好上多花时间很重要的。
我愿意非常努力地工作	我愿意工作并做必须做的事情
总计	总计

10. 谈判技巧	
A	B
我喜欢谈判，并且经常在不冒犯任何人的情况下达到目的。	我不喜欢谈判。按照别人的建议去做更容易。
我与别人沟通得很好。	我与别人沟通有困难。
我喜欢倾听别人的观点和选择。	我对别人的观点和选择一般不感兴趣。
谈判时，我会考虑什么对自己有利，什么对别人有利。	如果参加谈判，我更愿意作为一个听众并旁观事态的发展。
我认为，在谈判中达到目的的最好方法，是努力寻找一个使双方都受益的方案。	因为企业是我的，所以我的意见最重要。谈判中总有一方会失败。
总计	总计

你的得分：

通过上面的练习，能够评估你在企业经营方面的强项和弱项。很多人自己不适合创办企业，他们具备其他的能力和素质，而这些能力和素质使其更适合做医生、秘书、艺术家、技师或教师。你选择并标出哪些符合你自己情况的表述，分别将 A 栏和 B 栏里的得分相加，然后把这些分数填入下一页的表里。

如果你 A 栏得分为 6~10 分，说明这些方面的能力和素质是你的强项，请在"强"下画面"√"。

如果你 A 栏得分为 0~4 分，说明你在这些方面的能力不太强，请在"不太强"下面画"√"。

如果你 B 栏得分为 0~4 分，说明你在这些方面的素质或能力有点弱，请在"有点弱"下面画"×"。

如果你 B 栏得分为 6~10 分，说明你在这些方面的素质或能力是弱项，请在"弱"下面画"×"。

　　A栏得分高，说明你在组织和经营企业方面很可能取得成功。

素质/能力	A	强 （6~10分）	不太强 （0~4分）	B	有点弱 （0~4分）	弱 （6~10分）
1. 创业动机						
2. 风险承受能力						
3. 坚韧不拔和处理危机 　的能力						
4. 家庭支持						
5. 主动性						
6. 协调家庭、社会和企 　业的能力						
7. 决策能力						
8. 适应企业需要的能力						
9. 敬业精神						
10. 谈判技巧						
总分数						

　　·如果你A栏的总分为50分或更高，你就具有一个好企业主所应具备的各项素质。

　　·如果你B栏的总分为50分或更高，你需要对自己的弱项加以改进，将弱项转变为强项。

　　·如果你缺乏创办企业必备的素质和能力，有很多方法可以提高你的企业经营技巧和创业必备素质：

　　——与企业人士交谈，向他们学习。

　　——参加一个培训班或学习班，接受培训。

　　——做一个成功企业人士的助手或学徒。

　　——阅读一些可以帮助你提高经营技巧的书籍。

　　——阅读报纸上关于企业的文章，想想这些企业的问题以及他们解决问题的方法。

第六章　创业准备阶段的关键问题

第一节　大学生创业素质的提升

在学术界和企业界，创业者被定义为组织、管理一个生意或企业并承担其风险的人。创业是一项非常富有实践性、专业化的复杂活动，它对创业者的素质有着极为苛刻的要求。我们必须强调的客观事实是：并非所有的人都适合创业。大凡创业的人都希望自己成功。但世界上，真正能够成功创业的人毕竟是少数优秀分子。有资料显示，我国当前创业的失败率大致在70%以上——这就意味着大多数创业者在经历一番轰轰烈烈的折腾之后，都要品尝创业失败的痛苦。

成功源于专业。要想创业成功，自己必须是"创业的材料"。经验表明，创业成功的概率与创业者的综合素质成正比。事实上，创业者的素质往往决定着创业的方向、路径和过程，决定着创业的效率、结果与最终的成败。

一、心理品质是决定创业者成败的内因

（一）什么是心理品质

创业者的心理品质，是指对创业者的创业实践过程中的心理和行为起调节作用的个性心理特征，它与创业者个人的天赋气质、性格特征紧密相连。

世界首富比尔·盖茨总结指出："如果你的心理特质不适合创业，你就不可能取得成功"。 为什么同在一个蓝天下、同在一个开发区，有人创业成功、有人失败？是什么决定了新创企业的前途命运、事业成败？纵观无数创业成功者的经历，我们可以得出一个基本结论：支持他们创业成功的，从来不是教育背景，也不是他们当时身处的环境，甚至不完全是资金。而是创业者的内心——他们的心理品质。的确，对事业的成功而言，没有任何其他因素的决定作用能够超越创业者的心理品质。创业者的心理品质乃是决定创业成败的内因，是决定成败的关键。

成功创业者通常都具有坚定的创业意志和对事业的深厚情感，以及显著的独立性、敢为性、坚韧性、适应性、合作性等性格特征。

（二）创业者的适应性心理品质

"瑞典商界圣经"推崇的创业者适应性心理品质，其测评表如下。

个人特点	较好	较差
有求知欲，愿意实践新事物，对很多事都有兴趣		
不害怕，勇于进取		
喜欢竞争，愿意成功，有能力，勤奋实干		
主观能动性强，敢于做决定并承担责任		
乐于当领导而非被领导		
乐于多干工作		
能够接受繁重的工作，身体健康有耐力		
自信，相信自己的判断		
顽强，做事善始善终		
有明确的个人目标		
不拖延，决定了就去执行		
能够承受有压力且不规律的生活		
不会因为一般的困难而随便放弃		
面对心理压力能正常生活		
面对变化感觉兴奋而非害怕		
会评估风险，能接受挑战性的风险		
不随波逐流		
能够承受挫折、面对打击、接受批评		
善于总结经验教训		
善于与陌生人建立联系，善于销售		
外向，乐于与人沟通联系		
能得到别人信赖		
能领导别人，善于分派工作任务并授权他人负责		
信赖别人，敢于委托下放责任		
善于计划安排时间，能够独立工作		
切实了解自己的能力		
乐观，相信未来会越来越好		
有创造力，经常能发现新的解决方案		
善于提问，不盲目依赖专家		
有远见，清楚自己的目标		
愿意出名，喜欢曝光		
以前喜欢做生意，销售过多种不同产品		
做事有章法，不马虎		
愿意发展，乐意不断向新目标前进		
选择数量		

一般而言，符合上述个人特点的项目越多，越有助于创业成功。

二、创业者必备的知识与资源

（一）创业必备四类知识

1. 拟涉足行业与产品的相关专门知识

一切创业都是在特定行业从事特定产品或服务的经营活动。因此，在正式创业之前，创业者首先必须掌握拟涉足的行业和拟经营的产品或服务的相关专业知识。

创业者在了解一般行业知识的基础上，应重点了解拟涉足行业的相关专门知识。至少包括：①该行业在整个国民经济和产业链中的地位与作用；②该行业的组织结构和竞争态势；③该行业所处发展阶段和发展趋势；④该行业的市场需求容量和可持续发展潜力；⑤该行业的专门工艺、技术知识；⑥该行业的执业资质要求、进入门槛和相关管理法规。

同时，创业者在了解一般产品知识的基础上，应重点了解拟涉及产品的相关专门知识。至少包括：①该类产品的核心价值、产品形式和附加利益等；②该类产品的整体设计，包含基本功能设计、形式设计和销售技术服务设计等；③该类产品的生命周期和替代品构成状况；④该类产品的价格、销售渠道、促销等基本营销策略；⑤该类产品新产品开发的资源条件、程序和具体要求；⑥该类产品的的质量、监督和消费者权益保护等有关法律规定。

2. 企业经营管理基本知识

这方面的知识主要涉及：准确认识企业制度、明确企业内部结构和职能设计、企业创办程序、项目选择、资金筹集、成本控制、市场调查与预测、企业文化建设、品牌建设等理论知识和实务知识，以及战略管理、财务管理、人力资源管理、营销管理、生产技术管理、风险管理和公共关系管理等基本理论和实操知识。

3. 创业涉及的法律与政策基本知识

为了保证创业活动能够顺利进行，创业者必须知法律、懂政策，依法创业，在法律与政策允许的范围内合法经营。要学会用法律来保护自己的利益，减少和避免损失。同时，学会充分利用政策性资源和发展机遇。

4. 人文、社会、自然科学与养生保健基本知识

在"以人为本"的当今社会中，掌握人文、社会、自然科学知识和养生保健知识，是创业者十分必要和有益的基本知识修养。

（二）创业必备五种资源

资源是创业活动不可或缺的要素，是创业成功必须依赖的"资本"。对每个创业者来说，无论是在创业前，还是在创业过程中，资源缺乏是一种普遍现象。解决资源缺乏的根本途径是不断积累和持续开发。创业者必须下功夫开发的创业资源有以下五类。

1. 经验——创业的心灵资本

经验主要由成功心得与失败教训构成，是凝结在心智结构当中的"心灵资本"，对人的一生都有重大影响。多数创业教育专家和创业失败者都认为，缺乏创业知识和创业经验，是导致首次创业失败最根本和最直接的原因。《白手创业》的作者任宪法认为，"创业经验在创业中就是灵魂。"总结自己十年创业经历时，他反思说，"我常想，假如创业之初就能掌握一些创业成功经验，或者有人像带学徒一样教我如何做生意，我也许会有比今天更大的成就。"以我国毕业大学生为例，其创业实践比率之所以不足 1%，相当于发达国家的约 1/20，就在于他们明显缺乏积累创业实践经验的机会。对于没有经验而打算创业的人来说，首要任务就是通过学习与实践去取得间接的创业经验和积累直接的创业经验。

2. 人脉——创业的社会资本

简而言之，人脉就是一个人的人际关系资源的总和。人脉是一种"无形的社会资源"，是创业必备的"社会资本"。"一个篱笆三个桩，一个好汉三个帮""在家靠父母，出门靠朋友"等民谚说明了人脉的社会价值。

我们每个人的一生都离不开人脉，创业更是需要强大的人脉来支撑。在多数情况下，人脉直接决定着创业方向，并帮助创业者挖得"第一桶金"。经历过创业的人都能体会到，有广泛的人际关系能大大降低沟通成本，减少麻烦，提高效率。因此，在创业准备阶段，我们应客观地分析、评价创业团队的人脉结构现状，重视发挥现有人脉功能，开发人脉短板。

3. 技术——创业的知识资本

创业技术是支持创业者在特定商业领域获取财富的活的经验、知识与资格，即"商战的资本"。创业技术的形成与人们的学习、生活和工作等经历密切相关，特别与自身的知识、经验积累和专业资历密切相关。

对于打算创业的人来说，很有必要客观评估一下自己创业的技术预备程度。开发创业技术的一般途径有以下几种：①在行业工作实践过程中，结合岗位、业务、项目和工程等，采取体验、交流、考察等方式进行综合提高；②有针对性地参加脱产、业余、在职、远程等行业性或工商类学历教育、学位教育或专题研修培训；③有针对性地参加创业教育课程班或专题创业培训班；④有针对性地选择特定科目进行自学和探索。

值得注意的是，在开发创业技术的过程中，应努力抑制浮躁情绪，多阅读一些资深成功人士的创业传记，了解他们在成功之前做了哪些准备，经历了何种磨练，运用了哪些创业技术，使自己对即将开始的创业做到"心中有数"。

建立人脉的 23 个细节

1. 遇人要热情，充满微笑，哪怕是陌生人，不能做出一副冷酷或深沉世故状。

2. 与人握手时，同性可多握三秒钟，而且要有点儿力度，显示你的直诚。异性只能轻握一下四指。

3. 与人说话时，尽量不要打断对方的话，耐心地听别人述说。同时态度要诚恳、温和，眼睛要看着对方，千万不能斜视，因为这样不礼貌。但又不能长久直视，这样会让对方不自在。

4. 对别人的错误最好不要当场批评，下来悄悄婉转地指出或间接地指出。

5. 坚持在背后说别人好话，不要怕这些好话传不到当事人耳朵里。

6. 有人在你面前说某人坏话时，只微笑，千万别发表意见或传播。

7. 对任何人都要诚实守信。

8. 与朋友玩牌时，不能耍无赖；运气好时，不能趾高气扬，眉飞色舞，出语损伤对方；运气不好时，不能发脾气。

9. 与朋友一起消费时，稍微大方一些，别显得吝啬小气。

10. 要把别人的行为和动机想得高尚些，并常向对方表达此意。

11. 当你犯错误时，要及时主动认错并道歉，别把脸面看得太重。

12. 见过一次面后，一定要记住别人的全名。如果可能，还要对别人的长处、爱好加以了解，并记住他人的生日。

13. 在各种节假日、生日、结婚念日等，尽可能地多发信息给朋友，真诚地表示你最好的祝愿。

14. 与朋友在一起的时候，尽量谈论别人感兴趣的话题，这很重要。

15. 尊重一切人，包括不喜欢你的人。

16. 常常自我批评，而不要自我表扬，但不要显得过分谦虚，如果这样会让人感到你很虚伪。

17. 不要吝惜你的喝彩声。

18. 绝不能侮辱嘲笑他人，更不能打击他人。

19. 要知道感恩，感恩也是一种美德。

20. 人多的场合少说话，言多必失。

21. 把未说出口的"不"字改成"我尽力"、"我想想看"、"这需要时间"。

22. 不要过分地讨好别人，这样你会失去人格魅力。

23. 聚会时，不要因一点小事而生气，破坏了大家融洽欢快的气氛。

（资料来源：http://blog.sina.com.cn/s/blog_4e7e07cd01000bze.html）

4. 商机——创业的信息资本

商机是指市场需求变化所提供的有价值的创业赢利机会，这是创业的"信息资本"。创业机会存在于任何时候和任何人迹可至的地方。但如果创业者缺乏创业眼光和能力，就难以发现和识别创业机会，更难以把握和创造创业机会。因此，识别和把握创业机会是准备创业者必须着力培养和提高的必备能力。

怎样识别商机呢？研究者指出，商机有如下四点基本特征：一是商机有潜在的盈利可能性。客观需要创业者根据一定的知识、技术、经验对它进行评价、识别。二是商机具有流动性和区域性。流动性是指商机可能随着时间和条件的变化在向其他地区转移；区域性是指不同的区域有着不同的商机，在某地不存在的商机在另一个地方可能就是商机。三是商机必须通过生产经营才可以实现。创业者是否具备生产经营的条件，是否能够及时生产出产品，或通过经营提供出市场需要的服务，关系着机会的实现。四是商机的市场价值具有多层次性，创业者能够通过分析、鉴别，并根据实际需要，进一步开发其丰富的价值，甚至可以一定程度上引导需求、创造商机。

5. 资金——创业的物质资本

资金是指可使用的金融资源的总和，是企业正常运行的血液和命脉。对于准备创业者来说，当然应考虑如何筹措创业启动资金，但是，更要考虑如何提高自己的创业能力以在企业运行过程中有效配置和使用资金。我们要创办的企业一旦进入正式运行状态，就都会成为一个资源转化增值的价值链系统，从企业产品的市场调研、研发设计、采购生产、成品入库、市场销售到售后服务，整个经营流程的所有环节都涉及资金的流入与流出。对创业者来说，上述五类创业资源都是稀缺和必需的。在创业过程中，要注重持续开发和努力整合利用一切闲置的创业资源，不断寻求创业资源数量增长、质量提升和结构优化，同时，要充分发挥创业资源的整体效应。

三、大学生创业综合素质的培育路径

（一）启蒙——教育路径

通过创业教育，可以使创业者具备相应的人事管理、资金财务管理、物资管理、生产管理和市场营销管理等创业的必备知识，帮助创业者顺利走向创业之路。

（二）基础——培训/仿真模拟教学路径

著名管理学家德鲁克早在 20 世纪 80 年代中期接受记者采访时就指出："那些典型的小企业没有经验，也没有训练。"实际上，最成功的年轻企业家是在大企业组织中工作过 5~8 年的人，他们可以从中学到经营管理方法，学会如何作现金流分析、如何搞好人员培训、如何委派工作并建立一个班子……强大的能力是在你开创企业之前 5~10 年的管理经验中取得的。如果你没有，你就会在一些基本问题上犯错误。"

（三）关键——实践路径

培育创业者的根本途径和关键环节在于创业实践。正如必须下到水中才能最终学会游泳一样，不经过创业实践，就不可能获得优秀创业家的心理品质和综合能力。创业实践过程往往是充满挫折和失败痛苦的"试错—感悟—纠错—成长"的过程。只要能够正视挫折，善于从失败和挫折中汲取教训，发现规律和新的机会，坚持奋斗，就不会被失败和挫折打垮，就可以走向成功。联想集团创业初期靠中国科学院给的 20 万元贷款起家，当时由于急于赢利，在一笔交易中被骗去 8 万元，致使整个公司立即陷入困境。1998 年联想集团管理层又出现巨大震荡。创业实践中的一次次挫折恰恰使联想集团高管团队更加成熟，更加适应多变的经营环境。微软创始人比尔·盖茨深知失败是成功的基础，他常常聘用在其他公司有过失败经验的人做助手，借用他们的经验教训使自己的公司避免重蹈覆辙。管理学大师彼得·德鲁克认为，无论是谁，做什么工作，都是在尝试错误中学会经营管理的。经历的错误越多，人越能进步。

六种实用的创新方法

大学生要想成为创新型创业人才，除了要有敢于尝试与创新的勇气，更要精心培育自己的创造力。下面列举的便是许多成功创业人士常用的创新方法。

1. 及时记录下来一些创新想法

人们在工作、生活、交际和思考过程中，常会出现许多想法，而其中的大部分都会因为不合时宜而被人们放弃直至彻底忘却。其实，在创新领域里，从来就不存在"坏主意"这个词汇。三年前你的某个想法也许不合时宜，而三年后却可以成为一个真正的好主意。更何况，那些看来是怪诞的远非成熟的想法，也许更能激发你的创新意识。如果你能及时地将自己的想法记录下来，那么，当你需要新主意时，就可以从回顾旧主意着手。而这样做，并不仅仅是为了给旧主意以新的机会，更是一种重新思考，重新整理的过程，在这个过程中，可以轻易地捕捉到新的创新性的思想。

2. 自己提问自己

如果不问许多"为什么"，你就不会产生创新性的见解。为了避免这个常犯的错误，成功者总是透过所有的表面现象去寻找真正的问题。他们从来不把任何事情看作是理所当然的结果；他们也从来不把任何事情看作是水到渠成的过程。那些不明确的，看起来似常犯的错误，成功者总是透过所有的表面现象去寻找真正的问题。他们从来不把任何事情看作是理所当然的结果；他们也从来不把任何事情看作是水到渠成的过程。 那些不明确的，看起来似乎是一时冲动之中提出来的问题，往往包含着更多的创新性思维的火花。

3．经常表达出来自己的想法

如果你有了想法，不管是什么样的想法，你都应当表达出来。如果是独自一人，你就对自己表达一番；如果你身处群体之中，不妨告诉其他人共同进行探讨。一个人一生中的大多数想法，都被无意识的自我审查所否决。这种无意识的自我审查机制将一切离奇的想法都当作"杂草"，巴不得尽快地加以根除。循规蹈矩的心境里没有"杂草"，但循规蹈矩的心境也没有创造力。你想要有创造力，就必须照料好每一株"杂草"，把它们当作有潜在经济价值的新作物。把你不寻常的离奇想法说出来，把它们从头脑中解放出来。一旦它们进入到交流领域之中，便能够免受无意识领域中自我审查机制的摧残。这样做，使你有机会更仔细更充分地去审视、探索和品味，去发现它们真正的实用价值。

4．永远充满着创新的渴望

满足于现状，就不会渴望创造。没有乐观的期待，或者因为眼前无法实现而不去追求，都会妨碍创造力的发挥。发明家和普通人其实是一样的人，所不同的是，他们总是希望有更好的方法。系鞋带时，他们希望有更简便的方法，于是便想到了用带扣、按扣、橡皮带和磁铁来代替鞋带。煮饭时，他们希望省去擦洗锅底的烦恼，于是便有了不粘锅。所有这一切，都来源于改进现状的愿望。

5．换一种新的方法来思考

墨守成规不可能产生创新力，也无法使人脱离困境。有人喜欢用比较分析法来思考问题。面临抉择，他总是坐下来将正反两方面的理由写在纸上进行分析比较；也有人习惯于用形象思维法，把没法解决的问题画成图或列成简表。能不能换一种方法去思考，或交替使用各种不同的思考策略呢？试试看，也许，最困难的抉择也会迎刃而解。

6．有了创新性的想法，一定要努力去实施

有了创新性的想法，如果不去努力实施，再好的想法也会离你而去。想努力去做，却又因为短期内收不到成效而不持之以恒，你也会同成大事者失之交臂。爱迪生说："天才是1%的灵感加99%的汗水。"这是他的至理名言，也是他的经验之谈。坚持努力，持之以恒，才会如愿以偿。

第二节 创业机会与创业模式选择

我们正处在一个充满机会的年代。机会对于所有的创业者都是均等的，每个创业者都不缺少机会。不同的是，有的人机会来了，抓住不放，创出了一番事业；有的人面对机会，却无动于衷，错失良机，一事无成。其中的关键就是对机会的识别和把握。

一、创业机会的识别

创业活动的实施首先是要经历创业思路、创业备选项目和创业商机三个阶段，其中创业商机是关键。创业思路即通常说的"生意点子"，是一种未经市场需求评价和竞争分析检验的生意性意念。创业备选项目是创业思路的具体化。而创业机会实际上是一种可能的未来盈利机会，这一机会需要有实体企业或者实际的商业行动的支持，通过具体的经营措施来实施，以实现预期的盈利。创业机会具备潜在的盈利性，需要依托实体企业或者具体的商业行为来实现，并能通过不断开发提升其潜在价值。

创业机会的识别主要有八大途径。

1. 通过分析特殊事件发现创业机会

例如，2008 年 12 月 16 日，我国大陆与台湾实现了大三通，这为大陆和台湾创业者提供了许多商机，包括旅游、农副产品贸易等。例如，2003 年"非典"疫情对我国经济有很大的消极影响，但给喷雾器、消毒液、口罩、温度计的工厂带来了商机。

2. 通过分析矛盾现象、社会需要发现创业机会

社会需要是创业的条件，能够急社会发展所急，供社会发展所需的项目，容易取得社会的承认、帮助和支持。从社会需要出发发现商机，可以从政府或研究机构提出的鼓励发展的产业政策中、从社会问题中、从市场信息中、从社会调查中、从社会变化潮流中、从行业的交叉领域中、从市场空缺处发现创业商机，通过开拓社会需要创造创业项目。例如，欧元的出台是公开的信息，海宁一家皮革企业从中得到商机，生产适合欧元的皮夹，因为欧元与原来欧洲各国的货币大小有别，这家公司生产了大量适合欧元的皮夹，获得了很好的效益。

3. 通过分析生产程序、工作程序、经营程序发现机会

通过分析生产程序、工作程序、经营程序的改进，甚至管理方式、方法的改进，在现有的市场上寻找、发现创业商机。例如，通过改进生产环节，改进产品

的性能，使价格更低、功能更多，开发新商机。再如，绕过分销，直接销售，降低生产和经营成本，实现创业。

4. 通过分析市场变迁趋势发现创业机会

市场变迁趋势是指某种产品、服务发展的潮流。例如，工业产品在农村的连锁超市经营方式就受到了市场的欢迎。

5. 通过分析人口结构及其变迁发展趋势发现创业机会

例如，老龄化的出现，使得在一些地区、地域专为老年人服务的商品、服务受到欢迎。此外，还可以通过分析、研究地域和气候特点选择有地域特色的创业项目。

6. 通过分析人们的思想观念变化及其趋势发现创业机会

随着技术变革，居住环境、职业结构变化，人们的思想观念也随之发生变化，研究分析、认识、把握这些趋势，能够为我们提供新的创业机会。此外，还可以通过分析、研究地域人口、习俗、消费偏好及其变化，有利于我们选择符合地域习俗的创业项目。

7. 通过分析新知识、新技术发现创业机会

通过新知识、新技术的应用，为市场推出新产品、新服务。这种创业方式风险比较大，但竞争对手少，甚至没有竞争对手。如果时机选择得好，创业就容易成功。

8. 通过分析自己的特长和环境基础发现创业机会

具体来说，一是从自我优势出发发现商机。例如，从自我能力、特长、优势出发，根据自己的专业技术、个性特点、经验，在自己熟悉的行业扬长避短地选择项目。否则，扬短避长，很难有好的效率和效益。二是从自己的兴趣爱好出发发现创业机会。例如，一个人的兴趣爱好常常是学习、工作的重要动力，兴趣爱好若与社会需要结合，你的创业、工作热情就高，学习、工作的主动性、自觉性、积极性也高，创业就容易成功。

二、创业机会的评估

创业本身是一种高风险行为，如果创业者能事先以比较客观的方式进行评估，那么许多悲剧结局就不至于一再发生。以下是针对创业机会的市场与效益方面提出的一套评估准则，为创业者评估是否投入创业提供决策参考。

（一）市场评估准则

1. 市场定位

评估创业机会的时候，可由市场定位是否明确、顾客需求分析是否清晰、顾客接触通道是否流畅、产品是否持续衍生等，来判断创业机会可能创造的市场价值。创业带给顾客的价值越高，创业成功的机会也会越大。

2. 市场结构

针对创业机会的市场结构进行 6 项分析，包括进入障碍、供货商、顾客、经销商的谈判力量、替代性竞争产品的威胁以及市场内部竞争的激烈程度。由市场结构分析可以得知新企业未来在市场中的地位，以及可能遭遇竞争对手反击的程度。

3. 市场规模

市场规模大小和成长速度，也是影响新企业成败的重要因素。一般而言，市场规模大，进入障碍相对较少。反之，一个正在成长中的市场，进入障碍相对较多。但正在成长的市场通常也会是一个充满商机的市场，所谓水涨船高，只要进入时机正确，必定会有获利的空间。

4. 市场渗透力

对于一个具有巨大市场潜力的创业机会,市场渗透力（市场机会实现的过程）评估将会是一项非常重要的影响因素。聪明的创业家知道选择在最佳时机进入市场，也就是市场需求正要大幅成长之际，你已经做好准备，等着接单。

5. 市场占有率

从创业机会预期可取得的市场占有率目标，可以显示这家新创公司未来的市场竞争力。例如，要成为市场的领导者，最少需要拥有 20%以上的市场占有率。但如果低于 5%的市场占有率，则这个新企业的市场竞争力虽然不高，自然也会影响未来企业上市的价值。

6. 产品的成本结构

产品的成本结构，也可以反应新企业的前景是否亮丽。例如，从物资与人工成本所占比重之高低、变动成本与固定成本的比重以及经济规模产量大小，可以判断企业创造附加价值的幅度以及未来可能的获利空间。

（二）效益评估准则

1. 合理的税后净利

一般而言，具有吸引力的创业机会，至少需要能够创造 15%以上税后净利。如果创业预期的税后净利是在 5%以下，那么这就不是一个好的投资机会。

2. 达到损益平衡所需的时间

合理的损益平衡时间应该能在两年以内达到，但如果三年还达不到，恐怕就不是一个值得投入的创业机会。不过有的创业机会确实需要经过比较长的耕耘时间，通过这些前期投入，创造进入障碍，保证后期的持续获利。在这种情况下，可以将前期投入视为一种投资，才能容忍较长的损益平衡时间。

3. 投资回报率

考虑到创业可能面临的各项风险，合理的投资回报率应该在25%以上。一般而言，15%以下的投资回报率，是不值得考虑的创业机会。

4. 资本需求

资金需求量较低的创业机会，投资者一般会比较欢迎。事实上，许多个案显示，资本额过高其实并不利于创业成功，有时还会带来稀释投资回报率的负面效果。通常，知识越密集的创业机会，对资金的需求量越低，投资回报反而会越高。因此在创业开始的时候，不要募集太多资金，最好通过盈余积累的方式来创造资金。

5. 毛利率

毛利率高的创业机会，相对风险较低，也比较容易取得损益平衡。反之，毛利率低的创业机会，风险则较高，遇到决策失误或市场产生较大变化的时候，企业很容易遭受损失。一般而言，理想的毛利率是40%。当毛利率低于20%的时候，这个创业机会就不值得再予以考虑。

6. 策略性价值

能否创造新企业在市场上的策略性价值，也是一项重要的评价指标。一般而言，策略性价值与产业网络规模、利益机制、竞争程度密切相关，而创业机会对于产业价值链所能创造的价值效果，也与它所采取的经营策略与经营模式密切相关。

7. 资本市场活力

当新企业处于一个具有高度活力的资本市场时，它的获利回收机会相对也比较高。不过资本市场的变化幅度极大，在市场高点时投入，资金成本较低，筹资相对容易。但在资本市场低点时，投资新企业开发的诱因则较低，好的创业机会也相对较少。

8. 退出机制与策略

所有投资的目的都在于回收，因此退出机制与策略就成为一项评估创业机会的重要指标。由于退出的难度普遍要高于进入，所以一个具有吸引力的创业机会，应该要为所有投资者考虑退出机制，以及退出的策略规划。

三、创业模式

据《科学投资》杂志对数百家企业进行统计发现，在创业企业中，因为战略原因而失败的只有 23%，因为执行原因而夭折的占 28%，但因为没有找到恰当创业赢利模式而走上绝路的创业企业却高达 49%。可见，正确选择创业模式在成功创业过程中占据着十分重要的地位。

创业模式（又称商业模式）是指企业在较长的时间内维持稳定经营，并不断收获利润的规律性方法。创业模式可以借鉴，但一般不可以照搬。因为创业模式需要创业者根据自己实际情况加以改造，改造目标是为了获取利润。因此，创业模式在一定意义上也就是赢利模式。赢利的方法千差万别，但也存在一些共同的规律。常见的创业模式主要包括创办新企业、收购现有企业、特许经营、经销或代理、内部创业等。

（一）创办新企业

创办新企业是典型的创业模式，是指创业者通过实施自己的创业计划来创建一家新的企业。创办新企业与其他创业模式相比，存在更大的难度和风险，但创业者从中获得的成就感也是其他创业模式无法比拟的。创办新企业一般需要具有以下秘诀。

1. 广泛的社会关系

创办新企业因为创业者自己没有资金实力，也很难请到高水平的人才，所以创业之初的生意来源很大部分是靠社会关系。有了广泛的社会关系，你的产品或服务就有了一个好的销售渠道。

2. 有预见性

对于创业者来说，要想成功就要寻求一个好的项目或者产品。一般要考虑以下三点：一是该产品或项目要顺应社会发展的潮流；二是要与众不同；三是推广时不需要或只需要很少的市场启动资金。这就要求创业者有一定的预见能力，能够把握好市场的发展趋势，从而找到并占领某一市场缝隙。

3. 良好的信誉和人品

创业者只有靠自己的人格魅力，才能吸引一批与你志同道合、愿意跟随你的人，因为你出不起高工资招募合适的人才。同时，由于经营规模小，商业信誉度不会很高，这时要用创业者的个人信誉和人品来担保。

4. 吃苦耐劳的精神

与财大气粗的竞争对手相比，新创企业者找不到什么竞争优势，只有靠自己吃苦耐劳的精神，付出比竞争对手更多的努力和辛苦。多做一些工作，多奉献一些爱心，去感动客户，这才是最有力的竞争。

（二）收购现有企业

收购现有企业，是指收购一家正在运营的企业，该企业可以是赢利的，也可以是亏损的。以收购现有企业的方式创业，可以省去初创企业的一系列烦琐手续，直接对企业进行管理。但是，收购现有企业之前，创业者必须全面、深入了解该企业，避免盲目做出决策。

（三）特许经营

特许经营（或称加盟创业）是指特许者将自己所拥有的商标、商号、产品、专利（专有）技术和经营模式等以合同的形式授予被特许者使用，被特许者按合同规定，在特许者统一的业务模式下从事经营活动，并向特许经营者支付相应费用。

（四）经销或代理

经销创业指的是，创业者从其他企业买进产品再转手卖出，关注的只是价差，而不是实际的价格。代理创业是和经销创业截然不同的概念。代理是"代企业打理生意"的意思，不是买断企业的产品，而是厂家给额度的一种经营行为，货物的所有权属于厂家，代理商一般只赚取企业代理佣金或代理折扣。

（五）做指定供应商

全球化经济时代，社会分工越来越细，一件商品的生产和营销往往被细分为众多的环节，由此给配套生产者提供了机会。大的、复杂的整机如汽车、摩托车、家用电器固然有众多的配套厂家，就连小型的商品如桌椅、香烟、白酒、望远镜等，也有许多是分工合作的产物，如山东的白酒很多就是采用四川的原浆。这些配套厂家就像众星捧月般地围在上游厂家身边，为他们提供服务和产品。不要小瞧配套这一角色，它的起点低、利润薄，投资也少，因此恰恰适合于资金不足、经验缺乏的创业者。只要和上游厂家搞好关系，勤恳工作，保证质量，那么就可以借助这个平台，在不太长的时间内完成你的创业过渡期和危险期。

替品牌厂家贴牌加工生产，是一种较为新型的合作关系。品牌厂家为了降低生产成本，或者为了腾出手来开辟新的经营领域，往往会将热销中的商品托付给信得过的加工厂商生产。贴牌生产目前不仅在跨国公司之间流行，一些国内驰名品牌或是区域性品牌也提供贴牌生产。这就是那句话：一流的企业卖品牌，二流的企业卖技术，三流的企业卖产品。当然，还有超一流的企业，他们卖的是标准。在这样一个品牌争先的时代，一个品牌的建立需要大量人力、物力的投入。但品牌一旦建立，即可以产生所谓的品牌效应，品牌本身就可以用来赚钱。加工商进行贴牌生产，要的就是品牌的声誉和消费者的认同。贴牌分为两种，一种是贴牌后自产自销，这叫借牌，需要交付贴牌费，一般只在区域市场销售；另一种就是产品生产出来后，交给原品牌所有者销售，也叫代工。前者风险大于后者，投入也大于后者，但贴牌资格比较容易取得，一般仅限于国内品牌，国际性大品牌很少采用此方式，创业者可酌情选择。

（六）内部创业

内部创业，是由企业内部有创业意向的员工发起，在企业的支持下承担企业内部某些业务内容或工作项目，并与企业分享成果的创业模式。这种创业模式不仅可以满足员工的创业欲望，同时也能激发企业内部活力，改善内部分配机制，是一种员工和企业双赢的管理制度。由于有企业的资金支持以及通畅的产品或服务营销渠道，内部创业的风险较小，而成功的几率很大。

（七）兼职创业模式

1. 网上创业

网上创业的形式主要有两种，一是在网上开店，如在淘宝网、易趣网上开家自己的小店，或者建立一个专门的电子商务网站；二是利用信息的不对等获利，例如有人专门为供求双方有偿提供信息。

2. 做代理商

做某个商品品牌的代理商，不需要占用正常工作时间。而且还可利用工作积累人脉，为代理的商品打开销路。

3. 从事咨询业

这是最常见到的一种兼职创业类型。通常是在职者利用自己丰富的从业经验或专业技术进行创业。

4. 委托投资

适合那些拥有一定资金，但个人缺少精力或时间的创业者。选择这种方式的创业者需要注意以下两个方面，一是要选好项目，这个项目应该满足市场需求、市场优势、市场差异和美誉度这四个方面的要求。二是选好合伙人，诚信的合伙人是保证合作成功的根本。

第三节　创业计划书的撰写

一、创业计划书概述

创业计划书（又称商业计划）是创业者表达创业计划意图，以吸引投资家的创业资本为主要目的一份报告性文件。它通常用于向投资人介绍一个项目，或者企业的发展计划，以期引起投资者的兴趣，达到吸引资金的目的。创业计划书的质量水平，往往直接决定创业发起人能否找到合作伙伴，获得创业资金及其他形式资源的支持。

对于创业者来说，创业计划书犹如旅行者的旅行图。因为创业者就像身处陌生环境的旅行者，眼前面对无数的未知因素，稍有不慎，就可能导致创业失败。一份好的创业计划书可以作为创业者的行动指南。它从企业的产品、营销、市场以及企业内部的人员、制度、管理等各个方面对即将展开的商业项目进行可行性分析。帮助创业者分析创业的主要影响因素、优势与劣势、机会与成本，以便保持清醒的头脑。

然而，很多创业者并不愿意花费时间、全力撰写一份创业计划书，如果实在需要向投资家递交，他们则更愿意找别人代写。据调查显示，2002 年美国大约 30%的创业企业有商业计划书，而 2003 年中国只有 8%左右的创业企业有创业计划书。而有创业计划书的创业企业成功率比没有创业计划书的企业高出 100%。

事实上，如果创业者不需要筹集外部资金，尽管可以依靠座谈会、报告会等语言交流方式与其他创业合伙人共享创业思路，也可以不需要撰写规范的书面创业计划，但是，创业作为一种理性的社会活动，不能仅凭一时的热情和冲动。一位风险投资家曾说"如果你想踏踏实实地做一份工作的话，写一份商业计划书能迫使你进行系统的思考。有些创意可能听起来很棒，但是当你把所有的细节和数据写下来的时候，自己就崩溃了。"因此，将创业计划按照规范和严格的要求撰写成创业计划书，不仅可以作为推广创业计划意图、吸引风险投资的有效工具，还可以帮助创业者理顺创业思路、制定目标与战略、发现机会与威胁、综合管理利用各类资源，作为创业初期和日后经营管理企业的重要参考依据。

二、创业计划书的内容框架

好的创业计划书有两个看似矛盾的关键要素，一是要有创意，二是要有可行性。创意好的创业计划能够引起风险投资家的投资兴趣，而"可行性"小往往成为阻碍投资家选择你的创业项目的主要因素。

公司企业创业计划书的内容框架一般包括：执行总结、产业背景和公司概述、市场调查和分析、公司战略、总体进度安排、关键的风险及问题和假定、管理团队、公司资金管理、财务预测、假定公司能够提供的利益十个方面。

（一）执行总结

执行总结是创业计划的简要概括，是创业计划书的第一部分。执行总结包括以下方面：

1）本创业计划的创意背景和项目的简述；

2）创业机会的概述；

3）目标市场的描述和预测；

4）竞争优势和劣势分析；

5）经济状况和盈利能力预测；

6）团队概述；

7）预计能提供的利益。

（二）产业背景和公司概述

1）详细的产业状况与趋势描述；

2）市场需求分析；

3）竞争对手分析；

4）公司概述应包括详细的产品或服务描述以及它如何满足目标市场顾客的需求，进入策略和市场开发策略。

（三）市场调查和分析

1）目标市场顾客的描述与分析；

2）市场容量和趋势的分析、预测；

3）竞争分析和各自的竞争优势；

4）估计的市场份额和销售额；

5）市场发展的走势。

（四）公司战略

阐释公司如何进行竞争。

1）在发展的各阶段公司的发展战略；

2）通过公司战略来实现预期的计划和目标；

3）制定公司的营销策略。

（五）总体进度安排

公司的进度安排，包括以下领域的重要事件：

1）收入来源；

2）收支平衡点和正现金流；

3）市场份额；

4）产品开发介绍；

5）主要合作伙伴；

6）融资方案。

（六）关键的风险及问题和假定

1）关键的风险分析(财务、技术、市场、管理、竞争、资金撤出、政策等风险)。

2）说明将如何应付或规避风险和问题(应急计划)。

（七）管理团队

介绍公司的管理团队。其中要注意介绍各成员与管理公司有关的教育和工作背景(注意管理分工和互补)；介绍领导层成员、创业顾问以及主要的投资人和持股情况。

（八）公司资金管理

1）股本结构与规模；

2）资金运营计划；

3）投资收益与风险分析。

（九）财务预测

1）财务假设的立足点；

2）会计报表(包括收入报告、平衡报表等；前两年为季度报表，前五年为年度报表)；

3）财务分析(现金流、本量利、比率分析等)。

（十）假定公司能够提供的利益

这是创业计划的"卖点"，也是投资人最为关心的问题。包括以下四个方面：

1）总体的资金需求；

2）在这一轮融资中需要的是哪一级；

3）如何使用这些资金；

4）投资人可以得到的回报是多少，以及可能的投资人退出策略。

三、创业计划书的推销技巧

（一）寻找风险投资者

一般通过中间人介绍、根据一些资料介绍、参加有关会议、直接接触一些高层人士、利用互联网等方式。除了友情借贷、合伙投资、股权融资、租赁融资等形式之外，创业者还可以利用创业计划书从以下三个主要渠道获得创业资金。

1. 投资公司

不同的风险投资公司所投资的领域不同，投资额度不同，投资企业所处的发展阶段也不同。例如，上海赛伯乐中国投资集团的投资领域包括互联网、高新与IT、节能环保、健康美容、数字传媒、餐饮娱乐、房地产、新农业、服务业、政府招商、能源矿产，投资额度是 200 万~500 万元人民币，投资阶段包括早期、发展期、扩张期、成熟期；而湖南"天地基金"的投资领域包括高新与IT、生物医药、健康美容、数字传媒、餐饮娱乐、快速消费、加盟连锁、房地产、新农业、服务业、能源矿产、新材料、其他行业，投资额度是 200~500 万人民币，投资阶段包括发展期、扩张期、成熟期。

2. 银行贷款

如政策性针对大学毕业生的"创业贷款""小额担保贷款"等。

3. 私募基金

它的投资目标更具有针对性，一般不通过公开媒体进行广告宣传，往往通过私人关系选择投资项目。

（二）利用创业计划书面谈技巧

1. 首先做好面谈准备、要对商业计划书的内容了如指掌

1）准备好相关文件：商业计划书摘要、商业计划书、技术鉴定书、获奖证书、相关证照、专利证书、相关合同协议等。

2）做好心理准备：准备应对一大堆的提问，准备应对投资者对公司及管理的查检，准备修改相关业务，准备做出妥协，准备接受投资者对公司业务及管理的介入。

3）准备各种可能问到的问题

例如，常见风险投资者的典型提问：你的管理队伍拥有什么类型的业务经验？

你的公司和产品如何进入行业？目前的市场潮流是什么？在你所处的行业中，成功的关键因素是什么？

2. 充分展示自己的企业家素质

忠诚正直、强烈的获利欲望、精力充沛、天资过人、学识渊博、领导素质、创新能力、苦干精神等。

3. 谈判时要做到"六要""六不要"

"六要"包括：要对公司的产品和服务充满热情和信心；要明确自己的底价，并在必要时坚决离开；要牢记自己与风险投资者之间要建立长期合作伙伴关系；要了解风险投资者（谈判对手）的个人情况；要了解风险投资公司以前资助的项目有哪些，了解目前投资项目的结构组合；要只对自己可以接受的交易进行谈判。

"六不要"包括：不要回避问题；不要答案模糊；不要隐瞒重要问题；不要期望对方立即做出决定，一定要有耐心；不要把交易的价格定死，要有灵活性；不要带律师参加谈判，以免在细节上过多纠缠。

第七章 创业实施阶段的关键问题

第一节 创业团队的组建

有一个统计数据：5年之内，90%的创业者会倒闭。10年之内，剩下的10%的创业者中的90%也将会退出市场。也就是说，10年之后，只有不到1%的创业者会幸存下来。创业者之所以多遭破产厄运，最主要的原因在于他们缺少一支优秀的创业团队。因此，当创业者终于做出了决定"我要去创业"，而且已经有了切入市场的产品或点子后，最重要的任务就是建立一个拥有很强凝聚力、互相支持的创业团队。

一、创业团队建设基本原理

（一）创业团队概述

1）创业团队是由少数具有技能互补的创业者组成的、为了实现共同的创业目标而努力的利益共同体。优秀创业团队应当具备的基本要素至少包括：共同目标、互相依赖、相互信任、归宿感、责任心。

2）高效团队与低效团队的差异见下表。

高效团队的特征	低效团队的特征
共同设定目标，个人与组织目标相结合；	设定目标，不考虑个人需求；
双向沟通，充分表达；	政令宣达，压抑自我；
共同参与，着重每一个人的贡献；	权威领导，注重短期目标达成；
能力与信息决定影响力；	职位决定一切；
寻求共识以做决策；	寻求决策的共识；
鼓励分歧与冲突，以强化决策品质；	压抑冲突，要求和谐一致；
重视问题根源的确定和有效解决；	妥协或处理表象问题；
强调组合功能与相互依赖性；	强调个人功能英雄主义；
自我评估，并以团体发展绩效为主；	主管考核，以成果绩效评定为主；
鼓励创新与自我实现。	要求服从及内部稳定性。

（二）创业团队建设的灵魂

1）相互信任是创业团队建设的核心。成员间相互信任是高效团队的显著特征，即每个成员对其他人的品行和能力都确信不疑。

史玉柱曾说："团队核心成员有人要提出辞职时，不要挽留，既然提出了，他迟早是要走的。"

2）一个新的创业团队能够组成，首先来自于团队成员的共同使命。而所有成员为这个目标进行的奋斗和努力就构成了一种氛围，继而成为一种精神。

李嘉诚认为，"商业合作必须有三大前提：一是双方必须有可以合作的利益，二是必须有可以合作的意愿，三是双方必须有共享共荣的打算。此三者缺一不可。"

（三）增强创业团队凝聚力的关键——激励机制

激励的实质是通过某些刺激，激发鼓励人的行为动机产生的力量，将外部适当的刺激（目标、诱因、反馈）转化为内部心理动力，产生内趋力。激励的具体形式和方法有：①工作激励；②物质激励；③关怀激励；④榜样激励；⑤约束激励；⑥薪酬激励。

二、创业团队建设的方法要领

（一）明确创业团队组建的任务

创业团队组建的任务就是要找到那些最合适的合作伙伴，让大家能形成合力向着一个共同的目标奋斗。

腾讯团队是中国互联网最牢固的创业团队之一。自1998年创立腾讯公司（腾讯控股有限公司）以来，没有任何一个团队成员离开，甚至没有不和谐的声音。"五个人有四个是高中同学，大学又是在一起读书，相互间的信任和默契不是一般的创业团队能比的。"当年肯从大名鼎鼎的中兴（中兴通讯股份有限公司）"屈就"腾讯的奚丹，很大程度上看重的就是这个结合极为紧密的创始人团队。

（二）重视创业团队的执行力建设

执行是实现既定目标的具体过程，而执行力就是完成执行的能力和手段，不仅知道要做什么、如何做，更要做到底、做得有结果。马云说："有结果未必是成功，但是没有结果一定是失败。一个一流的创意，三流的执行，我宁可喜欢一个一流的执行，三流的创意。"

在创业团队执行力建设中，首先，要重视执行的刚度，执行者明确要求成员做出什么行为，并对这种行为做出明明白白的刚性要求。其次，要重视执行的效度，强调明确的承诺与准确的履行。史玉柱："不一定开 200 迈的人是最先到达目的地，我可能就开个 100 迈，但是我中间停也不停，我也不加油、我也不休息，这种往往是最先到目的地。"

（三）打造成功创业团队的五项修炼

1. 树立共同目标和价值观

共同目标能够为团队成员指引方向和提供动力，会使个体提高绩效水平，也使群体充满活力。

马云的体会是：30%的人永远不可能相信你。不要让你的同事为你干活，而让我们的同事为我们的目标干活，共同努力，团结在一个共同的目标下面，就要比团结在你一个企业家底下容易得多。所以首先要说服大家认同共同的理想，而不是让大家来为你干活。阿里巴巴的六脉神剑就是阿里巴巴的价值观：诚信、敬业、激情、拥抱变化、团队合作、客户第一。

2. 完善成员技能

一个团队需要三种不同技能类型的成员。第一，需要具有技术专长的成员。第二，需要具有解决问题和决策技能，能够发现问题，提出解决问题的建议，并权衡这些建议，然后作出有效选择的成员。第三，团队需要善于凝听、反馈、解决冲突及其他人际关系技能的成员。

3. 分配团队成员角色

团队领导人的重要职责之一，就是恰当分配团队成员的角色，并做好团队协调工作。在角色分派中，应当充分考虑团队成员的性格特征、技术专长、能力互补性等因素。李嘉诚说："知人善任，大多数人都会有部分的长处，部分的短处，各尽所能，各得所需，以量才而用为原则。"

一般而言，创业团队都需要以下八种主要角色。

4. 建立考评激励机制

台塑集团董事长王永庆在台湾是一个家喻户晓的传奇式人物。他把台塑集团推进到世界化工工业的前 50 名。多年的经营管理实践令王永庆创造出一套科学管理之道，有效地增强了自己科学管理的执行力。最为精辟的是"压力管理"和"奖励管理"两套方法。

"压力管理"，就是人为地造成企业整体有压迫感和让台塑集团的所有从业人员有压迫感。台塑集团在 1968 年就成立了专业管理机构，就像一个金刚石般的分子结构，只要自顶端施加一种压力，自上而下的各个层次便都会产生压迫感。

角色	行　动	特　征
协调者	阐明目标和目的，帮助分配角色、责任和义务，为群体做总结	稳重、智力水平中等，信任别人，公正，自律，积极思考，自信
决策者	寻求群体进行讨论的模式，促使群体达成一致，并做出决策	有较高的成就，极易激动，敏感，不耐心，好交际，喜欢辩论，具有煽动性，精力旺盛
策划者	提出建议和新观点，为行动过程提出新的视角	个人主义，慎重，知识渊博，非正统，聪明
监督评估者	分析问题和复杂事件，评估其他人的贡献	冷静，聪明，言行谨慎，公平客观，理智，不易激动
支助者	为别人提供个人支持和帮助	喜欢社交，敏感，以团队为导向，不具决定作用
外联者	介绍外部信息，与外部人谈判	有求知欲，多才多艺，喜爱交际，直言不讳，具有创新精神
实施者	强调完成既定程序和目标的必要性，并且完成任务	力求完美，坚持不懈，勤劳，注意细节，充满希望
执行者	把谈话和观念变成实际行动	吃苦耐劳，实际，宽容，勤劳

"奖励管理"，就是在对员工施加压力的同时，对部属的奖励也极为慷慨。台塑集团的激励方式有两类。一类是物质的，一类是精神的。台塑集团的金钱奖励以年终奖金与改善奖金最有名。王永庆私下发给干部的奖金称为"另一包"（因为是公开奖金之外的奖金）。此外还设有成果奖金。对于一般职员，则采取"创造利润，分享员工"的做法。员工们都知道自己的努力会有奖励的，这极大地激发了他们工作的积极性。

5. 培养相互信任精神

曾供职于微软的 Google 全球副总裁兼大中华区总裁李开复表示："我相信Google 的员工会比较快乐"，因为 Google 的文化是信任、放权，由下而上的管理，产品决策权在工程师手中。而当一位工程师可从头到尾主导一项产品，均会视产品为自己的"baby"，会比较有"主人翁"感。

第二节　创业资金筹集

一、创业资金预测

创业者在开始融资前，必须对自己的创业项目进行一次投资预测，并根据这个初步的计划估算出整个项目启动时需要投入的资金数，然后根据这个数字，再加上一定比例的不确定因素，最后得出一个准确的数字，进入创业融资阶段。

（一）创业成本和资金用途清单

从新企业的融资来看，首先要编制一份使企业运转起来的清单，估算出创业成本一方面可以测定企业开始创建时需要的资金总量，另一方面能够决定获得资金后将如何运用。

（二）预编财务报表

预编财务报表是在创业者收集了有关市场、消费者、竞争对手、产品研发、运营以及企业其他方面的基础上，对新企业的财务进行预测（一般至少是三年），计算出新企业的资本需求。预编损益表分析新企业的盈亏状况，预编资产负债表可以分析企业的财务结构，使投资者和企业进行比率分析。

预编财务报表最为关键的两个因素：①在损益表列示的盈亏状况极大地依赖于创业者对市场的估计，即市场份额和销售量的估计，准确的市场估计对预计企业损益及财务结构是非常重要的。②对成本的估计，一方面要克服低成本估计，同时要注意成本是伴随着销售量的增长而上升的。同时应该将财务报表与同行业企业进行对比，分析是否切合实际。

财务预测最好是在三种（最可能的、最悲观和最乐观的）不同情况下预计三年的销售成本和损益。

（三）盈亏平衡分析

盈亏平衡分析是为了计算支付成本所需的销售数量，同时也可以计算出增加企业固定成本需要增加的销售数量。

盈亏平衡计算的方法如下。

①制定单位产品和服务的价格；②估算单位产品和服务的变动成本；③销售价格减去每单位的变动成本来计算每单位的边际贡献；④用单位销售价格除边际贡献估算边际贡献率；⑤估算企业的固定成本；⑥用边际贡献率除固定成本来计算盈亏平衡销售量。

案例：

①产品单价为 10 元；②单位变动成本为 3 元；③计算边际贡献＝销售单价－变动单位成本＝10－3＝7 元；④边际贡献率＝边际贡献/单位销售价格＝7 / 10＝0.7；⑤固定成本 50 万元；⑥盈亏平衡销售量＝固定成本 / 边际贡献率＝500000/0.7＝714285.71，表明企业销售量超过 714286 个时企业是盈利的，低于714286 时企业则是亏损的。

二、适合创业企业的融资方式

（一）商业银行信贷

商业银行贷款是指各家商业银行为企业提供的贷款。利率根据市场情况确定，期限由企业和银行共同确定。银行贷款是成本最低的融资方式之一。

（二）商业信用

商业信用是指商品交易中以延期付款或预收货款方式进行赊销活动而形成的借贷关系，是企业之间的直接信用行为。其主要形式有先取货后付款、先收款后交货，这两种是企业筹集短期资金广泛使用的方式。

（三）融资租赁

租赁是指出租人在承租人给予一定报酬的条件下，授予承租方在约定期限内占有和使用财产权力的一种契约性行为。租赁分为经营租赁和融资租赁。经营租赁通常为短期租赁，其特点是：承租企业可以随时向出租人提出租赁资产的要求；租赁期短；租赁合同比较灵活；租赁期满，租赁的资产一般归还给出租者；出租人提供专门服务。融资租赁又称财务租赁，通常是一种长期租赁，也称资本租赁，其特点主要是：一般由承租人向出租人提出正式的申请；租赁期较长；租赁合同比较稳定；租约期满后，可以有两种选择，一是将设备作价转让给承租人，一是由出租人收回，延长租期续租，在租赁期一般不提供维修和报样方面的服务；租金较高，西方的租赁发展经历表明，融资租赁的租金总额一般要高出其设备价款的 30%~40%。

（四）典当

典当具有两个基本功能：①融资服务，只要在当期内不发生赎回，典当就发挥融资作用。②商品销售服务。现在逐步发展为以向中小企业的融资为主要功能。典当的优点是：便捷性，能够迅速及时解决当户的资金需求；经营产品灵活机动；期限短周期快；由于是实物抵押，不涉及信用。其缺点是：费用较高，除贷款月利率外，典当贷款还需要交纳较高的综合费用，包括保管费、保险费、典当交易的成本支出等。

（五）政府支持的创业小额担保贷款

小额担保贷款是指通过政府出资设立担保基金，委托担保机构提供贷款担保，由经办商业银行发放，以解决符合一定条件的待就业人员从事个体经营自筹资金不足的一项贷款业务。

国家规定个人申请额度最高不超过 5 万元,各地区对申请小额担保贷款额度有不同规定。西安市针对大学生的小额担保贷款额度为不超过 8 万元。

小额担保贷款的期限一般不超过两年。对经营周期较长的项目,可将贷款期限延长至三年,到期一次性还本付息。从事微利项目的,由中央财政全额贴息。

三、如何获取创业投资

(一)创业投资的目的、期限和方式

创业投资虽然是一种股权投资,但投资的目的并不是为了获得企业的所有权,不是为了控股,更不是为了经营企业,而是通过投资和提供增值服务把投资企业做大,然后通过公开上市、兼并收购或其他方式退出,在产权流动中实现投资回报。

创业投资的期限一般较长。其中,创业期风险投资通常在 7~10 年内进入成熟期,而后续投资大多只有几年的期限。

创业投资的方式主要有三种:一是直接投资;二是提供贷款或贷款担保;三是提供一部分贷款或担保资金同时投入一部分创业资本购买被投资企业的股权。不管是哪种投资方式,创业投资人一般都附带提供增值服务。

(二)创业投资的对象

1)以生产高技术为主的企业。
2)以应用创新成果为主的企业。
这两类企业有着紧密的关系,彼此相互依存,密不可分。

(三)如何吸引创业投资

1)加大技术创新投入,确保技术或经营的新颖独特,有广阔的市场前景。
2)市场容量足够大,市场容量是收回投资成本的保证。
3)培育以创新和诚信为核心的创业团队。如果创业者在人力资源方面关注雇佣关键人才,录用互补型人才,录用专业经理人,投资人会认为你具有管理认识和团队精神。
4)高质量的商业计划书。商业计划书的重要性在于:首先它使创业投资者快速了解项目的概要,评估项目的投资价值,并作为尽职调查与谈判的基础性文件;其次,它作为企业创业的蓝图和行动指南,是企业发展的里程碑。
5)与投资顾问交流,投资顾问会提高你融资的成功率。
6)建立友好关系,形成吸引投资者的良性循环。吸引创业投资,不仅是资

金，还有投资后的增值服务。

第三节　创建新企业流程

一、创业选址

在企业开办过程中，店铺的选址无疑是头等大事。据世界创业实验室消息：正确选择店址，是开店赚钱的首要条件。一个经营项目很好的店铺，若选错了店址，小则影响生意兴隆，大则还可能导致"关门大吉"。因此，开店选址很重要，这一步走得对与否，决定了日后店铺的赚与赔。

（一）选址应当考虑的因素

从创业环境学的角度来说，创业选址就是创业地理位置的选择。创业地理位置不仅指土地、水、气候、生物、矿物等自然条件，还包括人口、经济、交通等社会条件，以及各种地理位置之间的相互关系。创业地理位置的优劣，关系着创业的成败。

1. 创业活动的类型

不同类型的创业活动对地理位置有不同的要求。例如，农业对气候、土壤、水源等自然因素的依赖性最大；如果缺少了充足的原材料和丰富的能源，与工业相关的创业活动就无从谈起，比如在一个没有煤炭储量的地方，开展与煤炭相关的创业活动，失败是不可避免的。另外，一个地区的中心区域大多会形成商业区，服务行业多选择在人群集中的地方，没有了服务对象，服务的行为也变得毫无意义。

2. 自然地理环境条件

创业者要充分考虑不同的气候、土壤、水源条件等不同的生产对象和方式对创业的影响。工业是高耗能产业，能源的储量和能源的多少决定了工业生产的规模和地点。地形也是一项重要因素。易于耕作和建设厂矿的平坦地形，既可以减少生产成本，也可以形成地域优势，避免一些如山体滑坡、地表下沉等自然灾害给工业生产带来的损失。

3. 社会环境条件

社会环境条件包括一个国家的政治体制、政策法规、经济水平、文化习俗等的取向和趋势，以及由此为创业者所提供和营造的社会环境。城市的发展方向和布局往往成为商家的关注焦点，顺应这个方向，合乎这个布局，就有可能获取较大利润。例如，深圳在开办特区前，只是一个小渔村，之后成为经济开发的前沿阵地,地理位置的价值随之发生了巨大变化。珠江三角洲在封建社会是荒蛮之地,开放后成为对外联系的窗口,经济活跃、繁荣发达,其成为不容置疑的黄金地域,也是人才与企业集聚的地方。

4. 创业者的个人因素

选址最终是由创业者决定的,创业者个人的主观因素对选址的作用不可忽视。各项条件大致相同的两个地理位置,创业者选择甲而不选择乙,大多是由创业者的个人主观因素决定。创业者的爱好、经历、受教育程度等不确定因素,都对创业选址起到不可忽视的作用。

(二)商业、服务业选址

商业、服务业店址的选择不同于农业和工业经营位置的选择,它受气候、原材料、能源、土壤等因素的影响要小得多,主要受以下几个方面的影响。

1. 交通状况

店面附近的交通状况,会在很大程度上影响着生意的好坏,因此一般的开店选址,都会考虑周围的交通条件以及未来可能增减的交通设施、道路宽窄、主干道、辅道、单行道、双行道、停车场、车流量、高峰时段车流情况等。

2. 周边条件

周边商圈情况、竞争点、竞争店、互补点、互补店、金融机构以及科教文体休闲设施等。

3. 商铺租金

商铺租金几乎是创业者权衡创业选址的最重要因素。科学分析,确定合理的租金,才会保证创业活动顺利进行。绝不能以租金论长短,店铺租金贵,并不一定是好位置。

4. 周围的商业气氛以及未来发展趋势

大量事实证明,繁华商圈比较旺盛的人气、集中的消费环境成为很多创业者首选的店铺选择范围。现代商业越来越趋向于一站式购物的消费模式,与经营内容匹配的周边环境更能带来大量的潜在顾客。例如,猫和老鼠加盟体系经营项目是休闲皮具,如果选址在附近有皮具专卖店、品牌女装店,或者是小饰品店、精品店等女性购物较为集中的地点,会为日后的经营带来大量的顾客。

5. 购买力

家庭和人口的购买力是由其收入水平决定的,因此,附近人口收入水平对创业选址有决定性的影响。家庭人均收入可通过入户抽样调查获取。例如,长沙西郊某商厦在选址的时候，就对周围一至两公里半径的居民按照分群随机抽样的方法，抽取出 3000 个家庭样本。经过汇总分析，这 3000 户居民中，人均收入在每月千元左右的约占 50%，500~1000 元的占 20%，1000~1500 元的占 20%，人均月收入 500 元以下的占 10%；人均月收入 2000 元以上的约占 10%。由此说明，该地区居民大都是工薪族家庭，属于中等收入水平。在选择店址时，应以社会地位较高、可支配收入较多的中青年人群居住区域作为优先选择的店址。

6. 竞争程度

在选址时，要详细了解在该地点附近有多少类似的商店，以及这些商店的规模、装修、商品品种、价格及待客态度，自己的加入将是增加竞争，还是互相有利，等等。

7. 地区环境发展趋势

选择店址，创业者必须从长考虑，搞清楚城市建设的规划。在了解地区内的交通、街道、市政、绿化、公共设施、住宅及其他建设或改造项目规划的前提下，做出最佳地点的选择。

（三）创业选址案例：麦当劳

1. 麦当劳的选址"心经"

麦当劳在我国的发展步伐无疑是飞速的，本土化只是他成功的一个方面，它最成功的地方在于选址，即只选择在适合汉堡包生存的地方开店。"应该说，正因为麦当劳的选址坚持对市场的全面资讯和对位置的评估标准的执行，才能够使开设的餐厅，无论是现在还是在将来，都能健康稳定地成长和发展。"麦当劳的工作人员表示。

以"先标准，后本土"的思想建立的麦当劳，首先寻找适合自己定位的目标市场作为店址，再根据当地情况适当调整。他们一般不会花巨资去开发新的市场，而是去寻找适合自己的市场；不会认为哪里都有其发展的空间，而是选择尽可能实现完全拷贝母店的店址。用一个形象的比喻来说，他们不会给每个人量体裁衣，他们需要做的只是寻找能够穿上他们衣服的人。麦当劳连锁经营发展成功的三个首选条件是"选址、选址、选址"。

据了解，麦当劳的选址主要分为如下步骤。

1）市场调查和资料信息的收集。包括人口、经济水平、消费能力、发展规模和潜力、收入水平、以及前期研究商圈的等级和发展机会及成长空间。

2）对不同商圈中的物业进行评估。包括人流测试、顾客能力对比、可见度和方便性的考量等，以得到最佳的位置和合理选择。在了解市场价格、面积划分、工程物业配套条件及权属性质等方面的基础上进行营业额预估和财务分析，最终确定该位置是否有能力开设一家麦当劳餐厅。

3）商铺的投资是一个既有风险，又能够带来较高回报的决策，所以还要更多地关注市场定位和价格水平，既考虑投资回报的水平，也注重中长期的稳定收入，这样才能较好地控制风险，达到投资收益的目的。

二、网上开店

在房地产大潮的带动下，店铺租金日益攀升，增加了创业成本和营业风险，与此相比，个人网上开店投资少、回收快、运营成本低、不易受时空限制等优势凸显，再加上专业买卖网站也进一步降低操作难度，互联网的家属普及带来了巨大网络购物人群，越来越多的人在因特网上找到自己的创业方向。网上开店分为以下步骤。

1. 选择网上平台

国内人气比较旺的网站有易趣网（www.eachnet.com）、淘宝网（www.taobao.com）、雅宝拍卖网（www.yabuy.com）、易必得商务网（www.ebid.com.cn）等。在选择网站的时候，人气是否旺盛和收费是否低廉是重要的指标。

2. 注册

有的网站会要求用真实姓名和身份证等有效证件进行注册。

3. 申请开店

在向网站提出申请之后，你要详细填写自己店铺所提供商品的分类，为自己的店铺起个醒目的名字。有的网站需要个人资料，你应该真实填写，以增加信任度。

4. 进货

确定卖什么之后，就要开始找货源了。网上开店之所以有空间，成本较低是重要因素。好的货源是生意旺盛的重要保证。

5. 登录

你需要把每件商品的名称、产地、所在地、性质、外观、数量、交易方式、交易时限等信息填写在网站上，并搭配商品的图片。

6. 做广告

可在网站的首页做推荐，以开业期为主。

7. 售中服务

顾客在决定是否购买的时候，他们随时会提出网上没有的信息，你应及时并耐心地回复。

8. 交易

成交后，网站会通知双方的联系方式，根据约定的方式进行交易，可以选择见面交易，也可以通过汇款、邮寄的方式交易，但是应尽快，以免对方怀疑你的信用。是否提供其他售后服务，也视双方的事先约定。

9. 评价或投诉

如果交易满意，最好给予对方好评，并且通过良好的服务获取对方的好评。如果交易失败，应给予差评，或者向网站投诉，以减少损失，并警示他人。如果对方投诉，应尽快处理，以免为自己的信用留下污点。

10. 交费

网站通常会收取一些费用，包括购买"网页推荐位"的费用、登录费、交易费、店铺费等，你应及时缴纳，但是可以合理地规避。例如将多次交易的熟客引导到线下的店铺或者家中交易，不用在网上竞价。在计算成本的时候，要把此类费用与邮费、见面交易的车费、电话费、上网费等考虑在内。

三、企业工商注册程序

企业的创办是企业经营管理的逻辑起点，是企业运作的第一步。企业的主体地位要得以确立，必须按照合法的程序和要求设立与登记。依据《中华人民共和国企业法人登记管理条例》及其施行细则、《企业登记程序规定》《中华人民共和国公司登记管理条例》和《中华人民共和国公司法》等法律规定，创办企业应当遵循以下程序管理。

（一）企业法律形态选择

根据我国相关法律的规定，创业者可以选择个体工商户、个人独资企业、合伙企业、有限责任公司和股份有限公司等形式。每一个商业投资者在投资时都有不同的客观情况和主观愿望，选择企业法律形式要根据具体情况和法律规定进行。

1. 个体工商户

个体工商户是依据《民法通则》规定，公民在法律允许的范围内，依法经核准登记，从事工商业经营。

2. 个人独资企业

个人独资企业是指依照《个人独资企业法》在中国境内设立，由一个自然人投资，财产为投资人个人所有，不具有法人资格的、企业的存在与业主个人人格不可分割的、投资人以其个人财产对企业债务承担无限责任的经营实体。该种法律形式主要适用于零售业、服务业、手工业、家庭农场等小型企业。独资企业和个体工商户的主要优点是：企业设立、转让、解散等行为手续简单，利润独享；经营灵活，决策迅速；保密性好。其主要缺点是：由于受个人出资的限制，企业规模往往较小；承担无限责任，经营风险较大；企业经营水平受到企业主和个体工商户主综合素质和经营能力的制约，企业的连续性往往较差。

3. 合伙企业

合伙企业依据《合伙企业法》，是指二人以上按照合伙协议共同投资、共同经营、共享权益共负盈亏的企业，没有法人资格，合伙人对企业债务承担无限连带责任。无注册资本要求，共同的投资可以是资金、实物、技术、营业场所、劳务、技能、信誉等。与独资企业相比，合伙企业的优点主要表现在：扩大了资金来源，提高了竞争能力，拓展了经营领域。其缺点主要有：决策要经合伙人一致同意，对企业的直辖管理难度增大，承担无限连带责任，企业规模和业务范围受到限制。

4. 公司制企业

公司制企业又称为公司，是依照法定程序成立、由数人出资兴办、以营利为目的的企业法人。我国《公司法》所指的公司仅指有限责任公司和股份有限公司。有限责任公司，是指由法律规定的一定数量的股东所组成，股东以其出资额为限对公司承担责任、公司以其全部资产为限对公司债务承担责任的企业法人；本质上是一种资合公司，但也有人合因素。股份有限公司，是指将全部资本划分为若干等份，可以向社会公开发行股票，股东以其认购的股份为限对公司承担责任；公司以其全部资产为限对公司债务承担责任的企业法人，是典型的资合公司。公司制企业的优点主要有：降低了经营风险，承担有限责任；可以发行股票，有利于募集资本，扩大生产经营规模；有利于法人资本的稳定(出资人一经出资便不能抽回，只能转让股份和出售股票，从而使公司有数量比较稳定的法人财产)和优化资本组合；所有权与经营权分离，专家管理，提高效率，企业寿命得以延长。其主要缺点是：组建程序复杂，组建费用较高，政府有较多的限制(审批程序、注册资本门槛、产业政策制约等)，股份有限公司需经省级政府批准；税负较重；定期公布财务信息，保密性较差。

5. 选择企业法律形式应该考虑的因素

1）创业资金的最低限额。个体工商户、私营独资企业、私营合伙企业这三种企业形式注册资本实行申报制，没有最低限额的基本要求。有限责任公司注册资本的最低限额为人民币三万元，其中一人有限责任公司的注册资本最低限额为人民币十万元。股份有限公司注册资本的最低限额为人民币五百万元。

2）税赋因素。在我国，公司利润分配到股东手中时，计征两次所得税，即公司所得税和个人所得税。独资企业、合伙企业和个体工商户不用缴纳企业所得税，仅缴纳个人所得税。

3）投资人的权利转让。独资企业主可自由转让；合伙企业合伙人的权利一般不可转让，除非其他合伙人一致表示同意；有限责任公司股东转让其股份，应依公司章程之规定办理，经股东会特定多数股东同意；股份有限责任公司的股东可自由转让其股份，但不上市的股份有限公司须依章程规定办理，上市的股份有限公司，须通过证券公司代理在证券交易所转让股票。

（二）工商注册流程管理

1. 企业起名方法

企业名称由行政区划、字号、行业、组织形式四部分依次组成。例如：陕西红盾在线科技有限公司　行政区划 + 字号 + 行业 + 组织形式

陕西　　红盾　　在线科技　有限公司

1）企业名称中的行政区划是本企业所在地县级以上行政区划的名称或地名。市辖区的名称不能单独用作企业名称中的行政区划。市辖区名称与市行政区划连用的企业名称，由市工商行政管理局核准。省、市、县行政区划连用的企业名称，由最高级别行政区的工商行政管理局核准。

2）企业名称中的字号应当由两个以上的汉字组成，经过名称查重，以首先不重名的名称为核准使用的名称。企业名称可以使用自然人投资人的姓名作字号。行政区划不得用作字号，但县以上行政区划的地名具有其他含义的除外。

3）企业名称中的行业表述应当是反映企业经济活动性质所属国民经济行业或者企业经营特点的用语，表述的内容应当与企业经营范围一致，不应当明示或者暗示有超越其经营范围的业务。例如主营科技开发业务，那么名称应以科技为行业特点。企业为反映其经营特点，可以在名称中的字号之后使用国家(地区)名称或者县级以上行政区划的地名，此地名不视为企业名称中的行政区划。如陕西××××韩国烧烤有限公司。"韩国烧烤"字词均视为企业的经营特点。

4）企业名称中的组织形式。依据《中华人民共和国公司法》申请登记的企业

名称,其组织形式为有限公司(有限责任公司)或者股份有限公司;依据其他法律、法规申请登记的企业名称,组织形式不得申请为"有限公司(有限责任公司)"或"股份有限公司",非公司制企业可以申请用"厂""店""部""中心"等作为企业名称的组织形式。

2. 企业名称预先核准登记

申请企业名称预先核准登记,应当由全体投资人指定的代表或者委托的代理人,向有名称核准管辖权的工商行政管理机关提交《企业名称预先核准申请书》。《企业名称预先核准申请书》由全体投资人签名盖章,应当粘贴指定的代表或者委托的代理人身份证复印件。工商行政管理机关应对申请预先核准的企业名称作出核准或者驳回的决定。予以核准的,发给《企业名称预先核准通知书》;予以驳回的,发给《企业名称驳回通知书》。

3. 开设银行账户并将足额出资存入银行

在金融机构获得开户证明和出资存入证明。需提交的材料:《名称核准通知书》(复印件);银行开户材料;投资人以现金或汇入的出资。

4. 验资

在审计师事务所或会计师事务所获得验资报告。需提交的材料:《名称核准通知书》、银行出具的开户证明、资金汇入凭证、章程、股东会决议、董事会决议及其他材料,如实物清单(若以实物出资)、专利证书和专利登记薄副本的复印件(若以专利权出资)、商标注册证复印件(若以注册商标出资)、土地使用权证明(若以土地使用权出资)、资产评估报告及评估机构的企业法人营业执照等。

5. 获得行业项目审批

在各类行政机关获得许可证或批准证书(批准文件)需提交的材料:不同行业会有所不同,以各行政审批机关要求为准。

6. 申请设立登记

在工商行政管理局获得企业法人营业执照。需提交的材料:公司董事长签署的设立登记申请书;全体股东指定代表或共同委托代理人的证明;公司章程;具有法定资格的验资机构出具的验资证明;股东的法人资格证明或自然人身份证明、载明公司董事、监事、经理的姓名、住所的文件以及有关委派、选举或聘用的证明;公司法定代表人任职文件和身份证明;企业名称预先核准通知书;公司住所证明。

7. 办理相应手续

公司注册后还需办理刻制公章、办理组织机构代码证书、银行开户、办理税务登记等手续，办理完毕的公司所包含的（行政部门签发）证件如下：营业执照正副本；房屋租赁备案表；组织机构代码证正副本；银行开户许可证；公司章 4 枚（公章、财务章、合同章、法人章）；税务登记证。

四、税务注册流程

企业在领取工商执照后一个月内应在当地主管税务机关办理税务登记，征管鉴定等事项。

（一）携带资料

1）《税务登记表》（一式三份在当地主管税务机关纳税服务大厅领取）；

2）营业执照或其他核准执业证件及复印件；

3）企业纳税人须报送组织机构代码证书及复印件；

4）法人代表（负责人）身份证、护照或者其他证明身份证的合法证件及复印件；

5）财务人员会计证与身份证及复印件；

6）办税人员身份证及复印件；

7）房产证或房屋租赁合同和房屋租赁发票及复印件；

8）股份制、有限责任公司、合伙企业应提供企业章程、验资报告及复印件；

9）税务机关要求提供的其他有关证件、资料。

（二）办理流程

1）纳税人到主管税务机关办税服务厅税务登记窗口，领取并如实填写开业登记相关登记表格。

2）纳税人持填写齐全的《税务登记表》和其他相关资料到主管税务机关办税服务厅税务登记窗口，交税务人员审核，审核合格的，核发税务登记证件。

（三）办理时限

资料齐全、符合办理地税开业登记规定的，即时办理完结。

（四）发票领购

企业在取得税务登记证后，在正常纳税申报第一个月内便可办理发票领购等业务。

第四节 新创企业营销管理

一、营销经典理论概述

市场营销就是通过创造、发现和满足消费者的需求（生理的和心理的），来实现买卖双方各自利益（价值交换）的全过程。简单地说，市场营销就是满足他人的需求且自己也能赢利。市场营销可以分为三个基本层次：回应式营销（Responsive Marketing），预期式营销（Anticipative Marketing），塑造需求式营销（Need-shaping Marketing）。

迄今为止，随着时代和市场环境的变化，市场营销理论先后发生了三次重大变化，先后提出了三种经典的营销理论，即以满足市场需求为目标的 4P 理论，以追求顾客满意为目标的 4C 理论和以建立顾客忠诚为目标的 4R 理论。

（一）4P 营销理论

20 世纪的 60 年代，美国营销学学者麦卡锡教授提出了 4P 营销组合策略，即产品（Product）、价格（Price）、渠道（Place）和促销（Promotion）。他认为一次成功和完整的市场营销活动，意味着以适当的产品、适当的价格、适当的渠道和适当的促销手段，将适当的产品和服务投放到特定市场的行为。4P 理论主要以满足市场需求为目标，从供方出发来研究市场的需求及变化，如何在竞争中取胜。它最早将复杂的市场营销活动加以简单化、抽象化和体系化，构建了营销学的基本框架，促进了市场营销理论的发展与普及，是营销学的基本理论，在营销实践中得到了广泛的应用，至今仍然是人们思考营销问题的基本模式。随着环境的变化，重视产品导向而非消费者导向的 4P 理论逐渐显示出其弊端，于是更加强调追求顾客满意的 4C 理论应运而生。

（二）4C 营销理论

1990 年，美国营销专家劳特朋教授提出了 4C 理论。它以消费者需求为导向，重新设定了市场营销组合的四个基本要素：即消费者（Consumer）、成本（Cost）、便利（Convenience）和沟通（Communication）。它强调企业首先应该把追求顾客满意放在第一位，其次是努力降低顾客的购买成本，然后要充分注意到顾客购买过程中的便利性，而不是从企业的角度来决定销售渠道策略，最后还应以消费者为中心实施有效的营销沟通。与产品导向的 4P 理论相比，4C 理论有了很大的进步和发展，它重视顾客导向，以追求顾客满意为目标，这实际上是当今消费者在营销中越来越居主动地位的市场对企业的必然要求。这一营销理念也深刻地反映在企业营销活动中。在 4C 理念的指导下，越来越多的企业更加关注市场和消费者，与顾客建立一种更为密切的和动态的关系。但是，从企业的实际应用和市场发展趋势看，4C 理论依然存在不足。如何将消费者需求与企业长期获得利润结合起来是 4C 理论有待解决的问题。因此市场的发展及其对 4P 和 4C 的回应，需要企业从更高层次建立与顾客之间的更有效的长期关系。于是出现了 4R 营销理论，对 4P 和 4C 理论进行了进一步的发展与补充。

（三）4R 营销理论

21 世纪伊始，艾略特·艾登伯在《4R 营销》中提出 4R 营销理论。4R 理论以关系营销为核心，重在建立顾客忠诚。它阐述了四个全新的营销组合要素：即关联（Relativity）、反应（Reaction）、关系（Relation）和回报（Retribution）。首先，4R 理论强调企业与顾客在市场变化的动态中应建立长久互动的关系，以防止顾客流失，赢得长期而稳定的市场；其次，面对迅速变化的顾客需求，企业应学会倾听顾客的意见，及时寻找、发现和挖掘顾客的渴望与不满及其可能发生的演变，同时建立快速反应机制以对市场变化快速作出反应；再次，企业与顾客之间应建立长期而稳定的朋友关系，从实现销售转变为实现对顾客的责任与承诺，以维持顾客再次购买和顾客忠诚；最后，企业应追求市场回报，并将市场回报当作企业进一步发展和保持与市场建立关系的动力与源泉。

市场营销理论经过了长期发展和丰富，形成了一套以经典 4P 理论为基础的形式多样、不断丰富的综合理论体系。但是，未来肯定还会出现更多日益创新的营销理念和实践方案来完善和发展营销理论体系，从而进一步丰富我们的营销思路。加强营销理论的学习，特别是在实践中的领悟是每一个创业者最为重要的创业功课之一。

二、基本营销策略

（一）产品策略

产品策略是企业为了在激烈的市场竞争中获得优势，在生产、销售产品时所运用的一系列措施和手段，包括产品组合策略、产品差异化策略、新产品开发策略、品牌策略、产品的生命周期运用策略等。

产品策略强调，企业成功与发展的关键在于产品满足消费者的需求的程度以及产品策略正确与否。因此，企业制定营销战略时，必须明确企业能提供什么样的产品和服务去满足消费者的需求，这是市场营销组合策略的基础。

在产品策略中，分析产品市场是制定策略的基础。我们可以从以下方面分析市场。

1）全局观念的市场到底有多大？

2）当前的市场是如何被细分的？

3）当前的市场趋势是否能指示不久的将来细分市场的主要变化？

4）这个市场的增长率是多少？

5）目前参与竞争的是哪一细分市场，所占份额有多大？

6）竞争者所占有的市场份额有多大？

7）能激发现有消费者更大的购买力吗？

目前，百事可乐公司在中国市场的旗舰品牌有百事可乐、七喜、美年达和激浪。国际著名的调查机构尼尔森（ACNIELSEN）公司在 2000 年的调查结果表明，百事可乐已成为中国年轻人最喜爱的软饮料之一。

就产品组合的宽度而言，百事的产品组合远比可口可乐要丰富。可口可乐公司的经营非常单纯，仅仅从事饮料业。而百事公司除了软饮料外，还涉足运动用品、快餐以及食品等。特别要指出的是，2001 年 8 月百事可乐公司宣布并购贵格公司。与贵格的联姻使百事可乐得到了含金量颇高的 Gatorade（佳得乐）品牌，并大幅提高了百事可乐公司在非碳酸饮料市场的份额。尽管就市场规模而言，非碳酸饮料与碳酸饮料相比不可同日而语，但其成长速度却是后者的三倍。

为了能准确分析产品市场，必须做好市场调查。对于首次创业者来说，选择一个正处于上升阶段的产品或服务，无疑是一个明智的选择，但如果因为对市场的了解不足，造成了创业中的不恰当选择，也有可能导致创业失败。

一般的市场调查包括：商圈的选择、顾客情况和市场需求调查、产品/服务的定价等。对于大多数首次创业者来说，从实用的角度出发，市场调查可以从以下方面进行。

1）亲自考察市场。如果要买下一个餐馆，可以到现场那里观察几天的客流量，甚至到那里免费打几天工体验餐馆的商业气氛。

2）查阅行业资料，如统计年鉴、商业名录和专业报纸杂志等。

3）与行业专家或者企业家交谈或请教。

4）参观行业展览会、新产品发布会、参加行业协会活动。

5）与有关顾客交谈。

6）听取亲朋好友对做生意和选择行业的看法。

（二）定价策略

定价策略是市场营销组合中的关键组成部分。价格通常是影响交易成败的重要因素，也是市场营销组合中最难以确定的因素。企业价格的目标是促进销售、获取利润，这要求企业既要考虑成本的补偿，又要考虑消费者对价格的接受能力，可见定价策略具有买卖双方双向决策的特征。此外，价格还是市场营销组合中最灵活的因素，它可以对市场做出灵敏的反映。企业的内部因素（如企业的营销目标、产品成本）和外部因素（如市场结构、市场需求的价格弹性、市场竞争）都会影响定价。我国奇瑞汽车股份有限公司在高手如林的市场竞争中果断采取"性能低一点，价格低很多；价格高一点，配置高很多"的定价策略，形成了显著的性价比优势，进而在国内外市场取得了骄人的业绩。实践证明，定价策略是中间商和终端用户最敏感的利益分配筹码，精细而合理的定价策略是营销成功的重要先决条件。

在实际工作中，企业的定价方法很多。这里主要介绍几种常见的定价方法。

1. 成本定价法

在实际操作中，创业者需要对企业内部的成本有精确的核算，在此基础上，加上预期的利润，就形成了产品的销售价格。因此，成本定价法适用于产品成本容易核算的企业。如果企业提供的是服务，或者一些生产过程难以直接量化的产品，那么产品成本法就不容易操作。

2. 竞争定价法

如果创业者进入的是现成的市场，他们所提供的产品并非全新产品，在市场上已经有同行竞争者，此时创业者的价格因素中就不得不考虑竞争者的因素。一般来说，同行业的价格水平往往在人们观念中被认为是合理价格，如果创业者的价格与这一价格差距太大，消费者往往会认为企业的产品价格不合理，进而对企业的形象产生怀疑，这对于刚刚创立的企业是非常不利的。因此，许多企业倾向于与竞争者价格保持一致。尤其是在少数实力雄厚的企业控制市场的情况下，作为新进入市场的创业者，由于其资源和能力有限，往往采取价格尾随的策略，根据大企业的价格来确定自己的实际价格。

3. 心理定价法

心理定价策略是根据消费者购买商品的心理动机来制定价格的价格策略。例如，我们常常可以看到很多商家在促销产品的时候价格的尾数标注为9、99或者999，这种定价方法可以使消费者发生错觉，产生购买的欲望。另外一个例子是房地产市场的价格，一些新楼盘在开盘之后，价格往往比区域的平均价格要高上一大截，这一定价方式是利用了消费者惧怕价格越来越高的恐慌心理，常常能够奏效。

4. 混合定价法

在创业实践中，制定价格时往往采取多种定价方式组合的方式。例如，如果企业出售的是一系列的产品，他们可能对于高端的产品采取更高的价格，对于一般的产品采用较低的价格。如果企业的目标市场是一些不同的地理区域，创业者也可能对于不同的区域制定不同的价格,在一些消费水平较高购买力强劲的地区,价格定得高些,而在一些消费水平不高经济水平较落后的地区,价格则相对较低。再导入新产品的时候,创业者也有可能在开始的时候把价格定得很高,随着后续的竞争者进入,就开始持续降低价格,拉开与竞争者的距离,这样,创业者初始制定的高价格也为后续的降低提供了空间。

(三)销售渠道策略

1. 分销策略

实战中的分销策略可分为以下三种。

(1)独家分销策略。

独家分销是指一定时期内企业在某一地区只选择一家中间商销售其产品。这种分销策略要求企业在同一地区不能再授权其他中间商,同时,也要求被授权的中间商不能再经营其他企业的同类竞争品。这类分销方式适合于贵重、高价和需提供特殊服务商品或名牌商品。对企业来说,采取独家分销可以调动中间商的积极性,增强对销售渠道的控制力,但成本和风险较大。如果中间商选择不当,则有可能"吊死在一棵树上",从而失去某一地区的市场。

(2)选择分销策略。

选择分销是指企业有选择性地确定几家中间商来分销本企业的产品。这种分销方式使用较普遍,它适用于大多数商品,尤其是消费品中的选购品、特殊品以及一些标准化程度较高的工业品。这种分销方式比独家分销面宽,又比密集性分销面窄,企业能通过对中间商的精选,去掉那些效率不高的中间商,易于节省成本和费用,又较易控制和经常保持联系,能更好地督促中间商完成约定的营销职能,效果较好。多数生产商往往先采取密集性分销,以促使新产品迅速上市,而后改用选择性分销,淘汰一部分经营管理差或不守信用的中间商。

(3)密集分销策略。

密集分销又称为广泛分销,是指企业同时选择众多的中间商来推销自己的产品。这种分销方式能使企业产品达到最大限度的展现,使顾客能广泛地感知和方便地购买到本企业的产品,适合于日用消费品、冲动型消费品以及工业品中的标准化、系列化、通用化程度高的产品分销。由于这种分销方式对中间商几乎是不加选择,可能会使用一些效率不高的中间商,产品的分销成本可能上升,再加上由于中间商数目太多,生产商往往难以有效控制流通渠道、终端价格和售后服务等因素。

2. 销售模式选择

销售模式,实际上是对某个市场的开发方式,具体可分为直销、经销、无店铺销售和网络营销等类型。

（1）直销。

直销最初在 20 世纪 50 年代产生于美国。世界直销协会对"直销"的定义——直销是指在固定零售店铺以外的地方（例如：个人住所、工作地点或其他场所），独立的营销人员以面对面的方式，通过讲解和示范方式，将产品和服务直接介绍给消费者，进行消费品的行销。我国第 443 号国务院令公布的《直销管理条例》首次对直销明确定义：直销是指直销企业招募直销员，由直销员在固定营业场所之外直接向最终消费者推销产品的经销方式。

（2）经销。

经销是指双方订立协议或相互约定，由供货商向经销商定期、定量供应货物，经销商在本地市场上销售。经销商与供货商之间是买卖关系，经销商必须自垫资金购买供货商的货物，自行销售，自负盈亏，自担风险。

经销协议是供货商和经销商订立的确定双方法律关系的契约，其内容的繁简可根据商品的特点、经销地区的情况以及双方当事人的意图加以确定。经销商品可以是供货商经营的全部商品，也可以是其中的一部分，因此，在协议中要明确指明商品的范围，以及同一类商品的不同牌号和规格。经销期限即协议的有效期，可规定为签字生效起一年或若干年。一般还要规定延期条款，可以经双方协商后延期，也可规定在协议到期前若干天如没有发生终止协议的通知，则可延长一期。

（3）无店铺销售。

无店铺销售是指与店铺销售相对的概念，指经销商不通过店铺而直接向消费者销售商品和提供服务的营销方式。"无店铺销售"是现代市场营销的重要形式之一，但其与各种类型的店铺销售有着运作流程和管理方式上的巨大差异。2004年 10 月我国开始实施的《零售业态分类标准》首次将五种无店铺销售形式列为零售业态，无店铺销售方式被我国零售业正式承认。继仓储式商场、大型综合超市、便利店成为零售业发展的热点之后，无店铺销售方式极有可能成为国内零售业的新热点。　无店铺销售的基本形式有以下五种：电视购物、邮购、网上商店、自动售货亭、电话购物。

（4）网络营销。

网络营销有广义和狭义之分，广义的网络营销指企业利用一切计算机网络进行的营销活动，而狭义的网络营销专指互联网营销。

近年来，网上购物发展很快，已占无店铺销售的 90%以上，成为无店铺销售的主要形式。据易趣网董事长邵亦波介绍，目前在易趣网上，每天有近 30 万人网上购物，有 3.5 万个商品成交，月交易额达 2.5 亿元。

（四）促销策略

促销策略是指企业如何通过人员推销、广告、公共关系和营业推广等各种促销方式，向消费者或用户传递产品信息，引起他们的注意和兴趣，激发他们的购买欲望和购买行为，以达到扩大销售的目的。企业必须在适当地点、以适当的价格，将其产品出售的信息传递到目标市场。

常见的促销方式有两种：一是人员推销，即推销员和顾客面对面地进行推销；另一种是非人员推销，即通过大众传播媒介在同一时间向大量顾客传递信息，主要包括广告、公共关系和营业推广等多种方式。这两种促销方式各有利弊，可以相互补充。此外，商品目录、单页海报、赠品、店标、陈列、现场示范、展销等也都属于促销手段范围。好的促销策略往往能起到多方面作用，如提供信息情况、引导采购、激发购买欲望、扩大产品需求、宣传产品卖点、树立产品形象、维持市场份额、巩固市场地位，等等。常见的促销技法有以下几种。

1. 赠品包装促销

包装促销的主要目的，是希望凭借特殊的包装在零售货架上吸引客户眼球。当商品的差异不大时，精心设计的包装促销往往在吸引和引导消费者购买方面效果显著。

2. 免费样品

免费样品是将产品直接送达消费者手中的最便捷的促销方式，目的是刺激对新产品或改良后产品尝试的购买意愿。但免费样品促销也不是适合所有商品。通常，当产品差异性或特点优于竞争品牌时，运用样品赠送的效果尤佳。

3. 竞赛与抽奖

竞赛与抽奖是一种能够让消费者深感兴奋并期待中奖喜悦的有效促销活动。多年来，营销人员挖空心思不断寻求诱人的奖品以吸引消费者，从无数的礼品商品赠送到金银珠宝、彩电、汽车等，几乎无所不用。而事实上，营销人员之所以不计血本地送出千百种奖品，目的都在于吸引消费者踊跃参加该促销活动。

4. 优待券

优待券是运用最为广泛，成效最显著的促销之一。以往，优待券一直被认为是持有人在购货时享受折价、特惠价或换取某种赠品的一种凭证。而最近优待券则被运用于提供消费者各式各样的优惠奖励上，从退费优待到联合促销，甚至赠送免费样品，不一而足。优待券运用的方式很多，但是在某种产品或服务未能如期销售或获利时，为协助其达到预期的目标，所特别策划的促销活动，赠送优待券似乎最具效果。实践证明，优待券有利于扭转产品或服务销售全面下跌的局面，提高某一品牌在同类产品中逐步递降的市场占有率，提升消费者对成长类商品在销售停滞时的品牌兴趣度，协助增强弱势品牌递降的销售利益，并引起消费者对产品的试用欲望。

第五节　新创企业财务管理

一、会计凭证与会计账簿

（一）会计凭证

会计凭证是记录经济业务发生和完成情况的书面证明，也是登记账簿的依据。企业在处理任何经济业务时，都必须由执行和完成该项经济业务的有关人员填写有关凭证。以书面形式记录和证明所发生经济业务的性质、内容、数量、金额等，并在凭证上签名或盖章，以对经济业务的合法性和凭证的真实性、完整性负责。会计凭证按照编制的程序和用途不同，分为原始凭证和记账凭证两类。

会计凭证作为记账的依据，是重要的会计档案和经济资料。本单位以及有关部门、单位，可能因各种需要查阅会计凭证，税务机关也会在年度终了或者不定期查账，以核准企业自行缴纳的税费是否真实。

会计凭证应定期装订成册，防止散失。会计部门在依据会计凭证记账后，应定期（每天、每旬或每月）对各种会计凭证进行分类整理，将各种记账凭证按照编号顺序，连同所附的原始凭证一起加具封面、封底，装订成册，封面应注明单位名称、凭证种类、凭证张数、起止张数等有关事项。

（二）会计账簿

会计账簿（简称账簿）是指由一定格式账页组成的，以会计凭证为依据，全面、系统、连贯的记录各项经济业务的簿籍。设置和登记会计账簿，是编制会计报表的基础，是联系会计凭证和会计报表的中间环节。一般小企业在设置账簿上有五本账簿是必须的，即为总分类账、现金日记账、银行日记账、明细分类账、费用明细账。

1. 总分类账

总分类账是按照总分类账户分类登记，以提供总括会计信息的账簿。总分类账最常用的格式为三栏式，设置借方、贷方和余额三个基本金额栏目。总分类账的记账依据和登记可根据经过汇总的科目或汇总记账凭证等登记。

2. 现金日记账

现金日记账是用来核算和监督库存现金每天的收入、支出和结存情况。由出纳人员根据现金收付有关的记账凭证，按时间顺序逐日逐笔进行登记。

3. 银行日记账

银行日记账是用来核算和监督银行存款每日收入、支出和结余情况的账簿。

4. 明细分类账

明细分类账是根据二级账户或明细户开设的账页，分类、连续的登记经济业务，以提供明细核算资料的账簿。明细分类账是总分类账的明细记录，它是按照总分类账的核算内容，更加详细的分类，反映某一具体类别经济活动的财务收支情况。

5. 费用明细账

费用明细账主要用于登记成本费用类科目，将从属于同一个总账科目的各个明细科目合并在一张账页上进行登记。

二、现金管理

库存现金是指通常放于企业财会部门，由出纳人员经管的货币，根据国务院发布的《现金管理暂行条例》的规定，现金管理制度主要包括以下内容。

（一）现金的使用范围

企业可用现金支付的款项有如下几项。

1）职工工资、津贴；

2）个人劳务报酬；

3）根据国家规定颁发给个人的科学技术、文化艺术、体育等各种奖金；

4）各种劳保、福利费用一级国家规定的对个人的其他支出；

5）向个人收购农副产品和其他物资的款项；

6）出差人员必需随身携带的差旅费；

7）结算起点以下的零星支出；

8）中国人民银行确定需要支付现金的其他支出。

除上述情况，其他款项的支付应通过银行转账结算。

（二）现金的限额

现金的限额是指为了保证企业日常零星开支的需要，允许单位留存现金的最高数额。这一限额由开户银行根据单位实际需要核定，一般按照单位 3~5 天日常零星开支的需要确定。核定后的现金限额，开户单位必须严格遵守，超过部分应于当日终了前存入银行。需要增加或减少现金限额的单位，影响开户银行提出申请，由开户银行核定。

（三）现金收支的规定

开户单位收入现金应于当日送存银行，当日送存确有困难的，由开户银行确定送存时间；开户单位支付现金，可以从本单位库存现金中从开户银行提取，不得从本单位的现金收入中直接收取。同时，收支的现金必须入账。开户单位从开户银行提取现金时，应如实写明提取现金的用途，由本单位财会部门负责人签字盖章，并经开户银行审查批准后予以支付。

三、银行结算

银行存款是指企业存入银行或其他金融机构的各种款项。企业应当根据业务需要，按照规定在其所在地的银行开设账户运用所开设的账户，进行存款、取款以及各种收支转账业务的结算。

企业在日常取现时应用现金支票，加盖银行预留印鉴（一般是财务章和法人章），并写清用途，一般为备用金等。转账则应用转账支票，付款方在支票上写清日期、企业名称、开户行名称、开户行账号、收款方企业名称、开户行名称、开户行账号、款项用途等信息，将支票交由收款方，收款方进账时，则需由出纳人员填制银行制式的进账单。

四、财务报告

财务会计报告包括：会计报表、资产负债表、利润表、现金流量表、所有者权益变动表、会计报表附注、财务情况说明书。

（一）资产负债表

资产负债表是反映企业某一特定日期（月末、季末、年末）的财务状况的会计报表。本表的格式主要有两种：水平式和报告式。最常见的是水平式，又叫账户式，见下表。

资产负债表的作用包括：了解企业所掌握的经济资源；分析企业的偿债能力；了解企业承担的债务；了解企业投资者持有的权益；分析企业未来的财务状况。

资产负债表

2000 年 12 月 31 日　　　　　　　　单位：万元

流动资产	流动负债
货币资金	短期借款
短期投资	应付账款
应收账款	其他应付款
坏账准备	预提费用
其他应收款	长期负债
存货	长期借款
待摊费用	长期应付款
长期投资	应付债券
固定资产	所有者权益
累计折旧	实收资本
无形资产	资本公积
递延资产	盈余公积
	未分配利润
合计	合计

（二）利润表

反映企业在一定时期内（月、季、年）利润或亏损情况的报表，见下表。

利用表

一、主营业务收入
减：主营业务成本
主营业务税金
二、主营业务利润
加：其他业务利润
减：营业费用
管理费用
财务费用
三、营业利润
加：投资收益
营业外收入
减：营业外支出
四、利润总额
减：所得税
五、净利润

利润表的作用包括：了解企业的各种收入和费用；了解企业的损益情况、利润总额、各项投资收益；了解企业应交所得税和净利润实现情况；考核企业计划完成情况，分析利润增减变化的原因；确定企业利润分配的依据；评价企业的经营业绩；分析和预测企业的盈利趋势，做出投资价值评价等。

（三）所有者权益变动表

反映构成所有者权益的各组成部分当期的增减变动情况。包括当期损益、直接计入所有者权益的利得和损失、与所有者的资本交易导致所有者权益的变动。

所有者权益变动表的作用包括：了解和分析企业弥补亏损、提取盈余公积金、公益金及利润结余等情况；了解企业当年税后利润额、可用于分配的利润额和年末未分配的利润额；分析企业净利润的分配去向；判断企业利润分配合理与否；为改善利润分配方案提供依据。

（四）现金流量表

反映企业在一定会计期间现金和现金等价物流入和流出的报表，见下表。

现金流量表（直接法）

一、经营活动的现金流量
+销售商品、提供劳务所得的现金
－购买商品、接受劳务支付的现金
经营活动产生的现金流量净额
二、投资活动的现金流量
+投资收益所得的现金
+处理固定资产、无形资产所得现金净额
－购建固定资产、无形资产所支付的现金
－投资支付的现金
投资活动产生的现金流量净额
三、筹资活动的现金流量
+吸收投资所得的现金
+借款所得的现金
－偿债支付的现金
－支付利息、股息的现金
融资活动所产生的现金净额
当期企业现金净流入

现金流量表的作用包括：有助于了解企业当期现金流入流出的原因；有助于评价企业的挣钱能力；根据收付实现制编制，是对以权责发生制为依据披露的财务信息的必不可少的补充；有助于信息使用者正确判断企业现实的现金支付能力和与之相联系的股利政策及理财过程，以正确地做出投资决策；有助于评定企业的信贷等级；有助于分析企业未来获取现金的能力。

（五）关于财务报告报送的有关规定

1．定期报送

有限责任公司的财务报告应定期报送各投资单位/人、债权人、税务机关等。

2．股东查询

股份有限公司的财务报告应在股东会议召开 20 日之前备置于公司办公处所，供股东查阅。

3．报出时间要求和内容

1）月报应于月份终了后 6 天内对外提供；要求填制两表。

2）季报应于季度终了后 15 天内报出；要求填制三表和会计报表附注。

3）半年度报告应于年度中期终了后 60 天内(相当于两个连续的月份)对外提供；要求全套。

4）年度财务会计报告应于年度终了后 4 个月内对外提供；要求全套。

5）短于一个完成的会计年度的报告期间称为中期。《企业会计准则》规定，以中期为基础编制的财务报告称为中期财务会计报告，简称中报，半年度、季度和月度财务会计报告统称为中报。

五、大学生创业者案例

做自己擅长的事情，等于给自己找到了一个能发挥潜能的舞台。通过全面地剖析自我，正确地认识自我：我的优点、缺点、兴趣、特长、学业基础、社会关系等。把自己的爱好、专长与市场需求结合起来，不断调整两者间的最佳结合点，我们也可以像曹丽平那样成功。

2004 年，曹丽平毕业于西安培华学院计算机系。大学毕业后像其他同学一样四处奔波，曹丽平也投了很多份简历，但工作还是没有着落。眼看没有生活费了，迫于生计，她去摆地摊，卖她亲手编织的工艺品。在摆地摊的过程中，她发现了工艺品的市场价值。当时，她就想如果自己把这个作为日后的生计，应该还是不错的。而且慢慢地发展，还可以建立自己的品牌。但想归想，现实中的自己没有资金，一直持续到 2006 年，她在网上看到一个政策：大学毕业生自主创业可以申请小额贷款，最后在袁纯清省长的帮助下，她申请到了两万元贷款，注册了"西安市双飞鸟编织屋"，实现了她的创业梦想。经过两年的经营，2009 年 3 月注册了"西安市双飞鸟民俗文化有限责任公司"，公司致力于民俗文化产品的开发与销售、电子商务等行业，并在北京、西安、杭州、苏州、南京成立分公司及专卖店，且与美、英、日等国客商建立长期友好的合作关系。"双飞鸟"公司已经发展成为一家全国性的民俗文化创意企业。目前正积极加速拓展全国发达城市市场。

2006 年，曹丽平的编织屋刚成立，三个月以来，一直是她一个人独自经营，没有一个员工。之后，她在报纸上打广告，招聘员工，应聘的人很多，年龄都比她大，看到年纪轻轻的曹丽平没有人相信她，有人说她是骗子，甚至有些年龄大的妇女对她进行人格侮辱和攻击。那段时间，她一个人在编织屋，一天就一个烧饼，喝点水，就那样度过了几个月。在这期间，有很多同学都说："你不如去找工作算了，这些编织的东西只是人茶余饭后的一种休闲生活罢了，根本没有前途可言，你还把这当成一种事业干！"她听了这些话心里特别不是滋味，朋友走后，她就趴在床上痛哭。但哭过之后，梦想带给她的是更大的动力，她更要证明给朋友看，她是可以的。编织屋一定要继续办下去，决不能放弃！她招聘的第一个员工是美术大学的退休教授，当时看了她的作品后说："实在太美了！"当场就填了应聘表。

曹丽平的第一位客户是香港客商，利用到西安旅游的机会到她们编织屋来参观，给她一张从未见过的很复杂的图纸，并且要求第二天必须将样品制作出来。为了接这个定单，她熬了整整一夜，第二天不到 8 点她就给香港的客商打电话，客户过来一看几乎不敢相信那是她做的，当场就和她签了合同。客商刚走，她就因劳累过度晕倒在地。她的技术终于得到了别人的肯定，接到了第一笔定单，此后香港、美国、英国等地的定单越来越多。

在省市领导的关心下，经过三年的经营，曹丽平的努力得到了大家的一致认可，并被评选为"陕西省十大创业明星"和"陕西省第一届创业之星"。在经营中她深刻体会到，创业没有固定的理念和经营模式，必须脚踏实地，一步一个脚印，持之以恒坚持到底，谦虚谨慎地向别人学习。创业没有什么可怕的，就是有很多的困难，但遇到困难始终要坚信：办法永远比困难多，要相信自己的能力！

大学生如何成为创新创业型人才，要想真正发挥创新潜能，除了要有敢于尝试与创新的勇气，还必须精心地培育你的创造力。这里罗列的，是许多成功人士常用的方法。

1. 及时记录下来一些创新想法

人们在工作、生活、交际和思考过程中，常会出现许多想法，而其中的大部分都会因为不合时宜而被人们放弃直至彻底忘却。

其实，在创新领域里，从来就不存在"坏主意"这个词汇。三年前你的某个想法也许不合时宜，而三年后却可以成为一个真正的好主意。更何况，那些看来是怪诞的远非成熟的想法，也许更能激发你的创新意识。

如果你能及时地将自己的想法记录下来，那么，当你需要新主意时，就可以从回顾旧主意着手。而这样做，并不仅仅是为了给旧主意以新的机会，更是一种重新思考，重新整理的过程，在这个过程中，可以轻易地捕捉到新的创新性的思想。

2. 自己提问自己

如果不问许多"为什么"，你就不会产生创新性的见解。

为了避免这个常犯的错误，成功者总是透过所有的表面现象去寻找真正的问题。他们从来不把任何事情看作是理所当然的结果；他们也从来不把任何事情看作是水到渠成的过程。

那些不明确的，看来似乎是一时冲动之中提出来的问题，往往包含着更多的创新性思维的火花。

3. 经常表达出来自己的想法

如果你有了想法，不管是什么样的想法，你都应当表达出来。如果是独自一人，你就对自己表达一番；如果你身处群体之中，不妨告诉其他人共同进行探讨。

一个人一生中的大多数想法，都被无意识的自我审查所否决。这种无意识的自我审查机制将一切离奇的想法都当作"杂草"，巴不得尽快地加以根除。

循规蹈矩的心境里没有"杂草"，但循规蹈矩的心境也没有创造力。你想要有创造力，就必须照料好每一株"杂草"，把它们当作有潜在经济价值的新作物。

把你的不寻常的离奇想法说出来，把它们从头脑中解放出来。一旦它们进入到交流领域之中，便能够免受无意识领域中自我审查机制的摧残。这样做，使你有机会更仔细更充分地去审视、探索和品味，去发现它们真正的实用价值。

4. 永远充满着创新的渴望

满足于现状，就不会渴望创造。没有乐观的期待，或者因为眼前无法实现而不去追求，都会妨碍创造力的发挥。

发明家和普通人其实是一样的人，所不同的是，他们总是希望有更好的方法。系鞋带时，他们希望有更简便的方法，于是便想到了用带扣、按扣、橡皮带和磁铁代替鞋带。煮饭时，他们希望省去擦洗锅底的烦恼，于是便有了不粘锅。所有这一切，都来源于改进现状的愿望。

5. 换一种新的方法来思考

墨守成规不可能产生创新力，也无法使人脱离困境。

　　有人喜欢用比较分析法来思考问题。面临抉择，他总是坐下来将正反两方面的理由写在纸上进行分析比较；也有人习惯于用形象思维法，把没法解决的问题画成图或列成简表。能不能换一种方法去思考，或交替使用各种不同的思考策略呢?试试看，也许，最困难的抉择也会迎刃而解。

　　6. 有了创新性的想法，一定要努力去实施

　　有了创新性的想法，如果不去努力实施，再好的想法也会离你而去·想努力去做，却又因为短期内收不到成效而不持之以恒，你也会同成大事失之交臂。爱迪生说："天才是 1% 的灵感加 99% 的汗水。"这是他的至理名言，也是他的经验之谈。坚持努力，持之以恒，才会如愿以偿。

第八章 大学生就业创业陷阱防范与权益保障

第一节 大学生就业中的陷阱与防范

我国经济社会的发展，已经进入了一个特定的历史阶段。这一特定的历史阶段，经济持续健康发展，人民民主不断扩大，文化软实力显著增强，人民生活水平全面提高，资源节约型、环境友好型社会建设取得重大进展。我国在新的历史起点上，正在全面深化改革，要实现两个百年目标和中国梦。也就是在这一历史时期，社会矛盾不断涌现，犯罪活动高发。在大学生求职的整个过程中，针对大学生的坑蒙拐骗事件、违规违法事件时有发生。绝大多数单位是为了事业的发展和人才的引进而吸引招聘大学生，这些单位公正、公开、透明、守法，受到了广大大学生的好评和赞誉。而有些微小单位甚至是没有经过相关部门审核批准的黑单位、私人作坊等，纯属是假借招聘大学生之名而骗取钱财甚至犯罪，人为的为大学生设置了各种各样的"陷阱"。对此，大学生不得不防。在与用人单位打交道的过程中，一定要提高警惕，具有自我保护的意识。如果发现了所谓单位的违法违纪行为甚至是犯罪行为，一定要拿起法律武器捍卫自己的权益。

一、规避钱财被骗

某大学学人力资源管理的小张，大学即将毕业，一家人包括周围的亲朋好友都在为他的工作而奔忙。小张父亲开了个小饭馆，经营还算可以，生活没有问题。一天，小张在饭馆帮父亲干活，饭店来了一位比较有气派的人。这人听说小张大学要毕业，就对小张父亲说他认识区人事局局长，可以解决小张的工作问题。小张和父亲觉得遇到了贵人，就热情招待这位有气派的人。一来二去，他们似乎成了朋友，这人扬言要带小张父亲拜会区人事局局长，说要给人事局局长送礼，小张和父亲把2万元钱交给了这人。不久，这人还真带区人事局局长来饭馆吃饭了，小张和他父亲喜出望外，区人事局局长说等录用通知。等呀等，等到同学都就业了，小张还在等。没办法，父亲带小张又去找这位有气派的人，这有气派的人说，人事局局长调走了。小张父亲向这有气派的人要钱，这人说钱用于请客送礼花完了。小张和他父亲到区人事局打探，有气派人说局长的名子确实没错，但有气派人带来饭店吃饭的人根本就不是什么局长。父亲对小张说，孩子自己好好努力吧，就当2万元钱买了个教训。

　　某大学两名毕业生，拿着制做好的个人资料结伴去招聘会现场找工作，一天转下来个人资料散发了不少，就是没有找到适合自己的单位。她俩回校的路上，碰见一职业介绍所。俩人走进职业介绍所，介绍所工作人员很热情，并说一定为她俩找到工作。俩人留下资料并每人交了200元中介费，等职业介绍所通知。没多长时间，职业介绍所通知她俩去一单位面试。面试回来后就再没消息。两人去职业介绍所问情况，工作人员说你俩面试没通过。她俩人要求介绍别的单位，工作人员要她俩每人再交200元。她俩说不是都交了吗，工作人员说介绍一个单位一个人交200元。两人知道是上当了，就到工商局告发这家职业介绍所。工商局查审批单位名单，竟找不到这家职业介绍所。

　　某大学毕业生小范，应聘到一家公司工作。公司工作人员要他交了1200元就业保证金，并说报到上班第一天退还这1200元。到报到上班的那一天，小范去报到上班。但到了公司门口，发现有七八名大学生都在公司门口等人，并且情绪不对。小范上前问个清楚，原来这家公司倒闭了，人去楼空。

　　以上三个案例是发生在大学毕业生身上的真实事件。除了好处费、中介费、保证金，还有培训费、考试费、资料费、工作服装费等。大学生在求职时，若遇到收费，就要特别警惕。这个单位有营业执照吗？这个单位是否正规？国家在毕业生就业中有无收费的规定？这些问题必须搞清楚，防止金钱被骗。

二、规避干活拿不上钱

　　某大学毕业生小赵，与一广告公司达成了口头就业协议。先试用再签订劳动合同。小赵辛辛苦苦在广告公司工作了半年，却被广告公司告知试用期满考核不合格。小赵要工作半年的工资，被告知本公司聘用人员试用期不发工资。

　　某大学毕业生小马，与一民办初中签订了劳动合同。小马高高兴兴来到民办初中上班，可到每个月发工资的时候，校方却说下个月一块发。到了年终，12个月工资按说一并要发给小马。可到了年终小马还是没有领到全年的工资。校长告诉小马，因学校没钱，给小马发不了工资，要小马体谅学校的难处，继续坚持下去，等学校学生招多了，经济状况好转了，再给小马补发。小马很郁闷，哭笑不得。

　　女怕嫁错郎，男怕入错行。大学生在求职过程中，对于行业和职业的选择非常重要。选行业就要选高增长的行业，选稳定的行业。选职位既要适合自己，也要相对稳定。选单位更为重要，要选择实在可靠的单位，能保证基本生活待遇的单位，高速发展的单位。注意这些问题，就可以避免干活拿不上钱的问题。

三、规避高薪成了低薪

某高校三名化工专业的毕业生,受 8000 元月薪诱引,到某化工民营企业工作,也签了就业协议和劳动合同。但到了企业以后,每月实际拿到手的薪金只有 600 多块钱。三人到企业相关部门去理论,负责人给他们说你们只能拿到 600 多块钱。这位负责人很认真,拿出了他们月工资清单,清单上清楚地反映出迟到 1 次扣 100 元,工作没带安全帽扣 100 元,货物没及时放到指定地点 1 次扣 100 元,工作期间随意外出 1 次扣 300 元,培训 1 次未到扣 100 元,集体活动缺席 1 次扣 100 元,等等,最后是 8000 元减去所扣的,每月只能发 600 多块钱。他们三人质问这位负责人说,合同上没有这些条款,负责人说协议和合同上都写明了,违反劳动纪律和单位相关规定,要接受单位处罚。负责人又拿出了单位的处罚办法和处罚细则让他们三人阅读。他们三个人是哑马吃黄连,有苦难言。

某师范院校毕业生小吕,学的是教育管理专业,看到某培训机构"月工资=底薪 2000 元+效益提成"的宣传,就与这一培训机构商谈。她问效益提成每月是多少钱,回答她约 6000 元甚至上万元。小吕就与这家培训机构达成了就业意向,签订了就业协议。毕业来这家培训机构上班,月薪只给她发了 1500 元。她去问清楚,人家告诉她,你连基本的都没完成,只能发 1500 元,你没有按任务招来培训人员,自然也就没有效益提成了。小吕气愤不过提出辞职,但培训机构的人说,辞职可以,你必须交 5000 元的违约金。

大学毕业生在求职时,对于某些单位的底薪加提成、包吃包住、违纪处罚、正常工资、绩效工资等模糊不清的宣传,要多留意。要搞清楚这些单位的真正用意,要把这些模糊的搞得清清楚楚。特别是在签订协议和劳动合同时,一定要把双方的责任与义务及承担的法律责任搞清楚。不能草率签订就业协议,更不能草率签订劳动合同。

四、规避单位定了却没有了职位

某大学毕业生小张,毕业之前在某一单位实习,实习结束时双方达成了录用意向,进而签订了就业协议。等他毕业正式到这一单位报到时,被告知别人来得早,你来迟了,这里没有你工作的岗位。他说你们怎么能这么做,人家说我们每一个岗位都招了两个人,就怕有一个人不来,如果所招的两个人都来,谁来得早就先用谁,另外一个人作为人才储备。人家还说,我们不是不要你,你可以先干另外的事,等我们需要了再通知你来上班,就业协议上也没写你来上班的时间。

某师范院校毕业生小王看到省级官方网站发布信息,在全省招收教师。他从网上报名应招某县中学历史教师。通过省级笔试,市县两级组织的面试和试讲,他被录用了。他到中学报到时，校办主任告诉他，历史教师有人了。他说"你们公开公布的职位，我又是通过正式渠道进来的，为什么就有人了。"校办主任告诉他，"没有历史老师在早，招教考试在后，在没有历史老师的情况下我们聘用了一名教师上课，不然课没人上。"他说现在怎么办，主任说，"我们不好解聘才聘用的老师，你先呆在学校负责上下课打铃。"事后他得知，是校长的一个关系来学校顶替了他。他到教育局去上诉，在教育局干预下，他才回学校当上了历史教师。

用人单位确定了，但到了用人单位却没有工作岗位，这事见怪不怪。用人单位应该按照公布的空缺职位选用人员，所选用的人员也应该让其到空缺的职位工作，即使一时到不了所招聘的职位，也应安排相适应的工作，而不是不负责任的让应聘上的人闲等或者打杂。遇到这样的问题，大学生就要维护自己的权益，以协商或者以法律途径解决问题。

五、规避陷入传销组织

某大学毕业生小宋，在找工作期间突然失踪了。学校里找不到人，与家里联系后家里人说也没回家。给小宋打电话，手机关机，发信息也不回。找了几天就是找不到。学校配合家长向公安部门报案。公安部门介入后，经大量调查取证、走访许多小宋的同学和亲友，最后得知小宋被外省一传销组织控制了。学校配合当地公安机关，与外省公安机关联系，将小宋解救出来，并打掉了这一传销组织。

无独有偶，某高校毕业生小任在找工作时也误入传销组织。她误入传销组织后，被没收了手机，十几个人睡在一张大床上，日夜有人监控。她与外界无法联系，行动失去自由。聪明的小任假装积极，积极参加培训洗脑，积极配合传销组织的工作，还积极接近传销组织的人。传销组织把小宋当成了骨干，当成了自己人，放松了对小宋的警惕。小宋一天装肚子疼要去看病，并坚决保证看完病就立即回来，传销组织的人竟然同意了。但小宋去看病，仍然有传销组织的人跟着。小宋就利用看病之机逃了出来。小宋出来后，立即向公安部门报案，并与学校、家长取得了联系。自然，公安部门迅速出击，打掉了这一传销组织。

传销是违法的。传销组织破坏市场秩序，许多人陷入传销组织而家破人亡。大学生在求职时一定要弄清招聘单位的真实性、可靠性，不要被传销组织的宣传搞晕了头而误入传销组织。万一误入了传销组织，不要急，不要慌，要冷静沉着应对。一是想办法与外界取得联系，寻求解救；二是尽可能想办法避免人身折磨；三是与误入者一起伺机逃脱；四是私下做误入者思想工作，团结起来对付传销组织；五是逃脱后立即向公安机关报案。

六、规避就业中的其他陷阱

在大学生求职的整个过程中，针对大学生的侵权、违法犯罪行为时有发生。除了上边所讲的五个方面以外，还有一些陷阱，求职的大学生不得不防。

1）试用期满不给按时转正定级。

2）自己的论文、设计、技术等被招聘单位窃取使用。

3）女大学生就业过程中被犯罪分子蒙骗拐卖甚至被强迫从事色情服务。

4）有的用人单位故意拔高单位地位、知名度，其实其真实面目是小公司。

5）从高职位跌落到最位职位。应聘的职位是"会计"，实际工作时却变成了"保管员"。

6）虚假的招聘信息。

7）推迟缴纳社会保险。社会保险包括养老保险、失业保险、医疗保险、工伤保险、生育险和住房公积金等。

8）与多个用人单位签就业协议导致与用人单位发生矛盾纠纷。

9）找到心仪的工作拿不到报到证或不给改派。

10）劳动合同中的陷阱。毕业生在与用人单位签订劳动合同时，面临的风险主要是：合同中只约定应聘者的责任义务，而对应聘者的权利只字不提；口头约定，不签订正式书面合同；具体的条款含糊不清甚至有多种解释；合同中单位所定的霸王条款等。

应该指出的是，大学生就业市场和大学生就业的大环境整体上是好的。国家法律法规及政策的保障，各大学认真负责的工作，社会各界对人才的尊重需求，大学生们的自强不息等，为大学生的就业创建了一个相对宽松的好环境。促进大学生就业，提高大学生就业质量，已经成为国家和社会普遍关注和重视的重大问题。随着国家关于大学生就业政策的落实，大学生就业市场的进一步规范，大学生就业环境会更好。目前紧要的是要着力解决大学生在就业过程中所出现的问题，从大学生本身来说，要避免在就业过程中出现问题，或者说规避就业过程中的陷阱，就应该学习和掌握相关的法律法规和相关政策规定。大学生在就业过程中出现的问题，实际上依据国家出台的法律、法规、政策都能够解决。

第二节　大学生创业中的陷阱与防范

创业，对大学毕业生来说实属不易。具有创业的激情和胆识、具有创业的好项目、具有创业的基本能力、具有创业的基本经验、具有创业资金等，还必须具有创业的风险意识，规避创业蒙受重大损失。只有这样，创业才有可能成功。创业过程中，创业者蒙受重大损失的问题不少，究其原因，是对创业过程中的陷阱防范不够。大学生创业，特别要重视对创业过程中可能出现陷阱的防范。

一、规避创业资金被骗

大学生小张，提起创业就激动，就心潮澎湃。他在大学一年级做职业生涯规划时就确定自己去创业。他在大学几年，一直在为创业做准备。每个假期，他都要到一些创业公司去打工，体验创业公司的工作情况，了解创业的全过程。大学毕业，他联系两名志同道合的同学一起创业。小张和这两名同学自己没有专利技术，开始寻找创业项目。他在网上看到许多项目，这些项目都称是好项目，资金需求不大，免费提供技术培训，产品包销，市场发展前景很好，社会效益和经济效益俱佳。小张和同学确定了创业项目，制订了商业计划书，开始筹措创业需要的资金。向父母要，向亲朋好友借，找银行贷款，一共筹措了 30 万元，筹措来这些钱确实不容易。小张再去联系这一项目的推介人，推介人让把钱打过去采购相应的设备。小张把部分资金打给了项目推介人。但从此之后，这名推介人就失踪了，再也联系不上了。小张和同学向公安机关报案，公安机关找了好多天，也找不到推介人在网上公布的工作单位，给银行卡打过去的钱已被人取走。

规避资金被骗，一定要有防范意识，时刻保持高度警觉；二是要保证资金安全地用在创业项目上，要制定具体的措施；三是不要轻易相信别人，要实地考察，在使用资金时慎之又慎，创业地址的租用、设备的采购、场房的建设等，一般不要交给别人，应自己亲自操作；四是在项目的选择和投入上，要进行认真调研，反复论证，要保证具有真实性、可行性；五是加强资金管理的制度建设，用制度管钱管事管人。

二、规避别有用心的虚假投资

小张和他的两名同学的第一次创业可以说失败了。他为追回被骗的资金花费了大量的精力和时间，人都是在经受挫折和失败中成长起来的。小张和他的同学从头再来，找项目，找市场，落实资金。第二次重新创业，他确实找到了一个发展前景很好的项目。但在筹措资金时出现了问题。他和同学在网上发布公告，找人投资。他通过亲朋好友的介绍，主动与一些投资公司、一些企业负责人联系动员投资。但前来投资的人五花八门。有的急切要得到他的商业计划书；有的连项目都不考察就说投资 500 万；有的不断约小张去商谈，但谈到投资却很含糊；也有一些投资方对项目反复进行考察论证投资很是慎重。小张和他的同学对投资方进行了认真考评，专门开了一天会，分析投资方的动机、真正用意，得出的结论是：有的投资方是为了得到他的项目；有的投资方本身自己就不行了，想借此东山再起；有的纯属寻开心、找他聊天，骗吃骗喝；也确实有真正的投资方真心实意要来投资。小张和他同学决定，只找有诚意的有实力的投资方。小张他们的决定，规避了别有用心的虚假投资。

规避别有用心的虚假投资，一是要对投资方的真正用意调查了解分析研判清楚，选取真正的投资方；二是要充分了解投资方的实力，是否真正有资金用于创业项目，只有诚意而没有资金实力不行；三是对投资方的选择不要急于求成；四是对投资方的态度要诚恳，要守信，让投资方能够感受到自己的真诚；五是谈判成功双方达成一致意向后，要认真签订双方投资协作合同，明确双方的权力和责任。

三、规避公司成了别人的公司

大学生创业,好比小鱼生活在茫茫的大海之中,随时都有被大鱼吃掉的危险。一般大学生创业,要成立股份制公司。在成立公司之前,小张和另两名同学商定,小张占整个股份的30%,其他两个同学各占股份的25%,剩下的20%留给战略投资人。按照这一商定,小张他们与选定的投资人协商,投资人却说,"你们三个人一分钱都不出,公司需要的钱全部由我投资人出,我要占总股份的80%。"小张又去找其他投资人谈,但其他投资人都提出要占绝大部分股份,有的要占70%,有的要占60%,还有的要占55%。说白了,投资人实际上要变成控股人。小张他们三个人急于求成,做出让步,最后与一投资人签订了双方投资合作协议,投资人占总股份的55%。随着公司的发展壮大,需要投资不断增加,投资人不断追加投资,不断刮分小张他们三人的股份,到最后投资人实际占股份达到了70%以上,公司实际上成了投资人的公司。小张他们三人好长时间闷闷不乐,总有一种被人暗算的感觉。

规避股份被不断刮分，最后公司实际成了投资人的公司，一是要认真学习股权划分的基本知识，了解掌握股份制公司的运作办法；二是要牢记一点，自己必须控股或者绝对控股，即自己所占的股份必须在50%以上，万不得已，绝对不出让自己所占的股份；三是在选择投资人时，要把所占股份作为考量投资人是否有诚意的重要条件。只有这样，才能不致于被别人吃掉。

四、规避商业机密被窃取

某高校毕业生小刘，与几位学长共同创业，选准了项目，在筹措资金时，将项目计划书及相关准备资料全盘交给了投资方。投资方一直很热情，但就是不投资。过了大约两个月，与小刘他们项目一模一样的一个公司挂牌营业了。小刘得知后，立即去找投资方商议，投资方原来的热情没有了，说既然人家已有此项目了，咱们就没有必要再去搞了。实际的情况是小刘的商业机密被投资方窃取了，投资方抛开小刘成立了公司，并很快投入生产经营。

规避商业机密泄漏、被窃取，一是要有保密意识，该保密的诸如商业计划书、技术专利具体内容等，绝对要保密；二是不要轻率相信别人，看人不仅要听其言，更重要的是观其行，并要了解调查这些人的过去所言所行；三是要教育自己的合作伙伴和掌握商业机密的其他人，学习保密法及相关规定，防止他人在自己这儿得不到商业机密而从创业伙伴、掌握商业机密的自己人那里获取商业机密。

五、规避违法违规的收费和罚款

某高校毕业生小孙，和其他人创办了自己的企业，开业运营时间不久，就遇到了很烦人的事。有的来收卫生费，有的来收治安费，有的来收消防费，有的来收赞助费，还有的来收环保费，等等。小孙事情很多，但还必须应对这些事，小孙感到很是费劲费力。他也不知道哪个费该交，哪个费不该交，面对三番五次的收费，怕麻烦的小孙，收费的要 2000 元，他就与收费的讨价还价给500 元；人家开来的罚单是 3 万元，他给人家买烟买酒给 1 万。但收费人员好像不知足似的，过不了多长时间又来收费，小孙气就不打一处来，与收费人员论理并开吵。

规避违法违规的收费和罚款，一是要认真学习相关的政策法规，哪些费该交，哪些费不该交，自己要搞得清清楚楚；二是对于违法违规收费或者罚款，要敢于碰硬，要通过法律渠道维护自己的权益；三是学会与周边相关单位、上级相关单位打交道，处好关系，寻求帮助与支持。

六、规避遭受损失的其他事件发生

除上边所讲的需规避的五个问题之外，还有一些问题也可能导致创业受损失。比如，规避火灾事故的发生，规避被盗事件的发生，规避合作伙伴之间发生矛盾使单位分裂，规避投资方突然撤资，规避突然停电、停水等。这些事件不算是陷阱，但这些事件如果发生，损失不用说，可能导致企业关闭、破产，致使创业失败。

对这类事件的防范，一是要根据相关法规制定具体的规章制度，并有效实施，明确哪些该做，那些不该做，怎么去做；二是要制定突发事件应急预案并要对预案进行演练，每年都应该组织一次消防安全自救、自护、逃生的演练；三是要加强对员工的教育管理，有明确的奖罚措施；四是要建立分工合作的工作机制，不能片面地只追求效益而忽视或者根本不重视其他问题的处理。

第三节　大学生就业创业的权益保障

大学生在就业创业过程中，其遭受到的伤害事件屡见不鲜。究其原因，是大学生不具备规避风险的意识，对就业创业相关的政策法规学习掌握得很不够。因此，大学生要顺利就业创业，必须学习掌握相关的政策法规。大学生就业创业应学习掌握的政策法规主要有《普通高等学校毕业生就业工作暂行规定》《中华人民共和国就业促进法》《中华人民共和国劳动法》《中华人民共和国劳动合同法》《中华人民共和国劳动合同法实施条例》等，大学生创业还必须学习掌握《中华人民共和国公司法》《关于发展城市股份合作制企业的指导意见》等。这些政策法规，对大学生就业创业中所涉及的问题都有明确的规定，大学生应认真学习掌握，以维护自己的合法权益。

一、大学毕业生就业程序及权益

1. 就业协议书的签订

1）学校为每一位毕业生提供一套统一编号的协议书（复印无效）。

2）协议书由学生本人如实填写，院系负责同志认真把关并填写推荐意见。

3）毕业生如实向用人单位介绍自己的情况，了解单位的使用意图，表明自己的就业意见。

4）用人单位和毕业生双方协商，同意签写协议后，毕业生填写应聘意见，用人单位签字盖章并报用人单位上级主管部门签章同意。用人单位和用人单位上级主管部门签字盖章以后，由毕业生所在院、系填写意见，报学校审核。一经学校签字盖章，协议书立即生效。用人单位、毕业生、学校三方如另有约定，在备注栏注明。

5）就业协议书签订之后，学校列入就业计划，报上级主管部门备案，学校负责办理派遣手续。

6）三方都应严格履行协议，若有一方提出变更协议，须征得另两方同意，否则由违约方承担违约责任，给另两方交纳违约金。

2. 解除就业协议

（1）就业协议的解除。

单方解除。即单方擅自解除协议，属违约行为，解约方应对另两方承担违约责任。

双方解除。指毕业生、用人单位经协商一致，取消原订立的协议，使协议不发生法律效力。此类解除双方均不承担法律责任，但须征得学校同意。

（2）违约责任。

就业协议书一经毕业生、用人单位签署、学校审查同意即具有法律效力。国家为维护广大毕业生的利益，要求用人单位维护毕业生就业计划的严肃性，就业计划一经形成，用人单位不得拒收毕业生，否则按违约处理，用人单位应缴纳违约金，并给毕业生一定的经济赔偿。同样也要求毕业生不能违约，毕业生只能与一个用人单位签订就业协议书，并严格履行协议。毕业生违约本人应承担违约责任，向学校和用人单位支付违约金。

（3）就业协议争议的解决。

毕业生与用人单位就就业协议发生争议，其解决的办法如下：

1）毕业生与用人单位协商解决。

2）由学校出面与用人单位协商解决。

3）请求当地省级主管毕业生就业工作的部门协商解决。

4）协商解决不成的，毕业生可以直接向人民法院起诉，通过法律程序解决。

3. 毕业生的改派

毕业生原签订了工作单位，在学校领取了报到证，而后又找到了新的工作单位，要到新单位工作，必须进行改派。其改派的程序如下：

1）原单位同意改派的公函（简称退函）。

2）新单位同意接收的公函（简称接收函），如新单位无人事管理权，接收公函必须加盖上级主管部门的公章。

3）本人的改派申请（写明申请事由，承担违约责任等），连同退函、接收函一并报学校审批。

4）学校同意改派的，由学校报上级主管部门批准后办理改派手续。

4. 毕业生报到证

报到证全称是《全国普通高等学校本专科毕业生就业报到证》《全国毕业研究生就业报到证》，由教育部统一印制，省级高校毕业生就业主管部门签发。报到证是毕业生到用人单位报到的有效证件。

用人单位以报到证为依据，接收安排毕业生工作，并接转毕业生的人事档案、户口。报到证一人一份。其他部门印制或签发的报到证无效。

毕业生要妥善保管报到证，不论什么原因，凡自行涂改、撕毁的报到证一律作废。

如报到证遗失，由毕业生本人提出申请，在规定的报刊上声明丢失，然后由学校上报省级毕业生就业主管部门予以补发。

毕业生在领取报到证后，应在规定的报到期限内到用人单位报到。倘若因某种原因不能按期报到，应书面通知用人单位说明情况。

5. 毕业生就业后档案、户口的转移

毕业生的人事档案由学校统一寄（送）到毕业生工作单位所归属的人事档案管理部门，毕业生无权携带个人档案。

毕业生户口的转移，由学校户口管理部门（保卫处）到辖区公安机关按规定办理，公安部门按报到证上标明的毕业生就业单位地址迁移户口。毕业生不得自行指定迁移地址。领到户口迁移证后，毕业生应仔细核对并妥善保管，不要折皱，更不能丢失，有错漏不能自行涂改，否则作废。到工作单位报到后，持户口迁移证和报到证及工作单位证明到辖区公安部门办理户籍迁移手续。

6. 不得随意拒收或退回毕业生

国家规定："经过协商落实和国家毕业生就业主管部门审批的毕业生就业方案必须认真执行，未经高校和用人单位双方商议并报主管部门批准，学校不得随意改派毕业生，用人单位不得拒收和退回毕业生。"

当遇到用人单位拒收时，毕业生应主动向用人单位说明情况，不要与对方争吵，应及时与学校取得联系，由学校分清责任，按有关规定妥善处理。

因学校工作失误造成就业方案不能落实，误派毕业生的，由学校负责提出调整意见报批。由于用人单位发生重大变化（如撤并、破产、倒闭等），无接收能力的，应及时与学校协商。若用人单位对毕业生提出难以达到的又不符合政策规定的过高要求，则不能作为退回理由。毕业生报到后，因病不能坚持正常工作的，应按在职人员的有关规定处理。如毕业生离校后因违法或严重违纪被用人单位拒绝接收的，应将其档案、户口转回家庭所在地，自谋职业。

二、劳动合同的订立及权益

1. 劳动合同的订立

1）用人单位招用劳动者时，应当如实告知劳动者工作内容、工作条件、工作地点、职业危害、安全生产状况、劳动报酬，以及劳动者要求了解的其他情况；用人单位有权了解劳动者与劳动合同直接相关的基本情况，劳动者应当如实说明。

2）用人单位招用劳动者，不得扣押劳动者的居民身份证和其他证件，不得要求劳动者提供担保或者以其他名义向劳动者收取财物。

3）建立劳动关系，应当订立书面劳动合同。

已建立劳动关系，未订立书面劳动合同的，应当自用工之日起一个月内订立书面劳动合同。

用人单位与劳动者在用工前订立劳动合同的，劳动关系自用工之日起建立。

4）用人单位未在用工的同时订立书面劳动合同，与劳动者约定的劳动报酬不

明确的，新招用的劳动者的劳动报酬按照集体合同规定的标准执行；没有集体合同或者集体合同未规定的，实行同工同酬。

5）劳动合同分为固定期限劳动合同、无固定期限劳动合同和以完成一定工作任务为期限的劳动合同。

①固定期限劳动合同，是指用人单位与劳动者约定合同终止时间的劳动合同。用人单位与劳动者协商一致，可以订立固定期限劳动合同。

②无固定期限劳动合同，是指用人单位与劳动者约定无确定终止时间的劳动合同。用人单位与劳动者协商一致，可以订立无固定期限劳动合同。用人单位自用工之日起满一年不与劳动者订立书面劳动合同的，视为用人单位与劳动者已订立无固定期限劳动合同。

③以完成一定工作任务为期限的劳动合同，是指用人单位与劳动者约定以某项工作的完成为合同期限的劳动合同。用人单位与劳动者协商一致，可以订立以完成一定工作任务为期限的劳动合同。

6）劳动合同由用人单位与劳动者协商一致，并经用人单位与劳动者在劳动合同文本上签字或者盖章生效。劳动合同文本由用人单位和劳动者各执一份。

7）劳动合同应当具备以下条款：

①用人单位的名称、住所和法定代表人或者主要负责人；

②劳动者的姓名、住址和居民身份证或者其他有效身份证件号码；

③劳动合同期限；

④工作内容和工作地点；

⑤工作时间和休息休假；

⑥劳动报酬；

⑦社会保险；

⑧劳动保护、劳动条件和职业危害防护；

⑨法律、法规规定应当纳入劳动合同的其他事项。

劳动合同除规定的必备条款外，用人单位与劳动者可以约定试用期、培训、保守秘密、补充保险和福利待遇等其他事项。

2. 试用期及试用期待遇

1）劳动合同期限三个月以上不满一年的，试用期不得超过一个月；劳动合同期限一年以上不满三年的，试用期不得超过两个月；三年以上固定期限和无固定期限的劳动合同，试用期不得超过六个月。

2）同一用人单位与同一劳动者只能约定一次试用期。

3）以完成一定工作任务为期限的劳动合同或者劳动合同期限不满三个月的，不得约定试用期。

4）试用期包含在劳动合同期限内。

5）劳动者在试用期的工资不得低于本单位相同岗位最低档工资或者劳动合同约定工资的百分之八十，并不得低于用人单位所在地的最低工资标准。

3．劳动合同无效或者部分无效

1）以欺诈、胁迫的手段或者乘人之危，使对方在违背真实意思的情况下订立或者变更劳动合同的；

2）用人单位免除自己的法定责任、排除劳动者权利的；

3）违反法律、行政法规强制性规定的；

4）对劳动合同的无效或者部分无效有争议的，由劳动争议仲裁机构或者人民法院确认。

5）劳动合同部分无效，不影响其他部分效力的，其他部分仍然有效。

6）劳动合同被确认无效，劳动者已付出劳动的，用人单位应当向劳动者支付劳动报酬。劳动报酬的数额，参照本单位相同或者相近岗位劳动者的劳动报酬确定。

4．劳动合同的履行和变更

1）用人单位与劳动者应当按照劳动合同的约定，全面履行各自的义务。

2）用人单位应当按照劳动合同约定和国家规定，向劳动者及时足额支付劳动报酬。

3）用人单位拖欠或者未足额支付劳动报酬的，劳动者可以依法向当地人民法院申请支付令，人民法院应当依法发出支付令。

4）用人单位应当严格执行劳动定额标准，不得强迫或者变相强迫劳动者加班。用人单位安排加班的，应当按照国家有关规定向劳动者支付加班费。

5）劳动者拒绝用人单位管理人员违章指挥、强令冒险作业的，不视为违反劳动合同。

6）劳动者对危害生命安全和身体健康的劳动条件，有权对用人单位提出批评、检举和控告。

7）用人单位变更名称、法定代表人、主要负责人或者投资人等事项，不影响劳动合同的履行。

8）用人单位发生合并或者分立等情况，原劳动合同继续有效，劳动合同由承继其权利和义务的用人单位继续履行。

9）用人单位与劳动者协商一致，可以变更劳动合同约定的内容。变更劳动合同，应当采用书面形式。

10）变更后的劳动合同文本由用人单位和劳动者各执一份。

5. 劳动合同的解除和终止

1）用人单位与劳动者协商一致，可以解除劳动合同。

2）劳动者提前三十日以书面形式通知用人单位，可以解除劳动合同。劳动者在试用期内提前三日通知用人单位，可以解除劳动合同。

3）用人单位有下列情形之一的，劳动者可以解除劳动合同：

①未按照劳动合同约定提供劳动保护或者劳动条件的；

②未及时足额支付劳动报酬的；

③未依法为劳动者缴纳社会保险费的；

④用人单位的规章制度违反法律、法规的规定，损害劳动者权益的；

⑤以欺诈、胁迫的手段或者乘人之危，使劳动者在违背真实意思的情况下订立或者变更劳动合同致使劳动合同无效的；

⑥法律、行政法规规定劳动者可以解除劳动合同的其他情形；

⑦用人单位以暴力、威胁或者非法限制人身自由的手段强迫劳动者劳动的，或者用人单位违章指挥、强令冒险作业危及劳动者人身安全的，劳动者可以立即解除劳动合同，不需事先告知用人单位。

4）劳动者有下列情形之一的，用人单位可以解除劳动合同：

①在试用期间被证明不符合录用条件的；

②严重违反用人单位的规章制度的；

③严重失职，营私舞弊，给用人单位造成重大损害的；

④劳动者同时与其他用人单位建立劳动关系，对完成本单位的工作任务造成严重影响，或者经用人单位提出，拒不改正的；

⑤劳动合同无效的；

⑥被依法追究刑事责任的。

5）有下列情形之一的，劳动合同终止：

①劳动合同期满的；

②劳动者开始依法享受基本养老保险待遇的；

③劳动者死亡，或被人民法院宣告死亡或者宣告失踪的；

④用人单位被依法宣告破产的；

⑤用人单位被吊销营业执照、责令关闭、撤销或者用人单位决定提前解散的；

⑥法律、行政法规规定的其他情形。

6）有下列情形之一的，用人单位应当向劳动者支付经济补偿：

①劳动者依照《劳动合同法》规定解除劳动合同的；

②用人单位依照《劳动合同法》规定解除劳动合同的；

③用人单位依照《企业破产法》规定进行重整解除劳动合同的；

④除用人单位维持或者提高劳动合同约定条件续订劳动合同，劳动者不同意续订的情形外，劳动合同期满终止固定期限劳动合同的；

⑤用人单位被依法宣告破产或被吊销营业执照责令关闭的；

⑥法律、行政法规规定的其他情形。

经济补偿按劳动者在本单位工作的年限，每满一年支付一个月工资的标准向劳动者支付。六个月以上不满一年的，按一年计算；不满六个月的，向劳动者支付半个月工资的经济补偿。

劳动者月工资高于用人单位所在直辖市、设区的市级人民政府公布的本地区上年度职工月平均工资三倍的，向其支付经济补偿的标准按职工月平均工资三倍的数额支付，向其支付经济补偿的年限最高不超过十二年。月工资是指劳动者在劳动合同解除或者终止前十二个月的平均工资。

7）用人单位的法律责任

①用人单位直接涉及劳动者切身利益的规章制度违反法律、法规规定的，由劳动行政部门责令改正，给予警告；给劳动者造成损害的，应当承担赔偿责任。

②用人单位提供的劳动合同文本未载明《劳动合同法》规定的劳动合同必备条款或者用人单位未将劳动合同文本交付劳动者的，由劳动行政部门责令改正；给劳动者造成损害的，应当承担赔偿责任。

③用人单位自用工之日起超过一个月不满一年未与劳动者订立书面劳动合同的，应当向劳动者每月支付二倍的工资。

用人单位违反《劳动合同法》规定不与劳动者订立无固定期限劳动合同的，自应当订立无固定期限劳动合同之日起向劳动者每月支付二倍的工资。

④用人单位违反《劳动合同法》规定与劳动者约定试用期的，由劳动行政部门责令改正；违法约定的试用期已经履行的，由用人单位以劳动者试用期满月工资为标准，按已经履行的超过法定试用期的期间向劳动者支付赔偿金。

⑤用人单位违反规定，扣押劳动者居民身份证等证件的，由劳动行政部门责令限期退还劳动者本人，并依照有关法律规定给予处罚。

⑥用人单位违反规定，以担保或者其他名义向劳动者收取财物的，由劳动行政部门责令限期退还劳动者本人，并以每人五百元以上二千元以下的标准处以罚款；给劳动者造成损害的，应当承担赔偿责任。

⑦劳动者依法解除或者终止劳动合同，用人单位扣押劳动者档案或者其他物品的，按规定予以处罚。

⑧用人单位有下列情形之一的，由劳动行政部门责令限期支付劳动报酬、加班费或者经济补偿：劳动报酬低于当地最低工资标准的，应当支付其差额部分；逾期不支付的，责令用人单位按应付金额百分之五十以上百分之一百以下的标准向劳动者加付赔偿金；未按照劳动合同的约定或者国家规定及时足额支付劳动者

劳动报酬的；低于当地最低工资标准支付劳动者工资的；安排加班不支付加班费的；解除或者终止劳动合同，未依照《劳动合同法》规定向劳动者支付经济补偿的。

⑨用人单位有下列情形之一的，依法给予行政处罚；构成犯罪的，依法追究刑事责任；给劳动者造成损害的，应当承担赔偿责任：以暴力、威胁或者非法限制人身自由的手段强迫劳动的；违章指挥或者强令冒险作业危及劳动者人身安全的；侮辱、体罚、殴打、非法搜查或者拘禁劳动者的；劳动条件恶劣、环境污染严重，给劳动者身心健康造成严重损害的。

⑩对不具备合法经营资格的用人单位的违法犯罪行为，依法追究法律责任；劳动者已经付出劳动的，该单位或者其出资人应当依照《劳动合同法》有关规定向劳动者支付劳动报酬、经济补偿、赔偿金；给劳动者造成损害的，应当承担赔偿责任。

个人承包经营违反《劳动合同法》规定招用劳动者，给劳动者造成损害的，发包的组织与个人承包经营者承担连带赔偿责任。

劳动行政部门和其他有关主管部门及其工作人员玩忽职守、不履行法定职责，或者违法行使职权，给劳动者或者用人单位造成损害的，应当承担赔偿责任；对直接负责的主管人员和其他直接责任人员，依法给予行政处分；构成犯罪的，依法追究刑事责任。

第九章　大学生就业专项招考政策

在就业竞争激烈的毕业季,广大毕业生的关注焦点应该不单是各种招聘信息,而是应该对国家支持大学生就业的政策有足够的关注和了解。本章介绍公务员招考政策、特岗教师项目、免费师范生就业政策、大学生支持西部计划项目、专升本考试政策和大学生入伍政策,旨在通过本章的介绍,使毕业生了解国家支持就业的相关政策,开阔就业思路,对毕业生就业提供更多的选择。

第一节　公务员招考政策

中国公务员正规统一都叫国家公务员,不管是中央的还是地方的都统称国家公务员,具体才分为中央国家机关公务员和地方国家公务员。国家公务员考试是指中央、国家机关以及中央国家行政机关派驻机构、垂直管理系统所属机构录用机关工作人员和国家公务员的考试。地方的公务员考试是指地方各级党政机关、社团等为招录机关工作人员和国家公务员而组织进行的各级地方性考试。中央和地方考试单独进行,不存在什么从属关系,考生根据自己要报考的政府机关部门选择要参加的考试,也可同时报考,相互之间不受影响。

国家公务员考试时间相对比较固定,一般集中在 10~11 月份,简称"国考"。国考是国家部、委、署、总局招考中央国家机关工作人员的一种方式,招考条件相对比较苛刻、严格,一般均要求全日制本科应届、历届毕业生,部分职位要求硕士研究生和英语四级、计算机二级。

地方公务员考试主要面向当地的居民和在当地就读的大学生以及本省生源的大学生,但现在大部分省份不要求户口,即面向全国,但其他一些沿海发达地区,比如江苏、山东、广东、浙江、上海、北京等地方对户口有限制要求。地方公务员考试一般为本省人事考试中心自主命题,如北京、上海。但近年来也出现了地方公务员联考的趋势。

一、报考要求

①具有中华人民共和国国籍;②18 周岁以上、35 周岁以下,应届毕业硕士研究生和博士研究生年龄可放宽到 40 周岁以下;③拥护中华人民共和国宪法;④具有良好的品行;⑤具有正常履行职责的身体条件;⑥具有符合职位要求的工作能

力；⑦具有大专以上文化程度；招考职位要求有农村基层服务项目工作经历的，是指报考人员为服务期满且考核合格的"选聘高校毕业生到村任职工作""农村义务教育阶段学校教师特设岗位计划""三支一扶"计划和"大学生志愿服务西部计划"四类人员。

现役军人、试用期内的公务员、在读的非应届毕业生、公务员被辞退未满 5 年的，以及有法律规定不得录用为公务员的其他情形的人员，不得报名。报考人员不得报考录用后即构成回避关系的招考职位。

二、公务员考试科目

从考试科目来说，中央、国家机关的公务员的考试科目由国家决定，而各个地方的考试科目都是地方自定，地方的考试科目一般都有笔试和面试，笔试科目各有不同，北京、山东、浙江、上海和广东等省的笔试科目为《行政职业能力测验》和《申论》；黑龙江省的笔试科目为《综合基础知识》《行政职业能力测验》和《申论》。要报地方公务员考试的学生要注意查阅当地政府公布的招考简章，以便有针对性地进行复习。就公务员考试改革的趋势来看，倾向于向考《行政职业能力测验》和《申论》两科靠拢。

三、报考步骤

第一，认真阅读《招考公告》和《招考简章》，了解基本的政策和要求，特别是报考条件，选择与自己条件相符的招录机关和职位。《招考公告》和《招考简章》可通过以下网站查询：中央机关及其直属机构年度考试录用公务员专题网站、中国政府网、新华网、中国网、人力资源和社会保障部门户网站、国家公务员局门户网站、新浪网、搜狐网、中华网、中国教育和科研计算机网、中国教育在线。

第二，考生注册。报考人员报考前，须登录考录专题网站进行《考生注册》。注册前，报考人员必须阅读《致广大考生的一封信》并同意《报考公务员诚信承诺书》，否则不予注册。

第三，报考人员填写报名信息并提交上报。报考人员要慎重填报相关信息，遇到问题及时咨询，如资格审查不通过，则不得再次报考同一职位。

第四，查询资格审查结果。提交报名信息后，报考人员可登录考录专题网站查询是否通过资格审查。

第五，查询报名序号。通过资格审查的报考人员，应于规定时间登录考录专题网站查询报名序号。

第六，报名确认。通过资格审查的报考人员需要于规定时间登录所选考试地考试机构网站进行网上报名确认。报名确认主要包括：考生承诺遵守考试纪律、上传照片、缴纳考试费用。

未进行报名确认的报考人员，视为自动放弃考试资格。

第七，打印准考证。报考人员必须于规定时间登录所选考试地考试机构网站自行下载并打印准考证。

第八，参加公共科目笔试。报考人员携带准考证、身份证到指定考点参加考试。身份证必须与报名时使用的身份证一致。未带身份证的报考人员不能参加考试。

第九，查询成绩。报考人员可以登录考录专题网站查询公共科目笔试成绩和是否进入面试范围。

第二节　特岗教师项目

一、什么是特岗教师

特岗教师是中央实施的一项对西部地区农村义务教育的特殊政策，通过公开招聘高校毕业生到西部地区"两基"攻坚县县以下农村学校任教，引导和鼓励高校毕业生从事农村义务教育工作，创新农村学校教师的补充机制，逐步解决农村学校师资总量不足和结构不合理等问题，提高农村教师队伍的整体素质，促进城乡教育均衡发展。

二、特岗教师计划的实施范围

特岗教师计划的实施范围为《中国农村扶贫开发纲要（2011~2020 年）》确定的 11 个集中连片特殊困难地区和四省藏区县、中西部地区国家扶贫开发工作重点县、西部地区原"两基"攻坚县（含新疆生产建设兵团的部分团场）、纳入国家西部开发计划的部分中部省份的少数民族自治州以及西部地区一些有特殊困难的边境县、少数民族自治县和少小民族县。近两年来特岗教师计划的实施范围保持稳定，没有变化。纳入特岗计划的县（市）一般为教师总体缺编、结构性矛盾突出的县（市）。实施特岗教师计划的地区有下列 20 个省市：河北、山西、内蒙古、吉林、黑龙江、安徽、江西、河南、湖北、湖南、广西、海南、重庆、四川、贵州、云南、陕西、甘肃、宁夏、青海等。

三、招聘对象和报名条件

（一）招聘对象

1）以高等师范院校和其他全日制普通高校应届本科毕业生为主，可招少量应届师范类专业专科毕业生。

2）取得教师资格，具有一定教育教学实践经验，年龄在 30 岁以下的全日制普通高校往届本科毕业生。

3）参加过"大学生志愿服务西部计划"、有从教经历的志愿者和参加过半年以上实习支教的师范院校毕业生同等条件下优先。

4）同时符合教师资格条件要求和招聘岗位要求。

（二）报名条件

1）取得教师资格，具有一定教育教学实践经验，所学专业与报考的岗位学科一致或相近。

2）拥护党的各项方针、政策，热爱教育事业，有强烈的事业心和责任感，品行端正，遵纪守法，志愿服务农村基层教育，在校或工作(待业)期间表现良好，未受过任何处分。

3）身体健康，能胜任教学工作，符合《申报认定教师资格人员体检办法》的规定要求。

四、招聘程序

特设岗位教师的招聘遵循"公开、公平、自愿、择优"的原则。招聘工作按下列程序进行：①公布岗位；②自愿报名；③资格审查；④考试和考核；⑤体检；⑥确定招聘人选；⑦岗前培训；⑧教师资格认定；⑨签订协议；⑩派遣上岗。具体招聘工作按各地方的特设岗位教师招聘办法执行。

五、报名时间

特岗教师招聘信息一般是在每年的五、六月份发布，经过考核、培训等一系列的招聘程序之后，在九月前到所分配的中小学校报到，正式上岗。特设岗位教师实行公开招聘，合同管理。合同中应详细明确规定用人单位和应聘人员双方的权利和义务，聘期为三年。招聘工作由省级教育、人事、财政、编办等相关部门共同负责。

六、考试科目

公共基础知识：大学思想政治课基础知识、时事政治、教育法律法规（《义务教育法》《教师法》、教师职业道德规范）、大学英语、计算机基础。

专业基础知识：文科综合（语文、历史、地理）、理科综合（数学、物理、化学）、音体美（语文、数学及本专业）三类分别命题。

七、特岗教师的待遇、前景及相关政策

（一）特岗教师待遇

"特岗计划"教师在聘任期间，执行国家统一的事业单位工资制度和标准，津贴、补贴由各地根据当地同等条件公办教师年收入水平综合确定。"特岗计划"教师年收入水平原则上不低于当地同等条件公办教师年收入水平。"特岗计划"所需资金由中央财政和地方财政共同承担，以中央财政为主。中央财政设立专项资金，用于"特岗计划"教师的工资性支出，从 2012 年起，中央财政特岗教师工资性补助标准提高为西部地区人均年 2.7 万元，中部地区人均年 2.4 万元，与地方财政据实结算。

（二）优惠政策

1）为吸引更多优秀高校毕业生到农村学校任教，按照"自愿报名、择优选拔"的原则，对具备以下条件的报名者在面试成绩中给予适当加分：

少数民族学生加 2 分；

省级优秀毕业生、省级及以上"三好生"加 4 分，校级"三好生"加 2 分；同时具备以上几个加分条件的学生，可以累计加分，最高加分不得超过 6 分；

参加"大学生志愿服务西部计划""三支一扶"计划支教服务且服务期满的志愿者和参加过半年以上实习支教的师范院校毕业生以及生源地考生在同等条件下优先招聘。

2）设岗县财政负责落实用于解决特岗教师的地方性津贴、补贴、必要的交通补助和体检费按规定纳入当地社会保障体系，享受相应的社会保障待遇应缴纳的相关费用。省级财政在计算各地一般性转移支付资金时，将其纳入标准支出计算范围。月工资根据当地在编教师工资水平发放。

各设岗县（市）和学校，要为特岗教师提供必要的周转房，方便教师的工作和生活。特岗教师享受国家《关于引导和鼓励高校毕业生面向基层就业的意见》（中办发〔2005〕18 号）、《关于组织开展高校毕业生到农村基层从事支教、支

农、支医和扶贫工作的通知》（国人部发〔2006]〕16 号）规定的有关优惠政策。各市、县（市、区）、乡镇学校教师岗位空缺需补充人员时，要优先聘用聘期已满、考核合格的特岗教师。

3）有面试攻读教育硕士机会。"特岗计划"的实施可与"农村学校教育硕士师资培养计划"相结合。符合相应条件要求的特岗教师，可按规定推荐免试攻读教育硕士。特岗教师三年聘期视同"农村学校教育硕士师资培养计划"要求的三年基层教学实践。

（三）岗位前景

特岗教师有三年的服务期限。服务期满后，特岗教师仍有多种选择和出路。首先，特岗教师三年聘期结束后，对考核合格，自愿留在本地学校的，经县级政府教育行政部门审核，县级政府人事行政部门批准，由县级教育行政部门办理事业单位人员聘用手续，按照有关规定办理上编制、核定工资基金等手续，并分别报省、市（州）人事、教育行政部门备案，同时将其工资发放纳入当地财政负担范围，保证其享受当地教师同等待遇。其次，异地留转，或到城镇学校应聘。今后城镇学校中小学自然减员的补充，注重补充这些经过了三年实践锻炼的特岗教师。最后，可重新选择就业。

第三节　免费师范生就业政策

一、免费师范生概况

免费师范生是在教育部规定的具有免费师范生培养资格的大学就读相关专业的大学生，免费师范生政策从 2007 年起开始实施，目的在于鼓励优秀青年终身从事教育工作。具有免费师范生培养资格的大学在各地安排提前批次录取，免费教育师范生入学前要签订三方协议，三方分别为学校、免费教育师范生和生源所在地省级教育行政部门。部属师范大学在招生录取前将经学校签字、盖章的《师范生免费教育协议书》（一式三份）按招生计划数 120%比例寄送生源所在地省级教育行政部门，后者签字并加盖公章后及时寄回相关大学。之后，大学再将由本校和生源所在地省级教育行政部门签字、盖章的《师范生免费教育协议书》（一式四份）随本校《录取通知书》一并寄送录取考生。录取为免费教育师范生的考生，持录取通知书和经本人签字（未满 18 周岁者须同时由监护人签字）、部属师范大学和生源所在地省级教育行政部门签字、盖章的《师范生免费教育协议书》，按学校规定时间及要求报到入学。

二、免费师范生就业的相关政策

免费师范生入学前要与学校和生源所在地省级教育行政部门签订协议，承诺毕业后从事中小学教育 10 年以上。到城镇学校工作的免费师范毕业生，应先到农村地区学校任教服务两年。国家鼓励免费师范毕业生长期从教、终身从教。

依据《陕西省关于师范大学免费师范毕业生就业实施办法》的规定，免费师范生的就业依据以下原则。

（一）就业原则

免费师范毕业生取得教师资格后，由省教育厅、人力资源和社会保障厅、编制管理办公室、财政厅下达就业方案，按照国办发〔2007〕34 号文件和《师范生免费教育协议书》（以下简称"教育协议"）规定就业。免费师范毕业生一般回生源省内中小学校任教，履行国家义务。免费师范毕业生在中小学校服务期限为10 年，鼓励毕业生到农村和乡镇及各省艰苦边远地区中小学校任教。

（二）就业途径

免费师范毕业生不参加各类形式的事业单位招考，通过以下方式与中小学校进行双向选择，签订《免费师范生就业协议书》（以下简称"就业协议"），列入免费师范生编制计划并按就业协议发放《就业报到证》。

1）在省内或跨省区自行选择中小学校，但须经师范大学同意，生源省区教育行政部门批准；

2）在省教育厅组织的就业招聘会或经省教育厅同意由学校组织的就业招聘会上选择中小学校；

3）在省教育厅公布的免费师范生岗位需求计划范围内选择中小学校；

4）未签订就业协议的免费师范毕业生，派遣前由省教育厅在省内协调安排；仍未落实岗位的，派遣回生源所在市教育行政部门，由其会同有关部门统筹安排。

（三）就业信息

免费师范毕业生岗位需求信息由省教育厅牵头统筹，人力资源和社会保障厅、编办、财政厅参与。各市教育行政部门会同人力资源和社会保障部门于每年 12月 15 日前申报当地中小学校用人计划，次年一月上旬陆续在全国大学生就业公共服务立体化平台、陕西高校毕业生就业网及陕西师范大学就业网站上发布中小学校教师岗位需求信息。

（四）跨省就业

1. 陕西省生源到外省就业

符合以下条件之一的毕业生，可在毕业前一年的 9 月 1 日至毕业当年的 4 月 30 日提出申请，填写《免费师范生跨省区就业申请表》（下载地址：陕西师范大学学生就业网"下载专区"，网址：http://job.snnu.edu.cn），经用人单位、主管部门及跨入省区教育行政部门签署意见，师范大学、省教育厅同意，可依此签订就业协议。

1）到边远贫困和民族地区任教的；

2）上学期间家庭搬迁至高考生源地以外省区的（有迁入地户籍管理部门出具的证明）；

3）省内安排就业岗位困难的；

4）在校期间表现优秀的(具体比例和审批条件由培养学校与省教育厅商定)。

2. 外省生源来陕西省就业

符合以下条件之一的毕业生，可在毕业前一年的 9 月 1 日至毕业当年的 4 月 30 日提出申请，填写《免费师范生跨省区就业申请表》，经用人单位及主管部门签署意见，师范大学同意、省教育厅批准，可依此签订就业协议。

1）到省内边远贫困地区任教的；

2）上学期间家庭搬迁至陕西省境内的（有迁入地户籍管理部门出具的证明）。

（五）到县级以上中小学校就业

1）到县级以上地区中小学校就业的免费师范毕业生，由各市教育局结合城镇教师支援农村教育工作，安排到农村中小学校任教服务两年。免费师范毕业生在农村中小学校任教服务期间仍然享受派出学校原工资福利待遇。地方政府和农村学校要为免费师范毕业生到农村任教提供周转住房等必要的工作、生活条件。

2）经批准，选择去中职、民办或其他无国家事业编制的中小学校就业的毕业生，由学校所在地人才交流中心负责免费师范毕业生的人事代理。若就业单位在县级以上城市，必须按规定履行到农村中小学校任教服务两年的义务，且用人单位须定期向教育厅报告其服务情况。

（六）合理流动

免费师范毕业生在教育协议规定任教服务期内，可在学校之间合理流动或从事教育管理工作，具体由各市教育和人事行政部门根据相关规定办理。

三、免费师范生就业后的编制

按照国办发〔2007〕34 号文件规定,有关部门要统筹规划,做好接收免费师范毕业生的各项工作,切实为每一位毕业生安排落实任教学校和岗位。省教育厅要统一掌握本地区中小学校教师岗位需求情况,会同机构编制部门在核定的中小学校教师编制定额内,提前安排接收免费师范毕业生编制计划。各市应首先用自然减员空缺编制指标或采取先进后出的办法安排免费师范毕业生,必要时可设立专项周转编制,确保免费师范毕业生到中小学校任教有编有岗。

四、违约规定

1)免费师范毕业生毕业前不履行教育协议的,视为违约。毕业生须填写《免费师范生违约申请表》(下载地址:陕西师范大学学生就业网"下载专区",网址:http://job.snnu.edu.cn),按规定退还已享受的免费教育费用并缴纳违约金。省教育厅负责免费师范毕业生的违约管理,受理免费教育费用和违约金。

2)违约申请时间为毕业前一年的 9 月 1 日至毕业当年的 4 月 30 日。

3)已办理违约手续的免费师范毕业生,参照其他统招毕业生办理就业手续。

4)已在职攻读教育硕士专业学位并在服务期内需要申请违约的,须填写《免费师范毕业生违约申请表》,具体申请时间及流程参照省教育厅相关规定办理。

五、职业深造优惠政策

免费师范毕业生到中小学任教满一学期后,均可申请免试在职攻读教育硕士专业学位,经任教学校考核合格,部属师范大学根据工作考核结果、本科学习成绩和综合表现考核录取。免费师范毕业生攻读教育硕士专业学位采取在职学习方式,学习年限一般为 2~3 年,实行学分制。课程学习主要通过远程教育和寒暑假集中面授方式进行。创新教育硕士研究生培养模式,采取部属师范大学与地方政府、中小学校合作培养教育硕士研究生的新机制。

第四节　大学生志愿服务西部计划

"大学生志愿服务西部计划"简称"西部计划",是由共青团中央、教育部、财政部、人力资源和社会保障部等部委于 2003 年根据国务院有关要求共同组织实施的大学生基层就业计划。西部计划从 2003 年开始,按照公开招募、自愿报名、组织选拔、集中派遣的方式,每年招募一定数量的普通高等院校应届毕业生,以志愿服务的方式到西部贫困县的乡镇从事为期 1~3 年的教育、卫生、农技、扶贫以及基层社会管理和基层青年中心建设与管理等方面的工作。

一、创办时间及主管单位

2003 年 5 月 29 日《国务院办公厅关于做好 2003 年普通高等学校毕业生就业工作的通知（国办发〔2003]〕49 号）》提出：国家支持共青团中央、教育部组织实施"大学生志愿服务西部计划"。中央财政对该计划给予适当支持。2003 年6 月 8 日共青团中央、教育部、财政部、人事部下发《关于实施大学生志愿服务西部计划的通知》（中青联发〔2003〕26 号），决定从 2003 年开始实施大学生志愿服务西部计划。

二、西部计划的主要服务地区

西部计划的服务地主要是内蒙古、广西、重庆、四川、贵州、云南、西藏、陕西、甘肃、青海、宁夏、新疆等西部 12 个省（区、市）加海南省、新疆生产建设兵团及湖南湘西自治州、湖北恩施自治州、吉林延边自治州部分地区贫困县的乡镇。

三、服务年限

西部计划志愿者服务期具有一定的灵活性，首次签约期为 1 年或 3 年。签约1 年的志愿者在服务期满后可以于下一年度 3 月向服务县项目办提出延期服务申请。按照国家有关规定，自 2009 年开始，对参加西部计划并到西部地区县以下农村基层单位履行 3 年服务期限的毕业生实施相应的学费和助学贷款代偿。首次签约 1 年而后延长至 3 年服务期的，不享受学费和助学贷款代偿政策。具体由符合条件的新入选志愿者向本人毕业高校学生管理资助中心等相关机构申请办理。

四、专项服务内容

专项设置主要围绕党政中心大局、西部基层经济社会发展实际需要和青年学生的服务意愿等，凸显西部计划志愿服务特点。2011 年西部计划全国项目共实施基础教育、农业科技、医疗卫生、基层青年工作、服务新疆、服务西藏、基层社会管理七个专项。以上七个专项中，基础教育、农业科技、医疗卫生分别为原支教、支农、支医专项更名，并将共青团中央、教育部组织实施的"青年志愿者扶贫接力计划研究生支教团"项目纳入基础教育专项实施;保留基层青年工作专项;根据中央关于援疆、援藏工作的要求以及新疆、西藏经济社会发展的实际要求，新设服务新疆、服务西藏专项。新设基层社会管理专项，围绕西部基层社会公益、社会保障、社会福利、法律援助、扶贫开发、金融开发等公共服务需求及党政、司法、综治等工作需要开展服务；之前开展的灾后重建、新疆双语教学专项不再在全国范围实施，由所在省级项目管理办公室（简称省项目办）结合实际需要组织实施。

基础教育专项志愿者原则上在县乡中小学从事教学及教学管理工作；农业科技专项志愿者原则上在县乡农业、林业、牧业、水利等技术单位从事农业科技工作；医疗卫生专项志愿者原则上在乡镇卫生院以及部分县级医院、防疫站从事医疗卫生工作；基层青年工作专项志愿者原则上在县级团委从事加强团的基层组织建设、促进青年就业创业、预防青少年违法犯罪、维护青少年合法权益等工作；服务新疆、服务西藏专项志愿者原则上围绕西藏、新疆、兵团的经济社会发展需要，在基层单位从事基础教育、农业科技、医疗卫生等服务；基层社会管理专项志愿者原则上围绕西部基层社会公益、社会保障、社会福利、法律援助、扶贫开发、金融开发等公共服务需求及党政、司法、综治等工作需要开展服务。

（一）支教

本专项行动志愿者主要在西部地区贫困县的乡镇中小学校从事为期 1~2 年的教育和教学管理工作。招募对象：应届高校毕业生、在读研究生，师范类专业优先选拔。

（二）支医

本专项行动志愿者主要在西部地区贫困县的乡镇卫生院以及部分县级医院、防疫站从事为期 1~2 年的医疗卫生工作。招募对象：医学类专业应届高校毕业生、在读研究生。

（三）支农

本专项行动志愿者主要在西部地区贫困县的乡镇农业（林业、水利）技术站从事为期 1~2 年的农业科技、扶贫工作。招募对象：农业、林业、水利等专业的应届高校毕业生、在读研究生。

（四）区域化推进农村共青团工作

本专项行动志愿者主要在西部地区贫困县乡镇的团委开展 1~2 年志愿服务，一般担任乡镇团委副书记兼任一个区域化推进农村共青团工作联系村的团委书记。招募对象：应届高校毕业生、在读研究生，组织能力较强，熟悉计算机基本操作；有学生工作经历者优先选拔。

（五）农村现代远程教育志愿服务行动

本专项行动由全国农村党员干部现代远程教育试点工作领导协调小组办公室、共青团中央共同组织实施。志愿者在西部地区和湖南湘西自治州、湖北恩施自治州、吉林延边自治州等15个省（区、市）的农村党员干部现代远程教育终端接收站点及安装现代远程教育设备的农村中小学，开展为期1年的技术指导和巡回培训工作。招募对象：应届高校毕业生、在读研究生；本科及本科以上学历为主；政治过硬，熟悉计算机、互联网基本操作。

（六）基层检察院志愿服务行动

本专项行动由最高人民检察院、共青团中央共同组织实施。志愿者主要在西部计划服务县检察院从事为期1年的志愿服务。招募对象：主要招募北京、天津、河北、山西、内蒙古、辽宁、吉林、上海、浙江、安徽、福建、江西、山东、河南、湖北、广东、广西、海南、重庆、四川、贵州、云南、西藏、陕西、甘肃、宁夏、青海、新疆28个省（区、市）的法律、中文、财会、计算机等专业的应届高校毕业生和在读研究生，以本科及本科以上学历为主；政治过硬，品学兼优。

（七）基层法律援助志愿服务行动

本专项行动由司法部、共青团中央共同组织实施。志愿者主要在西部计划服务县司法行政部门从事为期1年的法律援助志愿服务。招募对象：主要招募北京、河北、山西、内蒙古、辽宁、吉林、黑龙江、上海、江苏、浙江、安徽、福建、山东、河南、湖北、广东、重庆、四川、贵州、云南、甘肃、青海、宁夏、新疆24个省（区、市）的法律专业应届高校毕业生、在读研究生；以本科及本科以上学历为主；政治过硬，品学兼优。

（八）基层人民法院志愿服务行动

本专项行动由最高人民法院、共青团中央共同组织实施。志愿者主要在西部基层人民法院从事为期1~2年的志愿服务。招募对象：主要招募河北、山西、内蒙古、辽宁、吉林、黑龙江、上海、江苏、浙江、安徽、福建、江西、山东、湖北、广西、重庆、四川、贵州、云南、陕西、甘肃、青海、宁夏、新疆24个省（区、市）的法律专业应届高校毕业生、在读研究生，以本科及本科以上学历为主；政治过硬，品学兼优；通过国家统一司法考试者在同等条件下优先选拔。

（九）开发性金融志愿服务行动

本专项行动由国家开发银行、共青团中央共同组织实施。志愿者主要在开发性金融协议已经覆盖的西部计划服务县开发性金融合作办公室开展为期1年的开发性金融志愿服务工作。招募对象：主要招募北京、河北、山西、内蒙古、辽宁、吉林、黑龙江、上海、江苏、浙江、安徽、江西、山东、河南、湖北、湖南、广东、广西、海南、重庆、四川、贵州、云南、陕西、甘肃、青海、宁夏、新疆28个省（区、市）的应届高校毕业生、在读研究生；大学本科及本科以上学历；经济、金融、农业等相关专业优先选拔。

（十）农村平安建设志愿服务行动

本专项行动由中央综治办、共青团中央共同组织实施。志愿者主要在西部地区的乡镇、街道综治办从事为期1~2年的农村平安建设志愿服务。招募对象：主要招募北京、内蒙古、广东、广西、重庆、四川、青海、宁夏8个省（区、市）普通高等学校品学兼优、大学本科及本科以上学历、有奉献精神的应届毕业生，法学、社会学、管理学和农学及相关专业优先。服务地区：西部地区招募的志愿者原则上在本省（区、市）开展服务；东部地区招募的志愿者原则上到对口支援的西部省（区、市）开展服务。

五、选拔标准及招聘程序

（一）选拔标准

西部计划选拔符合以下条件的学生：①具有志愿精神；②学分总绩点（或学业成绩）排名在本院系同年级学生总数前70%之内；③通过毕业体检和西部计划体检；④获得毕业证书并具有真实有效居民身份证；⑤大专以上学历优先；⑥优秀学生干部和有志愿服务经历者优先；⑦西部急需的农、林、水、医、师、金融、法学类专业者优先；⑧入学前户籍所在地在西部地区者优先；⑨已录取为研究生的应届高校毕业生和在读研究生优先；⑩参加基层青年工作专项行动的志愿者应累计1个月以上的基层工作、志愿服务经历或者曾获校级以上表彰奖励、担任过各级团学生组织主要负责人；⑪鼓励已被录取为研究生的应届高校毕业生和在读研究生报名参加西部计划。

（二）招聘程序

1）笔试、面试。5月中旬考察报名学生的政治思想素质、学习成绩、志愿服务经历等情况，并组织对报名的高校毕业生开展笔试、面试工作择优选拔志愿者。

2）统一体检。6月初招募省项目办统一指定时间和医院，组织本校入选的报名者进行集中体检。体检不合格的，将不予录取。

3）公示。6月中旬，公布录取志愿者名单，全校公示3天，并将公示结果报省项目办。

4）录取志愿者。6 月中旬，根据面试、体检、公示情况，最后确认录取人员名单。由于各种原因不能赴西部参加志愿服务的，由各基层团委负责推荐递补人员入选。

5）审定确认。6 月下旬，经全国领导小组审定后，向志愿者发《报到通知书》（注明服务岗位，培训报到时间、地点及联系方式）。9 月上旬，全国项目办通过"西部计划信息系统"汇总到岗志愿者名单，并向社会公布。

六、保障待遇

1. 志愿者补贴

志愿者服务期间，中央财政给予一定生活补贴。生活补贴为每人每月 1000 元（2012 年 8 月 1 日起）。同时，志愿者所在地列入国家艰苦边远地区津贴范围的，执行所在地科员艰苦边远地区津贴标准（一类区 120 元，二类区 210 元，三类区 350 元，四类区 515 元，五类区 900 元，六类区 1490 元），按月发放。交通补贴按志愿者家庭所在地和服务地之间的实际里程发放，每年发放两次。

志愿者所在服务县、服务单位要帮助他们解决生活、工作中遇到的实际困难和问题，有条件的可给予志愿者适当补助。

2. 志愿者人身意外伤害、医疗保险费用

相关保险由全国项目办统一投保大学生志愿服务西部计划志愿者综合保障险。保费每人 200 元人民币。人身意外伤害、身故（含疾病身故）保险责任，保额 15 万元，住院医疗保险责任，保额 16 万元；疾病门诊责任，保额 5000 元。

3. 志愿者体检费

由中央财政按照人均 200 元的标准给予支持。全国项目办在志愿者到岗后按照各省实际到岗人数 110%一次性拨付给招募省项目办，由省项目办根据实际情况分配。

4. 其他经费

各级项目办要积极争取在同级财政安排的专项工作经费中，列支培训、项目管理工作经费。服务县项目办应结合实际争取党委、政府支持，将西部计划纳入当地年度重点工作范围，并将管理经费列入同级地方财政范围。

5. 报考公务员和研究生优待

志愿者服务期至少满 1 年且考核合格的，可以应届高校毕业生身份报考公务员。报考中央机关和东、中部地区公务员的，同等条件下，优先录取；报考西部

地区公务员的，笔试总分加 5 分。志愿者服务期未满 1 年的，可以社会在职人员身份报考公务员，但不享受相关优惠政策。志愿者服务期满 2 年考核合格的，3 年内报考研究生，初试总分加 10 分；同等条件下，优先录取。

七、奖励制度

服务期为 1 年、服务期满考核合格的，授予中国青年志愿服务铜奖奖章；服务期为 2~3 年、服务期满考核合格的，授予中国青年志愿服务银奖奖章；表现优秀的授予中国青年志愿服务金奖奖章。表现特别优秀的推荐参加中国青年五四奖章、中国十大杰出青年、中国十大杰出青年志愿者、国际青少年消除贫困奖等评选。

第五节　专升本考试政策

专升本考试是大学专科（高职高专）学生进入本科学习的选拔考试的简称，是中国教育体制大专层次学生升入本科院校的考试制度。专升本有两大类型：第一类是普通高等教育专升本（全日制普通高校统招专升本），选拔各省当年应届普通全日制专科毕业生。第二类是成人教育大类专升本。四种途径，包括高等教育自学考试专升本、成人高考（成人高等学校招生全国统一考试）专升本、远程教育（网络教育）专升本、广播电视大学开放教育专升本。在校专科毕业生所参加的考试为统招专升本考试。

一、统招专升本考试概况

统招专升本指的是普通高等学校的专升本（全称"选拔优秀高职高专毕业生进入本科学习统一考试"，简称统招专升本，普高专升本，普通专升本，3+2 专升本，全日制专升本）。根据教育部下达的各省普通高等教育分学校分专业招生计划，选拔优秀普通专科应届毕业生在毕业之前三年级第二学期参加由省教育考试院组织的统一考试（部分省份为学校出卷），通过考试选拔进入普通本科院校进行在校两年制本科学习，专科毕业后可升入所在省份设有对口专业的本科院校，并享受与普通本科生同等待遇，毕业时授予普通高等教育本科学历，符合条件授予普通高等教育学位证，派发就业报到证。毕业证书印有"普通高等学校"字样，计划性质是统招，学习形式是普通全日制，享受与普通四年制本科同等待遇。

二、统招专升本毕业证书的认可度

统招专升本难就难在考试录取上。只要考上，几乎都能拿到本科证和学士学位证。近几年从国家、从学校、从学生本人角度看来，举办统招专升本是解决专科生现实社会问题的一个理想的途径，专科同学一般都想上本科学校，不愿就停留在专科层次上，每年想报的人很多，竞争很激烈，希望专升本的同学要提前做好准备。统招专升本的毕业证书属普通高等学校毕业证书，根据中国近几年举办统招专升本的经验，从国家、从学校、从学生本人角度看来，是一个非常理想的途径，教育部政策允许专科生毕业时再考入其他本科学校，统招专升本已经实行10多年了。部分专科学校很重视专升本考试，支持专科生考入其他本科学校。学生通过专升本考试被录取后，享受与该本科学校学生一样的待遇，毕业时领取的毕业证也和普通本科生的毕业证没有差别。

三、报考要求

1）招生对象。参加普通高校招生全国统一考试、按国家计划招收的普通高职正式在册应届毕业班学生。

2）报考条件。①遵守中华人民共和国宪法和法律；②在校期间考试无作弊行为，成绩合格（无不及格科目）且为首次报考专升本；③在校期间未受过任何处分；④报考专业应为高职阶段所学的相同或相近专业。附表1为《2014年陕西省普通高等教育专升本招生专业与普通高职专业相同或相近对应关系》表，考生所学专业与报考专业应符合规定；⑤在校生参加生源学校组织的专业课考试，且成绩达到合格分数线。

3）报名方式及时间。首先，陕西省实行网上报名方式，考生应遵照每年的考试安排按时在指定网站上完成注册和报名，陕西省内符合报考条件的考生应登陆陕西招生考试信息网，点击专升本报名页面，按照提示和要求，准确填写基本信息，确认后提交。其次，网上缴纳考试费用，考生登陆陕西招生考试信息网专升本报名系统，按照提示和要求进行网上缴费，报名考试费按陕价费调发〔2001〕29号规定收取，应该注意如在规定时间内未按规定缴费则视同网报不成功。最后，报名结束后，考生本人签字确认报名信息。

四、考试内容

各省份的考试形式不一，分为统考和校考两种。

统考科目：①文史、外语、医学、艺术类：大学英语、大学语文。②理工类：大学英语、高等数学。艺术、体育专业经省教育考试院同意，可由招生院校组织专业加试，并在报名工作开始前完成。专业加试合格考生才能填报相应院校、专业志愿。

校考科目为基础课和专业课，基础课为省统考，专业课为本科院校出题。

附表 2 为《2014 年陕西省普通高等教育专升本招生专业课考试科目》，考生可参考相关考试科目复习备考。

五、填报志愿

统考成绩公布后，上线考生登陆陕西招生考试信息网志愿填报系统，查询招生计划，填报志愿。2014 年陕西省普通高等教育专升本招生录取实行平行志愿，根据不同专业招生学校数量，考生最多可填报 6 个学校志愿。正式投档录取结束后，根据录取缺额情况，省招办对上线未录取考生征集一次志愿。征集志愿信息在录取期间通过陕西招生考试信息网公布。

考生必须在规定时间内完成志愿填报，确认后提交。未在规定时间内完成志愿填报，视为放弃录取，责任自负。

附表1 2014年陕西省普通高等教育专升本招生专业与普通高职专业相同或相近对应关系

专业代码	专业名称	专业课 I	专业课 II
01	汉语言文学（文）	现代汉语	中国现代文学
02	法学（文）	法理学	宪法学
03	工商管理（文）	管理学	会计学
04	金融学（文）	货币银行学	会计学
05	旅游管理（文）	旅游学概论	中国旅游地理
06	思想政治教育（文）	哲学原理	政治经济学
07	历史学（文）	中国古代史	世界近代史
09、43	学前教育（文、理）	学前教育学	学前心理学
10	应用心理学（文）	普通心理学	实验心理学
11、41	会计学（文、理）	财务会计	会计学基础
13	市场营销（文）	市场营销	会计学
14	财务管理（文）	财务管理学	会计学
15、42	地理科学（文、理）	中国地理	地图学
17	英语（外）	综合英语	翻译写作
18	视觉传达设计（艺）	素描	平面构成
20	艺术教育（艺）	艺术学概论	中外艺术史
21	美术学（艺）	素描	色彩
22	音乐学（艺）	声乐	钢琴
23	通信工程（理）	电路分析基础	模拟电子技术
24	计算机科学与技术（理）	电路分析基础	模拟电子技术

续表

专业代码	专 业 名 称	专业课 I	专业课 II
25	工程管理（理）	建筑材料	建筑构造
28	电子信息科学与技术（理）	电路分析基础	模拟电子技术
29	数学与应用数学（理）	高等代数	数学分析
31	应用化学（理）	有机化学	无机化学
32	化学工程与工艺（理）	物理化学	化工原理
33	生物技术（理）	植物学	动物学
34	生物科学（理）	植物学	动物学
37	动物科学（理）	动物生理学	动物生物化学
39	植物科学与技术（理）	植物学	植物生理学
40	信息管理与信息系统（理）	管理学	数据库

附表 2　2014 年陕西省普通高等教育专升本招生专业课考试科目

专业代码	高职专业名称		对应本科专业代码及名称				
530101	生物技术及应用	33	生物技术	34	生物科学		
530201	应用化工技术	32	化学工程与工艺	31	应用化学		
560701	房地产经营与估价	25	工程管理	13	市场营销		
590101	计算机应用技术	24	计算机科学与技术				
590110	动漫设计与制作	24	计算机科学与技术	18	视觉传达设计		
590201	电子信息工程技术	28	电子信息科学与技术				
610305	食品生物技术	33	生物技术				
620109	资产评估与管理	04	金融学	11	会计学（文）	41	会计学（理）
620203	会计	11	会计学（文）	41	会计学（理）		
620402	市场开发与营销	13	市场营销	41	会计学（理）		
640101	旅游管理	05	旅游管理				
640103	导游	05	旅游管理				
650204	人力资源管理	03	工商管理	02	法学		
650304	心理咨询	10	应用心理学				
660108	商务英语	17	英语	05	旅游管理		
660112	文秘	01	汉语言文学	06	思想政治教育		
660201	语文教育	01	汉语言文学	09	学前教育（文）		
660202	数学教育	29	数学与应用数学	43	学前教育（理）		

续表

专业代码	高职专业名称		对应本科专业代码及名称				
660203	英语教育	17	英语	09	学前教育（文）	43	学前教育（理）
660205	化学教育	31	应用化学	43	学前教育（理）		
660206	生物教育	34	生物科学	43	学前教育（理）		
660207	历史教育	07	历史学	09	学前教育（文）		
660208	地理教育	15	地理科学（文）	42	地理科学（理）		
660209	音乐教育	22	音乐学	20	艺术教育		
660210	美术教育	21	美术学	20	艺术教育		
660212	思想政治教育	06	思想政治教育				
660214	学前教育	09	学前教育（文）	20	艺术教育	43	学前教育（理）
670101	艺术设计	20	艺术教育	18	视觉传达设计		
690104	法律事务	02	法学				

第六节 报考研究生政策

一、报考要求

研究生入学考试的报考要求有学历和身体状况等要求，报考者应为中华人民共和国公民，拥护中国共产党的领导，同时符合以下学历条件，①国家承认学历的应往届本科毕业生；②具有国家承认的大学本科毕业学历的人员；③获得国家承认的高职高专毕业学历后，经 2 年或 2 年以上，达到与大学本科学生同等学力，且符合招生单位根据本单位的培养目标对考生提出的具体业务要求的人员；④国家承认学历的本科结业生和成人高校应届本科毕业生，，按本科毕业生同等学力身份报考。报考研究生的年龄没有限制，身体健康状况符合国家和招生单位规定的体检要求。

二、应试流程

（一）慎重选择专业，按规定时间报名

认真选择专业。根据自己的专业素质与学习能力来选择报考方向。部分专业总报考人数多，但并非所有学校的竞争都很激烈。参考专业报考竞争力时，不宜仅以报考人数来判断专业的冷热程度和竞争激烈程度。如果感觉自己的基础很扎实，可以跨专业报考。跨专业考研的同学应更早做准备，以保证必要的学习时间。

选择招生单位时一方面要完全清楚自己的需要。另一方面需完全了解招生单位的以下情况：①学术地位，国际地位，主要的教学方法，著名的学者、教授，专业范围，各种学习、培训的机会，图书馆、计算机设施等的配备情况，竞争压力等；②就业包括毕业分配去向，平均起始工资，就业计划、准备简历与面试的技巧等方面的帮助，传统上哪些公司在此招人等；③生活质量包括学校的地点、校园环境、地理位置，学生生活的情况等；④费用包括学费、生活费和奖学金、助学金的发放情况。

硕士研究生招生考试报名包括网上报名和现场确认两个阶段。考生均须进行网上报名，并到报考点现场确认网报信息、缴费和采集本人图像等相关电子信息。应届本科毕业生原则上应选择就读学校所在省(区、市)的报考点办理网上报名和现场确认手续；单独考试及工商管理、公共管理、旅游管理和工程管理等专业学位的考生应选择招生单位所在地省级教育招生考试管理机构指定的报考点办理网上报名和现场确认手续；其他考生应选择工作或户口所在地省级教育招生考试管理机构指定的报考点办理网上报名和现场确认手续。

网上报名时间一般为每年10月左右，考生登录"中国研究生招生信息网"(公网网址：http://yz.chsi.com.cn）。浏览报考须知，按教育部、省级教育招生考试管理机构、报考点以及报考招生单位的网上公告要求报名。

现场确认程序。考生持本人身份证、学历证书及网上报名编号，至指定地点进行现场确认，对本人网上报名信息进行认真核对并确认，报名信息经考生确认后一律不作修改，考生按规定缴纳报考费，并在现场采集本人图像等电子信息。

（二）考试流程

1）初试。初试时间根据当年规定执行，科目为外语、政治、专业课等。其中全国统考科目思想政治理论、英语一、英语二、俄语、日语、数学一、数学二、数学三、教育学专业基础综合、心理学专业基础综合、历史学基础、西医综合、中医综合。全国联考科目数学（农）、化学（农）、植物生理学与生物化学、动物生理学与生物化学、计算机学科专业基础综合、管理类联考综合能力、法硕联考专业基础（非法学）、法硕联考综合（非法学）、法硕联考专业基础（法学）、法硕联考综合（法学）。

2）复试。招生单位对考生初试成绩进行登记、统计和测算分析后，根据国家教委制定的复试基本要求和录取原则，结合本校(院、所)情况拟定复试标准。复试标准须由主管研究生工作的校(院、所)长组织有关人员审定，并报所在省(市、自治区)高校招生办和主管部门备案。复试是考生在通过初试的基础上，对考生业务水平和实际能力的进一步考察。复试时间、地点、内容范围、方式由招生单位自定。复试办法和程序由招生单位公布。招生单位认为必要时，可再次复试。外国语听力及口语测试在复试进行，成绩计入复试成绩。

3）调剂。教育部规定，考生如果符合复试条件而不能在第一志愿院校参加复试的，考生档案应送至第二志愿院校或在省、自治区、直辖市内调剂。在研究生招生工作中，由于招生计划的限制，有些考生虽然达到分数线，但并不能被安排复试或复试后并不能被录取，对这些考生，招生单位将负责把其全部材料及时转至第二志愿单位，这个过程即称为考研调剂。只有参加全国统考并上了国家线的考生，才有调剂的机会。通过了国家划定的初试分数线、具有复试资格而在第一志愿学校又没有复试机会的考生，可以把自己的相关资料和情况简介传达给相关专业生源不足的院校。经过考核，学校会为符合条件的考生发面试通知，并向考生的第一志愿学校发放调考试档案的"调档通知"，考生经复试合格后入学。届时，考生可通过"中国研究生招生信息网"(公网网址：http://yz.chsi.com.cn)调剂服务系统填写报考调剂志愿。

（三）复习要点

考研与未来的就业密切相关，因此考研择校就显得尤为重要，应在充分考虑自身全方位条件后，选择合适的学校和专业。另外在考研复习过程中，可以选择辅导学校辅助复习。

考研复习贵在坚持，在漫长的复习过程中，考生们要注重全面复习，参照考研大纲仔细复习每一门科目、每一章节，注意调节生活规律，同时善于和同学老师交流复习中的困惑，及时解决。

第七节　大学生参军入伍政策

大学生入伍是指部队每年从应届大学毕业生中招收义务兵，从 2013 年开始征兵工作由冬季改为夏秋季征兵，时间调整为 4 月份开始。

一、征集对象和身体条件

（一）应征对象

1）高校在校生：全日制公办或民办高校正在就读的学生。

2）高校应届毕业生：全日制公办或民办高校应届毕业生。

3）高校毕业班学生：还在高校就读的翌年毕业生。以高校毕业班学生身份应征的，普通本科及以上应当完成专业理论课程的学习与相关实习，毕业设计和论文答辩合格能够提前毕业。

高职（专科）应当完成专业理论课程的学习并取得毕业规定所需学分，仅需再完成毕业实习即能够毕业。

（二）基本身体条件

身高 162 厘米以上，右眼裸视不低于 4.6，左眼裸视不低于 4.5。

（三）年龄要求

高职(专科)应届毕业生放宽到 23 岁，本科及以上应届毕业生放宽到 24 岁；普通高校在校生年龄放宽至 22 岁。

二、征集程序和办法

高校毕业生应征入伍的程序如下。

1）参加网上预征报名：4~6 月，有应征意向的毕业生登录"大学生网上预征报名系统"报名预征，填写、打印《应征入伍登记表》和《应征入伍申请表》，交所在学校预征工作管理部门。

2）参加初审、初检，通过确认：5~6 月，按照兵役机关的统一安排，预征报名毕业生参加身体初检、政治初审，通过的毕业生被确定为预征对象。6 月 30 日前，高校协助兵役机关，将《登记表》和《申请表》审核盖章发给预征对象并完成网上信息确认。

3）政审：主要由就读学校所在地县（市、区）公安部门负责，学校保卫部门具体承办。入学前和就读返乡期间的政治审查工作，由原籍所在地县（市、区）公安部门负责。

4）到户籍所在地报名应征：7 月底全国征兵工作开始后，预征对象携带《登记表》和《申请表》，到入学前户籍所在地县（市、区）征兵办公室报名应征。通过体检政审的高校毕业生由县级兵役机关批准入伍。

三、征集的政策和规定

1. 入伍前的"优先征集"政策

征兵时，各级兵役机关将为各级各类高校征集对象提供"绿色通道"：实行优先报名应征、优先体检政审、优先审批定兵，简化办事程序。报名由县级兵役机关直接办理。征兵体检前五天，县级兵役机关要逐一通知预征对象体检时间、地点、注意事项等；优先批准体检政审合格的应届毕业生入伍。

2. 服役期间的有关就学政策

1)妥善安排学业。在校大学生入伍前,学校应安排他们参加所学课程的考试,也可以根据平时的学习情况，对所学课程免试，直接确定成绩和学分，并保留学籍至退役后一年。对已经修完规定课程或已修满规定学分，符合毕业条件的，学校可准予毕业，发给其毕业证书。在校大学生入伍后，有条件的可以参加原学校组织的函授或自学专业课程，经部队团级单位批准可以参加学校组织的考试。2008年入学的学生入伍后，原就读学校保留学籍，退伍后准其复学。

2）适当减免学费。在校大学生被批准入伍后，已交学杂费的剩余部分，根据本人自愿，由学校退还本人，或由学校负责管理。退出现役后复学，其家庭经济困难的，由学校酌情减免学费；入伍前享受优秀学生奖学金的，复学后提高一个奖学金等级（不含一等奖学金）；对荣立一次三等功奖励的，复学后按不低于50%的标准减免学费；荣立两次三等功或荣立二等功、被授予荣誉称号的，复学后免交全部学费。

3）退役后的复学。对原就读学校撤销的，由省（自治区、直辖市）教育行政部门安排转入同等学历相关专业高等学校复学；原所学专业撤销的，由学校安排转入其他专业复学；个别学习有困难的，可以申请延长学习时间；对专科升本科、本科报考研究生的，在同等条件下应优先录取。在部队荣立三等功以上奖励的，原是本科生的可申请转到本校其他专业学习，原是专科生的可以免试进入本校同专业或相近专业的本科学习，属独立设置的专科学校的专科生，由学校报所在省教育行政部门负责安排；荣立二等功以上奖励的，所学本科专业毕业后，可免试保送所学专业研究生。

3. 入伍后培养使用问题

兵役机关在确定在校大学生入伍的去向时，要尽可能将他们安排到要求文化程度高、专业复杂、技术性强的部队服役，发挥他们的优势和专长，满足部队建设需要。对表现优秀的大学生士兵，在学技术、选取士官、报考军校、直接提升军官等方面优先安排。对退伍后复学的大学生，如本人自愿，且符合相关条件，在校学习期间应优先选拔为国防生或毕业后直接接收补充军队干部队伍。取得全日制高校本科学历和学士学位的大学生入伍，当兵两年后可直接提干成为军官。

4. 服役期间优抚安置和有关工资补助问题

对批准入伍的在校大学生，服役期间，部队每月发给500元以上的津贴费，伙食费每月450元以上。义务兵服役满两年后，如果部队需要和本人自愿，可由义务兵转为士官。士官实行的是工资制，一级士官每月发给1800元以上，二级士官每月发给2500元以上，三级士官每月发给3000元以上的工资。其家属享受军属待遇，并由其入学前户口所在地人民政府按照本省（自治区、直辖市）有关义务兵家属优待的规定给予优待。退出现役后，不愿复学的大学生，由入学前户口所在地的退伍军人安置机构负责接收，并按照城镇退役士兵的有关政策规定，做好安置工作。

5. 奖惩规定

省征兵领导小组会议研究决定：为鼓励高等院校应届毕业生应征入伍，从2008 年开始征集入伍的具有大专以上学历的义务兵退役后，报考公务员时，其两年服役期作为基层工作经历。同时，为维护兵役法规的严肃性，在对违反兵役法规行为，严格按照《兵役法》、和《征兵工作条例》进行处理的基础上，对应征公民到部队因拒服兵役导致退兵的，应征公民在接受经济处罚的同时，不得录用为国家公务员，是预备党员的取消预备党员资格，是党员的开除党籍；两年内不得录用为国有企事业单位职工，不得办理工商营业执照，不得出国、出境或者升学。

四、应届大学毕业生入伍优惠政策

（一）应届毕业生预征对象应征入伍时享有"四个优先"

优先报名应征：应届毕业生预征对象持《应届毕业生预征对象登记表》，在征兵报名期间直接到入学前户籍所在地的县级征兵办公室报名应征。已将户口迁到学校办理集体户口的应届毕业生，应将户口迁回入学前户籍所在地后进行报名。

优先体检政审：县级征兵办公室优先安排应届毕业生预征对象上站体检和政治审查。外地就读的应届毕业生预征对象，未能在规定时间内到户籍所在地报名的，本人持《应届毕业生预征对象登记表》，可在征兵体检时间内前去报名，县级征兵办公室安排其上站体检。

优先审批定兵：体检政审合格的高校应届生预征对象，享有优先审批定兵的优惠政策。县级征兵办公室审批定兵时，优先批准学历高的青年、优先批准应届毕业生入伍。应届毕业生预征对象合格人数较多，征集指标无法满足的地区，优先批准学历高的预征对象入伍。

优先安排使用：县级征兵办公室分配新兵去向时，优先考虑应届毕业生预征对象的学历、专业、个人特长和本人意愿，优先安排到军兵种或专业技术要求高的部队服役；部队对征集入伍的应届毕业生，优先考虑按其学历和专业水平安排到适合岗位，发挥其专长。同等条件下，高校毕业生士兵在选取士官、考军校、安排到技术岗位等方面优先；具有普通本科学历、取得相应学位的高校毕业生士兵，表现优秀、符合总部有关规定的可按计划直接选拔为基层干部。

（二）退役后入学优惠

公检法机关定向招录优先：退役后参加政法院校为公检法系统定向岗位招生

考试时，优先录取。

免试或优惠升学：退役的高职（高专）毕业生可直接入读成人本科；参加普通本科考试，享受招生计划单列、考试成绩单独划线、择优录取等政策，按30%比例录取；报考硕士研究生初试总分加10分；立二等功及以上的，退役后免试（指初试）攻读硕士研究生。

高校全日制普通本专科（含高职）、研究生、第二学士学位的应（往）届毕业生、在校生和入学新生，以及成人高校招收的普通本专科（高职）应（往）届毕业生、在校生和入学新生，这些高校学生应征入伍服义务兵役，可以享受国家资助。

对符合资助条件的高校学生，在入伍时对其在校期间缴纳的学费实行一次性补偿或获得的国家助学贷款实行代偿；应征入伍服义务兵役前正在高等学校就读的学生或入学新生，服役期间按国家有关规定保留学籍或入学资格、退役后自愿复学或入学的，国家实行学费减免。

在校期间已免除全部学费的学生；定向生、委培生和国防生；其他不属于服义务兵役到部队参军的学生，不享受资助。

（三）就业安置优惠

1）被确定为预征对象的普通高等学校应届毕业生离校时，就读高校为其办理《全国普通高等学校毕业生就业报到证》并在备注栏注明"预征对象"字样。在入学时已将户口由原籍迁至就读高校的预征对象，要将户口迁回原籍。

2）入伍高校毕业生原就读高校根据全国学生资助管理中心或省级学生资助管理中心核实的信息，对本校入伍毕业生进行登记备案，并作为其退出现役后办理就业手续的依据。

3）入伍高校毕业生退出现役后，可参照普通高等学校应届毕业生，凭用人单位录（聘）用手续，向原就读高校再次申请办理就业报到证。申请办理就业报到证的期限从退出现役当年的12月1日起，至次年12月31日止。

各地公安部门依据退出现役高校毕业生所持的《全国普通高等学校毕业生就业报到证》，为其办理从原籍到工作所在地的户口迁移手续。直辖市按照有关规定执行。

未能入伍的毕业生预征对象，可根据有关规定，向原就读学校申请办理就业改派手续，毕业生就业地公安部门凭毕业生所持的《全国普通高等学校毕业生就业报到证》为其办理户口迁移手续。直辖市按照有关规定执行。

附录　高校毕业生就业创业政策百问

一、鼓励企业特别是中小企业吸纳高校毕业生就业

1. 国家对鼓励中小企业吸纳高校毕业生有哪些政策措施？

按照《国务院办公厅关于做好 2013 年全国普通高等学校毕业生就业工作的通知》（国办发〔2013〕35 号）、《国务院关于进一步支持小型微型企业健康发展的意见》（国发〔2012〕14 号）和《国务院关于进一步做好普通高等学校毕业生就业工作的通知》（国发〔2011〕16 号）等文件规定：

1）对招收高校毕业生达到一定数量的中小企业，地方财政应优先考虑安排扶持中小企业发展资金，并优先提供技术改造贷款贴息。

2）对劳动密集型小企业当年新招收登记失业高校毕业生，达到企业现有在职职工总数 30%（超过 100 人的企业达 15%）以上，并与其签订 1 年以上劳动合同的劳动密集型小企业，可按规定申请最高不超过 200 万元的小额担保贷款并享受 50%的财政贴息。

3）高校毕业生到中小企业就业的，在专业技术职称评定、科研项目经费申请、科研成果或荣誉称号申报等方面，享受与国有企事业单位同类人员同等待遇。

4）对小型微型企业新招用毕业年度高校毕业生，签订 1 年以上劳动合同并按时足额缴纳社会保险费的，给予 1 年的社会保险补贴；组织开展岗前培训的，按规定给予培训费补贴。

2. 国家对引导国有企业吸纳高校毕业生就业有哪些政策措施？

按照《国务院办公厅关于做好 2013 年全国普通高等学校毕业生就业工作的通知》（国办发〔2013〕35 号）和《关于做好 2013－2014 年国有企业招收高校毕业生工作有关事项的通知》（国资厅发分配〔2013〕37 号）等文件规定：

1）承担对口支援西藏、青海、新疆任务的中央企业要结合援助项目建设，积极吸纳当地高校毕业生就业。

2）规范国有单位招聘行为，完善公务员招考和事业单位公开招聘制度，探索建立国有单位招聘信息统一公开发布制度，加强国有企业招聘活动监管，在国有企业全面推行分级分类的公开招聘制度，切实做到信息公开、过程公开、结果公开。

3）规范招收高校毕业生工作的程序和流程。加强招聘过程管理，创新监督形

式，在招录岗位、资格要求、招收程序等方面统一安排，及时准确公布报名、资格审查、笔试、面试以及招聘结果等相关信息，切实做到信息公开、过程公开、结果公开。坚决反对任何形式的就业歧视，严禁在招聘过程中违反国家规定对性别、户籍、学历、院校等条件进行限制。

3. 企业招收就业困难高校毕业生享受什么优惠政策？

按照《财政部、人力资源和社会保障部关于进一步加强就业专项资金管理有关问题的通知》（财社〔2011〕64号）规定，对各类企业（单位）招用符合条件的就业困难高校毕业生，与之签订劳动合同并缴纳社会保险费的，按其为就业困难高校毕业生实际缴纳的基本养老保险费、基本医疗保险费和失业保险费给予补贴，不包括企业（单位）和个人应缴纳的其他社会保险费。

根据《就业促进法》有关规定，就业困难人员是指因身体状况、技能水平、家庭因素、失去土地等原因难以实现就业，以及连续失业一定时间仍未能实现就业的人员。就业困难人员的具体范围，由省、自治区、直辖市人民政府根据本行政区域的实际情况规定。

企业（单位）按季将符合享受社会保险补贴条件人员的缴费情况单独列出，向当地人力资源和社会保障部门申请补贴。社会保险补贴申请材料应附：符合享受社会保险补贴条件的人员名单及身份证复印件、《就业失业登记证》复印件、劳动合同等就业证明材料复印件、社会保险征缴机构出具的社会保险费明细账（单）、企业（单位）在银行开立的基本账户等凭证材料，经人力资源和社会保障部门审核后，财政部门将补贴资金支付到企业（单位）在银行开立的基本账户。

4. 企业为高校毕业生开展岗前培训享受什么优惠政策？

按照《财政部、人力资源和社会保障部关于进一步加强就业专项资金管理有关问题的通知》（财社〔2011〕64号）等文件规定，企业新录用毕业年度高校毕业生与其签订6个月以上期限劳动合同，在劳动合同签订之日起6个月内由企业依托所属培训机构或政府认定的培训机构开展岗前就业技能培训的，根据培训后继续履行劳动合同情况，按照当地确定的职业培训补贴标准的一定比例，对企业给予定额职业培训补贴。

企业开展岗前培训前，需将培训计划大纲、培训人员花名册及身份证复印件、劳动合同复印件等材料报当地人力资源和社会保障部门备案，培训后根据劳动者继续履行劳动合同情况，向人力资源和社会保障部门申请职业培训补贴。申请材料经人力资源和社会保障部门审核后，财政部门按规定将补贴资金直接拨入企业在银行开立的基本账户。企业申请职业培训补贴应附：培训人员花名册、培训人员身份证复印件、《就业失业登记证》复印件、劳动合同复印件、职业培训合格证书等凭证材料。

5. 高校毕业生从企业到机关事业单位就业后工龄如何计算？

按照《国务院关于进一步做好普通高等学校毕业生就业工作的通知》（国发〔2011〕16 号）等文件规定，高校毕业生从企业、社会团体到机关事业单位就业的，其按规定参加企业职工基本养老保险的缴费年限合并为连续工龄。

6. 高校毕业生到企业特别是中小企业就业可否在当地落户？

按照《国务院办公厅关于做好 2013 年全国普通高等学校毕业生就业工作的通知》（国办发〔2013〕35 号）文件规定，要简化高校毕业生就业程序，消除其在不同地区、不同类型单位之间流动就业的制度性障碍。切实落实允许包括专科生在内的高校毕业生在就（创）业地办理落户手续的政策（直辖市按有关规定执行）。

7. 流动人员人事档案如何保管？

根据《流动人员人事档案管理暂行规定》规定，流动人员人事档案是指：

1）辞职或被辞退的机关工作人员、企事业单位专业技术人员和管理人员的人事档案；

2）与用人单位解除劳动合同或聘用合同的专业技术人员和管理人员的人事档案；

3）待业的大中专毕业生的人事档案；

4）自费出国留学人员的人事档案；

5）外商投资企业、乡镇企业、区街企业、民营科技企业、私营企业等非国有企业聘用的专业技术人员和管理人员的人事档案；

6）外国企业常驻代表机构的中方雇员的人事档案；

7）其他流动人员的人事档案。

流动人员人事档案管理机构为县以上（含县）党委组织部门和政府人力资源和社会保障部门所属的公共就业和人才服务机构，其他任何单位不得擅自管理流动人员人事档案；严禁个人保管他人人事档案。跨地区流动的流动人员人事档案，可由其户籍所在地的公共就业和人才服务机构管理，也可由其现工作单位所在地的公共就业和人才服务机构管理。

高校毕业生到具有档案管理权限的机关、事业单位、国有企业就业的，由单位直接接收、管理档案。到无档案管理权限的单位（私营企业、外资企业等）就业的，可由各地公共就业和人才服务机构负责提供档案管理等人事代理服务。高校毕业生离校时没有就业的，档案可由学校统一发回原户籍所在地公共就业和人才服务机构保管。档案不允许个人保存。

8. 什么是人事代理？

公共就业和人才服务机构可在规定业务范围内接受用人单位和个人委托，从事下列人事代理服务：①流动人员人事档案管理；②因私出国政审；③在规定的范围内申报或组织评审专业技术职务任职资格；④转正定级和工龄核定；⑤大中专毕业生接收手续；⑥其他人事代理事项。

9. 高校毕业生怎样办理人事代理？

按照《人才市场管理规定》有关规定，人事代理方式可由单位集体委托代理，也可由个人委托代理；可多项委托代理，也可单项委托代理；可单位全员委托代理，也可部分人员委托代理。

单位办理委托人事代理，须向代理机构提交有效证件以及委托书，确定委托代理项目。经代理机构审定后，由代理机构与委托单位签定人事代理合同书，明确双方的权利和义务，确立人事代理关系。

10. 高校毕业生如何与用人单位订立劳动合同？

《劳动合同法》第七条规定，用人单位自用工之日起即与劳动者建立劳动关系。

第十条规定，建立劳动关系，应当订立书面劳动合同。已建立劳动关系，未同时订立书面劳动合同的，应当自用工之日起一个月内订立书面劳动合同。用人单位与劳动者在用工前订立劳动合同的，劳动关系自用工之日起建立。

第八条规定，用人单位（企业、个体经济组织、民办非企业单位等组织）招用劳动者时，应当如实告知劳动者工作内容、工作条件、工作地点、职业危害、安全生产状况、劳动报酬，以及劳动者要求了解的其他情况；用人单位有权了解劳动者与劳动合同直接相关的基本情况，劳动者应当如实说明。

第九条规定，用人单位招用劳动者，不得扣押劳动者的居民身份证和其他证件，不得要求劳动者提供担保或者以其他名义向劳动者收取财物。

11. 什么是社会保险？我国建立了哪些社会保险制度？

社会保险是指国家通过立法，按照权利与义务相对应原则，多渠道筹集资金，对参保者在遭遇年老、疾病、工伤、失业、生育等风险情况下提供物质帮助（包括现金补贴和服务），使其享有基本生活保障、免除或减少经济损失的制度安排。

《社会保险法》第二条规定，我国建立基本养老保险、基本医疗保险、工伤保险、失业保险、生育保险等社会保险制度，保障公民在年老、疾病、工伤、失业、生育等情况下依法从国家和社会获得物质帮助的权利。其中，基本养老保险制度包括职工基本养老保险制度、新型农村社会保险制度和城镇居民社会养老保险制度；基本医疗保险制度包括职工基本医疗保险制度、新型农村合作医疗制度和城镇居民医疗保险制度。

12. 用人单位应该履行哪些社会保险义务？享有哪些社会保险权利？

1）社会保险义务：一是申请办理社会保险登记的义务；二是申报和缴纳社会保险费的义务；三是代扣代缴职工社会保险的义务；四是向职工告知缴纳社会保险费明细的义务。

2）社会保险权利：一是有权免费查询、核对其缴费记录；二是有权要求社会保险经办机构提供社会保险咨询等相关服务；三是可以参加社会保险监督委员会，对社会保险工作提出咨询意见和建议，实施社会监督；四是对侵害自身权益和不依法办理社会保险事务的行为，有权依法申请行政复议或者提起行政诉讼。此外，还有权对违反社会保险法律、法规的行为进行举报、投诉。

13. 参加社会保险的个人享有哪些权利？

高校毕业生依法缴纳社会保险费后，享有以下权利：

①有权依法享受社会保险待遇；

②有权监督本单位为其缴费情况；

③有权免费向社会保险经办机构查询、核对其缴费和享受社会保险待遇权益记录；

④有权要求社会保险经办机构提供社会保险咨询等相关服务；

⑤对侵害自身权益和不依法办理社会保险事务的行为，有权依法申请行政复议或者提起行政诉讼。

此外，还有权对违反社会保险法律、法规的行为进行举报、投诉。

14. 目前国家对用人单位及其职工和参保个人缴纳社会保险费的费率是如何规定的？

1）用人单位及其职工缴纳社会保险费的费率。根据《国务院关于完善企业职工基本养老保险制度的决定》(国发〔2005〕38 号)、《国务院关于建立城镇职工基本医疗保险制度的决定》(国发〔1998〕44 号)、《失业保险条例》（国务院令第 258 号）规定，用人单位缴纳基本养老保险、基本医疗保险和失业保险的费率，分别是原则上为本单位工资总额的 20%、6%左右和 2%；用人单位缴纳工伤保险费按照《工伤保险条例》（国务院令第 586 号）规定实行行业差别费率和浮动费率，有关费率确定按照国家相应规定执行；用人单位缴纳生育保险费的费率按照《企业职工生育保险试行办法》（劳部发〔1994〕504 号）规定执行，由统筹地区政府根据实际情况自行确定，但不得超过用人单位工资总额的 1%。职工本人缴纳基本养老保险、基本医疗保险和失业保险的费率，分别为本人工资的 8%、2%和 1%。

2）参保个人缴纳社会保险费的费率。根据《国务院关于完善企业职工基本养老保险制度的决定》(国发〔2005〕38 号)规定，无雇工的个体工商户和灵活就业人员参加职工基本养老保险的缴费费率为 20%，其中 8%计入个人账户；无雇工的个体工商户和灵活就业人员参加职工基本医疗保险的缴费费率，按国家有关规定，统筹地区可以参照当地基本医疗保险建立统筹基金的缴费水平确定。

3)城镇居民参加居民医疗保险和农村居民参加新型农村社会养老保险及新型农村合作医疗，主要采取定额方式缴纳社会保险费。

15. 高校毕业生如何处理劳动人事纠纷？

发生劳动人事争议，可以通过协商解决。当事人不愿协商或协商不成的，可以向调解组织申请调解；不愿调解、调解不成或者达成调解协议后不履行的，可以向劳动人事争议仲裁委员会申请仲裁；对仲裁裁决不服的，除法律另有规定的外，可以向人民法院提起诉讼。

对用人单位违反劳动保障法律、法规和规章的情况，高校毕业生可向人力资源和社会保障部门举报、投诉。劳动保障监察机构将依法受理，纠正和查处有关违法行为。

16. 什么是服务外包和服务外包企业？

服务外包是指企业将其非核心的业务外包出去，利用外部最优秀的专业化团队来承接该业务，从而使其专注核心业务，达到降低成本、提高效率、增强企业核心竞争力和对环境应变能力的一种管理模式。

服务外包企业是指其与服务外包发包商签订中长期服务合同，承接服务外包业务的企业。

17. 目前服务外包产业主要涉及哪些领域及地区？

服务外包分为信息技术外包服务（ITO）、技术性业务流程外包服务（BPO）和技术性知识流程外包（KPO）等。ITO 包括软件研发及外包、信息技术研发服务外包、信息系统运营维护外包等领域。BPO 包括企业业务流程设计服务、企业内容管理数据库服务、企业运营数据库服务、企业供应链管理数据库服务等领域。KPO 包括知识产权研究、医药和生物技术研发和测试、产品技术研发、工业设计、分析学和数据挖掘、动漫及网游设计研发、教育课件研发、工程设计等领域。

我国目前有服务外包示范城市 21 个，分别是北京、天津、上海、重庆、大连、深圳、广州、武汉、哈尔滨、成都、南京、西安、济南、杭州、合肥、南昌、长沙、大庆、苏州、无锡、厦门。

18. 服务外包企业吸纳高校毕业生有哪些财政支持？

按照《国务院办公厅关于鼓励服务外包产业加快发展的复函》（国办函〔2010〕69 号）、《人力资源和社会保障部、商务部关于加快服务外包产业发展促进高校毕业生就业的若干意见》（人社部发〔2009〕123 号）等文件规定，对符合条件的服务外包企业，每新录用一名大学以上学历员工从事服务外包工作并签订一年期以上劳动合同的，给予企业不超过每人 4500 元的培训支持；对符合条件的培训机构培训的从事服务外包业务人才（大学以上学历），通过服务外包业务专业知识和技能培训考核，并与服务外包企业签订一年期以上劳动合同的，给予培训机构每人不超过 500 元的培训支持。

服务外包企业吸纳高校毕业生参加就业见习的，享受相关财政补助政策。服务外包企业吸纳就业困难高校毕业生就业，享受社会保险补贴等扶持政策。就业困难高校毕业生参加服务外包培训可按规定享受职业培训补贴和职业技能鉴定补贴。

二、鼓励引导高校毕业生面向城乡基层、中西部地区以及民族地区、贫困地区和艰苦边远地区就业

19. 什么是基层就业？

基层就业就是到城乡基层工作。国家近几年出台了一系列优惠政策鼓励高校毕业生积极参加社会主义新农村建设、城市社区建设和应征入伍。一般来讲，"基层"既包括广大农村，也包括城市街道社区；既涵盖县级以下党政机关、企事业单位，也包括社会团体、非公有制组织和中小企业；既包含单位就业，也包括自主创业、自谋职业。

20. 国家鼓励毕业生到基层就业的主要优惠政策包括哪些？

按照《国务院办公厅关于做好 2013 年全国普通高等学校毕业生就业工作的通知》（国办发〔2013〕35 号）和《国务院关于进一步做好普通高等学校毕业生就业工作的通知》（国发〔2011〕16 号）等文件规定：

1）各地要根据统筹城乡经济和加快基本公共服务发展的需要，大力开发社会管理和公共教育、医疗卫生、文化等领域服务岗位，增加高校毕业生就业机会。要进一步完善相关政策，重点解决好他们在工资待遇、社会保障、人员编制、户口档案、职称评定、教育培训、人员流动、资金支持等方面面临的实际问题，鼓励和引导高校毕业生到城乡基层特别是城市社区和农村教育、医疗卫生、文化、科技等基层岗位工作。

2）对到农村基层和城市社区从事社会管理和公共服务工作的高校毕业生，符合公益性岗位就业条件并在公益性岗位就业的，按照国家现行促进就业政策的规定，给予社会保险补贴和公益性岗位补贴。

3）对到农村基层和城市社区其他社会管理和公共服务岗位就业的，给予薪酬

或生活补贴，同时按规定参加有关社会保险。

4）对到中西部地区和艰苦边远地区县以下基层单位就业、并履行一定服务期限的高校毕业生，以及应征入伍服义务兵役的高校毕业生，按规定实施相应的学费补偿和国家助学贷款代偿。

5）自2012年起，省级以上机关录用公务员，除部分特殊职位外，均应从具有2年以上基层工作经历的人员中录用。市（地）级以下机关特别是县乡机关招录公务员，应采取有效措施积极吸引优秀应届高校毕业生报考，录用计划应主要用于招收应届高校毕业生。

6）对具有基层工作经历的高校毕业生，在研究生招录和事业单位选聘时实行优先。

21. 什么是基层社会管理和公共服务岗位？

所谓基层社会管理和公共服务岗位，包括大学生村官、支教、支农、支医、乡村扶贫，以及城市社区的法律援助、就业援助、社会保障协理、文化科技服务、养老服务、残疾人居家服务、廉租房配套服务等岗位。

2009年4月，人力资源和社会保障部下发《关于公布第一批基层社会管理和公共服务岗位目录的通知》（人社部函〔2009〕135号），向社会公布第一批基层社会管理和公共服务岗位目录，以指导各地做好鼓励和引导高校毕业生到基层就业的工作。这批发布的岗位目录共分为基层人力资源和社会保障管理、基层农业服务、基层医疗卫生服务、基层文化科技服务、基层法律服务、基层民政、托老托幼、助残服务、基层市政管理、基层公共环境与设施管理维护以及其他等九大类领域，包括在街道（乡镇）、社区（村）等基层单位从事公共就业服务、社会保障、劳动关系协调、劳动监察、农业、扶贫开发、医疗、卫生、保健、防疫、文化、科技、体育、普法宣传、民事调解、托老、养老、托幼、助残、公共设施设备管理养护等相关事务管理服务工作的50种岗位。

22. 什么是其他基层社会管理和公共服务岗位？

在街道社区、乡镇等基层开发或设立的相应的社会管理和公共服务岗位。部分由政府出资，或由相关组织和单位出资。所安排使用的人员按规定享受相关补贴。

23. 什么是公益性岗位？

由政府开发、以满足社区及居民公共利益为目的的管理和服务岗位。对符合条件在公益性岗位安置就业的就业困难人员，按规定给予社会保险补贴和岗位补贴。符合公益性岗位安置条件的就业困难高校毕业生，可按规定享受公益性岗位就业援助政策。

24. 什么是公益性岗位社会保险补贴？

按照《财政部、人力资源和社会保障部关于进一步加强就业专项资金管理有关问题的通知》（财社〔2011〕64 号）规定，对就业困难人员的社会保险补贴实行"先缴后补"的办法。在公益性岗位安排就业困难人员，并缴纳社会保险费的，按其为就业困难人员实际缴纳的基本养老保险费、基本医疗保险费和失业保险费给予补贴，不包括就业困难人员个人应缴纳的基本养老保险费、基本医疗保险费和失业保险费，以及企业（单位）和个人应缴纳的其他社会保险费。社会保险补贴期限，一般最长不超过 3 年。

25. 什么是公益性岗位补贴？

对在公益性岗位安排就业困难人员就业的单位，按其实际安排就业困难人员人数给予岗位补贴。公益性岗位补贴期限，一般最长不超过 3 年。

在公益性岗位安排就业困难人员就业的单位，可按季向当地人力资源和社会保障部门申请公益性岗位补贴。公益性岗位补贴申请材料应附：符合享受公益性岗位补贴条件的人员名单及身份证复印件、《就业失业登记证》复印件、发放工资明细账（单）、单位在银行开立的基本账户等凭证材料，经人力资源和社会保障部门审核后，财政部门将补贴资金支付到单位在银行开立的基本账户。

26. 为鼓励高校毕业生面向基层就业，实施学费补偿和助学贷款代偿政策的主要内容是什么？

按照《财政部、教育部关于印发〈高等学校毕业生学费和国家助学贷款代偿暂行办法〉的通知》（财教〔2009〕15 号）等文件规定，中央部门所属高校应届毕业生（全日制本专科、高职生、研究生、第二学士学位毕业生）到中西部地区和艰苦边远地区基层单位就业、服务期在 3 年以上（含 3 年）的，其学费由国家实行补偿。在校学习期间获得国家助学贷款（含高校国家助学贷款和生源地信用助学贷款，下同）的，补偿的学费优先用于偿还国家助学贷款本金及其全部偿还之前产生的利息。定向、委培以及在校期间已享受免除全部学费政策的学生除外。

27. 国家实施补偿学费和代偿助学贷款的就业地域范围包括哪些？

国家对到中西部地区和艰苦边远地区基层单位就业、并履行一定服务期限的中央部门所属高校毕业生，按规定实施相应的学费补偿和助学贷款代偿。这里涉及的地域范围主要包括如下地区。

1）西部地区：西藏、内蒙古、广西、重庆、四川、贵州、云南、陕西、甘肃、青海、宁夏、新疆 12 个省（自治区、直辖市）；

2）中部地区：河北、山西、吉林、黑龙江、安徽、江西、河南、湖北、湖南、海南 10 个省；

3）艰苦边远地区：由国务院确定的经济水平、条件较差的一些州、县和少数民族地区。（详情可登录中国政府网查询：http://www.gov.cn）

4）基层单位：

①中西部地区和艰苦边远地区县以下机关、企事业单位，包括乡（镇）政府机关、农村中小学、国有农（牧、林）场、农业技术推广站、畜牧兽医站、乡镇卫生院、计划生育服务站、乡镇文化站、乡镇劳动就业服务站等；

②工作现场地处以上地区县以下的气象、地震、地质、水电施工、煤炭、石油、航海、核工业等中央单位艰苦行业生产第一线。

28. 学费补偿和助学贷款代偿的标准和年限是多少？

每生每学年补偿学费和代偿国家助学贷款的金额最高不超过6000元。在校学习期间每年实际缴纳的学费或获得的国家助学贷款低于6000元的，按照实际缴纳的学费或获得的国家助学贷款金额实行补偿或代偿。每年实际缴纳的学费高于6000元的，按照每年6000元的金额实行补偿或者代偿。

本科、专科（高职）、研究生和第二学士学位毕业生补偿学费或代偿国家助学贷款的年限，分别按照国家规定的相应学制计算。在校学习的时间低于相应学制规定年限的，按照实际学习时间计算补偿学费或代偿助学贷款年限。在校学习时间高于相应学制年限的，按照学制规定年限计算。

每年代偿学费或国家助学贷款总额的三分之一，三年代偿完毕。

29. 中央部门所属高校毕业生如何申请学费补偿和助学贷款代偿？

1）在办理离校手续时向学校递交《学费和国家助学贷款代偿申请表》和毕业生本人、就业单位与学校三方签署的到中西部地区和艰苦边远地区基层单位服务3年以上的就业协议；

2）在校学习期间获得国家助学贷款的，在与国家助学贷款经办银行签订毕业后还款计划时，注明已申请国家助学贷款代偿，如获得国家助学贷款代偿资格，不需自行向银行还款；

3）高校负责审查申请资格并上报全国学生资助管理中心。

30. 地方所属高校毕业生到基层就业如何获得学费补偿和助学贷款代偿？

按照《财政部、教育部关于印发〈高等学校毕业生学费和国家助学贷款代偿暂行办法〉的通知》（财教〔2009〕15号）要求，各地要抓紧研究制订本地所属高校毕业生面向本辖区艰苦边远地区基层单位就业的学费补偿和助学贷款代偿办法。地方所属高校毕业生到基层就业是否可以获得学费补偿或国家助学贷款代偿，以及如何申请办理补偿或代偿等，可向学校所在地政府有关部门查询。

31. 到基层就业如何办理户口、档案、党团关系等手续？

对到西部县以下基层单位和艰苦边远地区就业的高校毕业生，实行来去自由的政策，户口可留在原籍或根据本人意愿迁往就业地区；人事档案原则上统一转至就业单位所在地的县级政府人力资源和社会保障部门，由公共就业和人才服务机构提供免费人事代理服务；党团组织关系转至就业单位，在工作期间积极要求入党的，由乡镇一级党组织按规定程序办理。

32. 中央有关部门实施了哪些基层就业项目？

近年来，中央各有关部门主要组织实施了五个引导高校毕业生到基层就业的专门项目，包括：共青团中央、教育部、财政部、人力资源和社会保障部四部门从 2003 年起组织实施的"大学生志愿服务西部计划"；中组部、人力资源和社会保障部、教育部等八部门从 2006 年开始组织实施的"三支一扶"（支教、支农、支医和扶贫）计划；教育部、财政部、人力资源和社会保障部、中央编办四部门从 2006 年开始组织实施的"农村义务教育阶段学校教师特设岗位计划"；中组部、教育部、财政部、人力资源和社会保障部等部门从 2008 年起组织实施的"选聘高校毕业生到村任职工作"；农业部、人社部、教育部等部门从 2103 年起组织实施的"农业技术推广服务特设岗位计划"。

33. 什么是农村义务教育阶段学校教师特设岗位计划？

2006 年，教育部、财政部、原人事部、中央编办下发《关于实施农村义务教育阶段学校教师特设岗位计划的通知》（教师〔2006〕2 号），联合启动实施"特岗计划"，公开招聘高校毕业生到"两基"攻坚县农村义务教育阶段学校任教。特岗教师聘期 3 年。

34. 农村教师特岗计划实施的地区范围包括哪些？

2006~2008 年"特岗计划"的实施范围以国家西部地区"两基"攻坚县为主（含新疆生产建设兵团的部分团场），包括纳入国家西部开发计划的部分中部省份的少数民族自治州，适当兼顾西部地区一些有特殊困难的边境县、少数民族自治县和少小民族县。2009 年，实施范围扩大到中西部地区国家扶贫开发工作重点县。

35. 农村教师特岗计划招聘对象和条件是什么？

1）以高等师范院校和其他全日制普通高校应届本科毕业生为主，可招少量应届师范类专业专科毕业生。

2）取得教师资格，具有一定教育教学实践经验，年龄在 30 岁以下的全日制普通高校往届本科毕业生。

3）参加过"大学生志愿服务西部计划"、有从教经历的志愿者和参加过半年以上实习支教的师范院校毕业生同等条件下优先。

4）报名者应同时符合教师资格条件要求和招聘岗位要求。

36. 农村教师特岗计划的招聘程序有哪些？

特岗教师实行公开招聘，合同管理。合同规定用人单位和应聘人员双方的权利和义务。

招聘工作由省级教育、人力资源和社会保障、财政、编办等相关部门共同负责，遵循"公开、公平、自愿、择优"和"三定"（定县、定校、定岗）原则，按下列程序进行：①公布需求，②自愿报名，③资格审查，④考试考核，⑤集中培训，⑥资格认定，⑦签订合同，⑧上岗任教。

37. 什么是选聘高校毕业生到村任职？

2008 年，中组部、教育部、财政部、人力资源和社会保障部出台了《关于印发〈关于选聘高校毕业生到村任职工作的意见(试行)〉的通知》（组通字〔2008〕18 号），计划用五年时间选聘 10 万名高校毕业生到农村担任村党支部书记助理、村委会主任助理或团支部书记、副书记等职务。从 2010 年开始，扩大选聘规模，逐步实现"一村一名大学生村官"计划的目标。选聘的高校毕业生在村工作期限一般为 2~3 年。

38. 选聘到村任职的对象是什么？要满足哪些条件？

选聘对象为 30 岁以下应届和往届毕业的全日制普通高校专科以上学历的毕业生，重点是应届毕业和毕业 1~2 年的本科生、研究生，原则上为中共党员（含预备党员），非中共党员的优秀团干部、优秀学生干部也可以选聘。

基本条件是：①思想政治素质好，作风踏实，吃苦耐劳，组织纪律观念强。②学习成绩良好，具备一定的组织协调能力。③自愿到农村基层工作。④身体健康。此外，参加人力资源和社会保障部、共青团中央等部门组织的到农村基层服务的"三支一扶""志愿服务西部计划"等活动期满的高校毕业生，本人自愿且具备选聘条件的，经组织推荐可作为选聘对象。

39. 选聘到村任职的程序是什么？

选聘工作一般通过个人报名、资格审查、组织考察、体检、公示、决定聘用、培训上岗等程序进行。

40. 什么是"三支一扶"计划？

三支一扶是支教、支医、支农、扶贫的简称。2006 年，中组部、原人事部等八部门下发《关于组织开展高校毕业生到农村基层从事支教、支农、支医和扶贫工作的通知》（国人部发〔2006〕16 号），以公开招募、自愿报名、组织选拔、统一派遣的方式，从 2006 年开始连续五年，每年招募 2 万名高校毕业生，主要安排到乡镇从事支教、支农、支医和扶贫工作。服务期限一般为 2~3 年。招募对象主要为全国普通高校应届毕业生。

2011 年 4 月，人力资源和社会保障部下发《关于继续做好高校毕业生三支一扶计划实施工作的通知》（人社部发〔2011〕27 号），决定继续组织开展高校毕业生"三支一扶"计划，从 2011 年起，每年选拔 2 万名，五年内选拔 10 万名高校毕业生到基层从事"三支一扶"服务。

41. 什么是大学生志愿服务西部计划？

大学生志愿服务西部计划由共青团中央牵头，教育部、财政部、人力资源和社会保障部共同组织实施。从 2003 年开始，每年招募 1.8 万名普通高等学校应届毕业生，到西部贫困县的乡镇从事为期 1~3 年的教育、卫生、农技、扶贫以及青年中心建设和管理等方面的志愿服务工作。

42. 什么是农业技术推广服务特设岗位计划？

农业技术推广服务特设岗位计划由农业部牵头，人力资源和社会保障部、教育部和科技部共同组织实施。从 2013 年开始，每年招募一批普通高等学校应届毕业生，到乡镇或区域性农业技术推广机构从事为期 2~3 年的农业技术推广、动植物疫病防控、农产品质量安全服务等工作。

43. 参加中央部门组织实施的基层就业项目，服务期满后享受哪些优惠政策？

根据中组部、人力资源和社会保障部、教育部、财政部、共青团中央《关于统筹实施引导高校毕业生到农村基层服务项目工作的通知》（人社部发〔2009〕42 号）等政策规定，参加中央部门组织实施的基层就业项目、服务期满的毕业生，享受以下优惠政策。

1）公务员招录优惠：每年拿出公务员考录计划的一定比例，专门用于定向招录服务期满且考核称职（合格）的服务基层项目人员。服务基层项目人员也可报考其他职位。

2）事业单位招聘优惠：鼓励在项目结束后留在当地就业，参加各基层就业项目相对应的自然减员空岗，全部聘用服务期满的高校毕业生。从 2009 年起，到乡镇事业单位服务的高校毕业生服务满一年后，在现岗位空缺情况下，经考核合格，即可与所在单位签订不少于三年的聘用合同。同时，各省（区、市）县及县以上相关的事业单位公开招聘工作人员，应拿出不低于 40%的比例，聘用各专门项目服务期满考核合格的高校毕业生。

3）考学升学优惠：服务期满后三年内报考硕士研究生初试总分加 10 分；同等条件下优先录取；高职（高专）学生可免试入读成人本科。

4）国家补偿学费和代偿助学贷款政策：参加各基层就业项目的毕业生，符合规定条件的，可享受相应的学费补偿和助学贷款代偿政策。

5）服务期满自主创业的，可享受税收优惠、行政事业性收费减免、小额贷款担保和贴息等有关政策。

6）其他：各基层就业项目服务年限计算工龄。服务期满到企业就业的，按照规定转接社会保险关系。

44．高校毕业生到艰苦边远地区或国家扶贫开发工作重点县就业有什么优惠政策？

根据《国务院关于进一步做好普通高等学校毕业生就业工作的通知》（国发〔2011〕16 号）规定，对到艰苦边远地区或国家扶贫开发工作重点县就业的高校毕业生，在机关工作的，试用期工资可直接按试用期满后工资确定，试用期满后级别工资高定 1~2 档；在事业单位工作的，可提前转正定级，转正定级时薪级工资高定 1~2 级。

三、鼓励大学生应征入伍，报效祖国

45．国家鼓励大学生应征入伍服义务兵役，这里的"大学生"如何界定？

指根据国家有关规定批准设立、实施高等学历教育的全日制公办普通高等学校、民办普通高等学校和独立学院，按照国家招生规定录取的全日制普通本科、专科（含高职）、研究生、第二学士学位的应（往）届毕业生、在校生和已被普通高校录取但未报到入学的学生。

征集的大学生以男性为主，女性大学生征集根据军队需要确定。

46．公民应征入伍需要满足哪些政治条件？

征集服现役的公民必须热爱中国共产党，热爱社会主义祖国，热爱人民军队，遵纪守法，品德优良，决心为抵抗侵略、保卫祖国、保卫人民的和平劳动而英勇奋斗。征兵政治审查的内容包括：应征公民的年龄、户籍、职业、政治面貌、宗教信仰、文化程度、现实表现以及家庭主要成员和主要社会关系成员的政治情况等。

47．公民应征入伍要满足哪些基本身体条件？

公民应征入伍要符合国防部颁布的《应征公民体格检查标准》和有关规定。其中，有几项基本条件。

身高：男性 162cm 以上，女性 160cm 以上。

体重：男性，不超过标准体重的 25%，不低于标准体重的 15%。

女性，不超过标准体重的 15%，不低于标准体重的 15%。

标准体重=(身高－110)kg。

视力：大学生右眼裸眼视力不低于 4.6，左眼裸眼视力不低于 4.5。屈光不正，准分子激光手术后半年以上，无并发症，视力达到相应标准的，合格。

内科：乙型肝炎表面抗原呈阴性，等等。

48. 应征入伍服义务兵役大学生的年龄是如何规定的？

男性普通高等学校在校生为年满 18~22 周岁，高职(专科)毕业生可放宽到 23 周岁，本科及以上学历毕业生可放宽到 24 周岁。

女性普通高等学校在校生为年满 18~20 周岁，应届毕业生放宽到 22 周岁。

49. 高校毕业生应征入伍服义务兵役要经过哪些程序？

1)网上报名预征：有应征意向的高校毕业生可在夏秋季征兵开始之前登录"大学生应征入伍网上报名平台"(网址为 http://zbbm.chsi.com.cn 或 http://zbbm.chsi.cn，下同)进行报名，填写、打印《应届毕业生预征对象登记表》和《高校毕业生应征入伍学费补偿国家助学贷款代偿申请表》(以下分别简称《登记表》《申请表》)，交所在高校征兵工作管理部门。

2)初审、初检：毕业生离校前，在高校参加身体初检、政治初审，符合条件者确定为预征对象，高校协助兵役机关将《登记表》和《申请表》审核盖章发给毕业生本人，并完成网上信息确认。初审、初检工作最晚在 7 月 15 日前完成。

3)实地应征：高校应届毕业生可在学校所在地应征入伍，也可在入学前户籍所在地应征入伍。

4)组织高校应届毕业生在学校所在地征集的，结合初审、初检工作同步进行体格检查和政治审查，在毕业生离校前完成预定兵，9 月初学校所在地县（市、区）人民政府征兵办公室为其办理批准入伍手续。政治审查以本人现实表现为主，由其就读学校所在地的县（市、区）公安部门负责，学校分管部门具体承办，原则上不再对其入学前和就读返乡期间的现实表现情况进行调查。

5)在入学前户籍所在地应征入伍的，高校应届毕业生 7 月 30 日前将户籍迁回入学前户籍地，持《登记表》和《申请表》到当地县级兵役机关参加实地应征，经体格检查、政治审查合格的，9 月初由当地县（市、区）人民政府征兵办公室办理批准入伍手续。

50. 大学生征集工作由哪个部门牵头负责？

高校所在地兵役机关会同有关部门进入高校开展征集工作，高校由学生管理部门或学校武装部门牵头负责，有意向参军入伍的大学生可向所在学校学工部（处）、就业中心、资助中心或武装部咨询有关政策。

51. 高校毕业生应征入伍服义务兵役享受哪些优惠政策？

高校毕业生应征入伍服义务兵役，除享有优先报名应征、优先体检政审、优先审批定兵、优先安排使用"四个优先"政策，家庭按规定享受军属待遇外，还享受优先选拔使用、学费补偿和国家助学贷款代偿、退役后考学升学优惠、就业服务等政策。

52. 高校毕业生应征入伍"四个优先"政策是怎样规定的？

高校毕业生预征对象参军入伍享受"四优先"政策：

1）优先报名应征。报名由县级兵役机关直接办理。夏秋季征兵开始前，县级兵役机关通知其报名时间、地点、注意事项等。确定为预征对象的高校毕业生，持《应届毕业生预征对象登记表》，可以直接到学校所在地或户籍所在地县级兵役机关报名应征。

2）优先体检政审。体检由县级兵役机关直接办理。夏秋季征兵体检前，县级兵役机关通知其体检时间、地点、注意事项等。确定为预征对象的高校毕业生，未能在规定时间内在学校参加体检的，本人持《应届毕业生预征对象登记表》，可在征兵体检时间内报名直接参加体检。

3）优先审批定兵。审批定兵时，应当优先批准体检政审合格的高校毕业生入伍。高职（专科）以上文化程度的合格青年未被批准入伍前，不得批准高中文化程度的青年入伍。

4）优先安排使用。在安排兵员去向时，根据高校毕业生的学历、专业和个人特长，优先安排到军兵种或专业技术要求高的部队服役；部队对征集入伍的高校毕业生，优先安排到适合的岗位，充分发挥其专长。

53. 大学生应征入伍服义务兵役给予国家资助的内容是什么？

高等学校学生应征入伍服义务兵役国家资助，是指国家对应征入伍服义务兵役的高校学生，在入伍时对其在校期间缴纳的学费实行一次性补偿或获得的国家助学贷款(国家助学贷款包括校园地国家助学贷款和生源地信用助学贷款，下同)实行代偿；应征入伍服义务兵役前正在高等学校就读的学生(含按国家招生规定录取的高等学校新生)，服役期间按国家有关规定保留学籍或入学资格、退役后自愿复学或入学的，国家实行学费减免。

54. 高校学生应征入伍享受学费补偿、国家助学贷款代偿及学费减免的标准是多少？

按照《财政部、教育部、总参谋部关于印发〈高等学校学生应征入伍服义务兵役国家资助办法〉的通知》（财教〔2013〕236号）规定：

1）学费补偿、国家助学贷款代偿及学费减免标准，本专科生每人每年最高不超过 6000 元，硕士研究生每人每年最高不超过 8000 元，博士研究生每人每年最高不超过 10000 元。

2）学费补偿或国家助学贷款代偿金额，按学生实际缴纳的学费或获得的国家助学贷款(国家助学贷款包括本金及其全部偿还之前产生的利息，下同)两者金额较高者执行，据实补偿或者代偿。退役复学后学费减免金额，按学校实际收取学费金额执行。超出标准部分不予补偿、代偿或减免。

3）获学费补偿学生在校期间获得国家助学贷款的，补偿资金必须首先用于偿还国家助学贷款。如补偿金额高于国家助学贷款金额，高出部分退还学生。

55. 高校学生应征入伍服义务兵役都可以享受国家资助政策吗?

在校期间已免除全部学费的学生，定向生、委培生和国防生，其他不属于服义务兵役到部队参军的学生，均不享受学费补偿和国家助学贷款代偿政策。

56. 高校学生应征入伍服义务兵役享受学费补偿、国家助学贷款代偿和学费减免的年限如何计算?

学费补偿、国家助学贷款代偿和学费减免的年限，按照国家对本科、专科(高职)、研究生和第二学士学位规定的相应修业年限据实计算。以入伍时间为准，入伍前已达到的修业规定年限，即为学费补偿或国家助学贷款代偿的年限；退役复学后应完成的国家规定的修业年限的剩余期限，即为学费减免的年限;复学后攻读更高层次学历不在减免学费范围之内。

专升本、本硕连读、中职高职连读、第二学士学位毕业生补偿学费或代偿国家助学贷款的年限，分别按照完成本科、硕士、高职和第二学士学位阶段学习任务规定的学习时间计算。

专升本、本硕连读学制在校生，在专科或本科学习阶段应征入伍的，以实际学习时间实行学费补偿或国家助学贷款代偿;在本科或硕士学习阶段应征入伍的，以本科已学习时间或硕士已学习时间计算，实行学费补偿或国家助学贷款代偿，其以前专科学习时间或本科学习时间不计入学费补偿或国家助学贷款代偿。中职高职连读学生学费补偿或国家助学贷款代偿的年限，按照高职阶段实际学习时间计算。

57. 高校学生申请应征入伍服义务兵役国家资助的程序是什么?

1）应征报名的高校学生登录大学生征兵报名系统，按要求在线填写、打印《高校学生应征入伍学费补偿国家助学贷款代偿申请表》(一式两份，以下简称《申请表》)并提交学校学生资助管理部门。在校期间获得国家助学贷款的学生，需同时提供《国家助学贷款借款合同》复印件和本人签字的一次性偿还贷款计划书。

2）学校相关部门对《申请表》中学生的资助资格、标准、金额(如有生源地信用助学贷款，学校应联系贷款经办银行或贷款经办地县级学生资助管理机构确认贷款金额)等相关信息审核无误后，对《申请表》加盖公章，一份留存，一份返还学生。

3）学生在征兵报名时将《申请表》交至入伍所在地县级人民政府征兵办公室(以下简称"县级征兵办")。学生通过征兵体检被批准入伍后，县级征兵办对《申请表》加盖公章并返还学生。

4）学生将《申请表》原件和入伍通知书复印件，寄送至原就读高校学生资助管理部门。

58. 因个人原因被部队退回，高校学生已获国家资助的经费要被收回吗?

因本人思想原因、故意隐瞒病史或弄虚作假、违法犯罪等行为造成退兵的学生，学校取消其受助资格，并不得申请学费减免。各省(区、市)人民政府征兵办公室应在接收退兵后及时将被退回学生的姓名、就读高校、退兵原因等情况逐级上报至国防部征兵办公室，并按照学生原就读高校的隶属关系，通报同级教育行政部门。

被部队退回并被取消资助资格的学生，如学生返回其原户籍所在地，已补偿的学费或代偿的国家助学贷款资金由学生户籍所在地县级教育行政部门会同同级人民政府征兵办公室收回；如学生返回其原就读高校，已补偿的学费或代偿的国家助学贷款由学生原就读高校会同退役安置地县级人民政府征兵办公室收回。各县级教育行政部门和各高校应在收回资金后十日内，逐级汇总上缴全国学生资助管理中心。收回资金按规定作为下一年度学费补偿或国家助学贷款代偿经费。

59. 高校毕业生入伍服义务兵役年限是多少?

我国现行的义务兵役制度服役年限是两年。

60. 大学生士兵退役后享受哪些就学优惠政策?

1）高职（专科）学生入伍经历可作为毕业实习经历；

2）退役大学生士兵入学或复学后免修军事技能训练，直接获得学分；

3）普通高校应届毕业生应征入伍服义务兵役，退役后三年内参加全国硕士研究生招生考试的，初试总分加 10 分，立二等功及以上的免试（指初试）攻读硕士研究生；

4）具有高职（高专）学历的，退役后免试入读成人本科，或经过一定考核入读普通本科；荣立三等功以上奖励的，在完成高职（专科）学业后，免试入读普通本科；

5）应征入伍的高校毕业生退役后报考政法干警招录培养体制改革试点招生时，教育考试笔试成绩总分加 10 分。

61. 什么是政法干警招录培养体制改革试点考试?

国家为培养政治业务素质高,实战能力强的应用型、复合型政法人才,加强政法机关公务员队伍建设,2008 年开始重点从部队退役士兵和普通高校毕业生中选拔优秀人才,为基层政法机关特别是中西部和其他经济欠发达地区的县(市)级以下基层政法机关提供人才保障和智力支持。

62. 应征入伍的高校应届毕业生离校后户口档案存放在哪里,如何迁转?

被确定为预征对象的高校应届毕业生,回入学前户籍所在地应征的,将户口迁回入学前户籍所在地,档案转到入学前户籍所在地人才交流中心存放。在学校所在地应征的,可将户籍和档案暂时保留在学校。

高校应届毕业生批准入伍后,其户口档案予以注销,档案放入新兵档案。

63. 高校应届毕业生退役后户档迁移有何优惠政策?

高校应届毕业生入伍服义务兵役退出现役后一年内,可视同当年的高校应届毕业生,凭用人单位录(聘)用手续,向原就读高校再次申请办理就业报到手续,户档随迁(直辖市按照有关规定执行)。

64. 什么是士官?与义务兵有什么区别?

我军现役士兵按兵役性质分为义务兵役制士兵和志愿兵役制士兵。义务兵役制士兵称为义务兵,志愿兵役制士兵称为士官。士官属于士兵军衔序列,但不同于义务兵役制士兵,是士兵中的骨干。义务兵实行供给制,发给津贴,士官实行工资制和定期增资制度。

65. 没有参加网上报名预征的大学生是否还可以应征入伍并享受有关优惠政策?

未参加网上报名预征的大学生,在征兵期间需要补办网上预征手续,没有经过网上报名预征的大学生不享受有关优惠政策。

四、积极聘用高校毕业生参与国家和地方重大科研项目

66. 国家和地方重大科研项目包括哪些?

按照《科技部、教育部、财政部、人力资源和社会保障部、国家自然科学基金委员会关于鼓励科研项目单位吸纳和稳定高校毕业生就业的若干意见》(国科发财〔2009〕97 号)规定,由高校、科研机构和企业所承担的民口科技重大专项、973 计划、863 计划、科技支撑计划项目以及国家自然科学基金会的重大重点项目等,可以聘用高校毕业生作为研究助理或辅助人员参与研究工作。此外的其他项目,承担研究的单位也可聘用高校毕业生。

67. 哪些高校毕业生可以被吸纳为研究助理或辅助人员？

吸纳对象主要以优秀的应届毕业生为主，包括高校以及有学位授予权的科研机构培养的博士研究生、硕士研究生和本科生。

68. 科研项目吸纳的高校毕业生是否为在编职工？

不是项目承担单位的正式在编职工，被吸纳高校毕业生需与项目承担单位签订服务协议，明确双方的权利、责任和义务。

69. 科研项目承担单位与被吸纳高校毕业生签订的服务协议应包含哪些内容？

1）项目承担单位的名称和地址；
2）研究助理的姓名、居民身份证号码和住址；
3）服务协议期限；
4）工作内容；
5）劳务性费用数额及支付方式；
6）社会保险；
7）双方协商约定的其他内容。
服务协议不得约定由毕业生承担违约金。

70. 服务协议的期限如何约定？

根据《人力资源和社会保障部办公厅关于重大科研项目单位吸纳高校毕业生参与研究工作签订服务协议有关问题的通知》（人社厅发〔2009〕47号）等文件规定，服务协议期限最多可签订三年，三年以下的服务协议期限已满而项目执行期未满的，根据工作需要可以协商续签至三年。

71. 服务协议履行期间可以解除协议吗？

服务协议履行期间，毕业生可以提出解除服务协议，但应提前15日书面通知项目承担单位。

项目承担单位提出解除服务协议的，应当提前30日书面通知毕业生本人。研究助理被解除服务协议或协议期满终止后，符合条件的毕业生可按规定享受失业保险待遇。

72. 被吸纳高校毕业生如何获取报酬？

由项目承担单位向高校毕业生支付劳务性费用，具体数额按照国家有关规定、参照相应岗位标准，由双方协商确定。

73. 项目承担单位是否给被吸纳的高校毕业生上保险?

项目承担单位应当为毕业生办理社会保险,具体包括基本养老保险、基本医疗保险、失业保险、工伤保险、生育保险,并按时足额缴费。参保、缴费、待遇支付等具体办法参照各项社会保险有关规定执行。

74. 被吸纳的高校毕业生户档如何迁转?

毕业生参与项目研究期间,根据当地情况,其户口、档案可存放在项目承担单位所在地或入学前家庭所在地公共就业和人才服务机构。项目承担单位所在地或入学前家庭所在地公共就业和人才服务机构应当免费为其提供户口、档案托管服务。

75. 服务协议期满后如何就业?

协议期满,如果项目承担单位无意续聘,则毕业生到其他岗位就业。同时,国家鼓励项目承担单位正式聘用(招用)人员时,优先聘用担任过研究助理的人员。项目承担单位或其他用人单位正式聘用(招用)担任过研究助理的人员,应当分别依据《劳动合同法》《国务院办公厅转发人事部关于在事业单位试行人员聘用制度意见的通知》(国办发〔2002〕35号)等规定执行。

76. 毕业生服务协议期满被用人单位正式录(聘)用后,如何办理落户手续?工龄如何接续?

担任过研究助理的人员被正式聘用(招用)后,按照有关规定,凭用人单位录(聘)用手续、劳动合同和《普通高等学校毕业证书》办理落户手续;工龄与参与项目研究期间的工作时间合并计算,社会保险缴费年限合并计算。

五、鼓励支持高校毕业生自主创业,稳定灵活就业

77. 高校毕业生自主创业,可以享受哪些优惠政策?

按照《国务院办公厅关于做好2013年全国普通高等学校毕业生就业工作的通知》(国办发〔2013〕35号)、《国务院关于进一步做好普通高等学校毕业生就业工作的通知》(国发〔2011〕16号)、《国务院办公厅转发人力资源和社会保障部等部门关于促进以创业带动就业工作指导意见的通知》(国办发〔2008〕111号)等文件规定,高校毕业生自主创业优惠政策主要包括如下六项。

1)税收优惠:持《就业失业登记证》(注明"自主创业税收政策"或附着《高校毕业生自主创业证》)的高校毕业生在毕业年度内(指毕业所在自然年,即1月1日至12月31日)从事个体经营的,三年内按每户每年8000元为限额依次扣减其当年实际应缴纳的营业税、城市维护建设税、教育费附加和个人所得税。对

高校毕业生创办的小型微利企业，按国家规定享受相关税收支持政策。

2）小额担保贷款和贴息支持：对符合条件的高校毕业生自主创业的，可在创业地按规定申请小额担保贷款；从事微利项目的，可享受不超过 10 万元贷款额度的财政贴息扶持。对合伙经营和组织起来就业的，可根据实际需要适当提高贷款额度。

3）免收有关行政事业性收费：毕业两年以内的普通高校毕业生从事个体经营（除国家限制的行业外）的，自其在工商部门首次注册登记之日起三年内，免收管理类、登记类和证照类等有关行政事业性收费。

4）享受培训补贴：对高校毕业生在毕业学年（即从毕业前一年 7 月 1 日起的 12 个月）内参加创业培训的，根据其获得创业培训合格证书或就业、创业情况，按规定给予培训补贴。

5）免费创业服务：有创业意愿的高校毕业生，可免费获得公共就业和人才服务机构提供的创业指导服务，包括政策咨询、信息服务、项目开发、风险评估、开业指导、融资服务、跟踪扶持等"一条龙"创业服务。各地在充分发挥各类创业孵化基地作用的基础上，因地制宜建设一批大学生创业孵化基地，并给予相关政策扶持。对基地内大学生创业企业要提供培训和指导服务，落实扶持政策，努力提高创业成功率，延长企业存活期。

6）取消高校毕业生落户限制，允许高校毕业生在创业地办理落户手续（直辖市按有关规定执行）。

78. 高校毕业生怎样提升自主创业的能力？

各高校要广泛开展创业教育，积极开发创新创业类课程，完善创业教育课程体系，将创业教育课程纳入学分管理。

各地人力资源和社会保障部门已形成一些成熟的创业培训模式，如"GYB"（产生你的企业想法）、"SYB"（创办你的企业）、"IYB"（改善你的企业）；高校毕业生可选择参加创业培训和实训，并可按规定享受培训补贴，以提高创业能力。

79. 什么是小额担保贷款？小额担保贷款的用途是什么？

小额担保贷款是指通过政府出资设立担保基金，委托担保机构提供贷款担保，由经办商业银行发放，以解决符合一定条件的待就业人员从事个体经营自筹资金不足的一项贷款业务。

小额担保贷款主要用做自谋职业、自主创业或合伙经营和组织起来创业的开办经费和流动资金。

80. 申请小额担保贷款额度是多少？贷款期限有多长？

国家规定对符合条件的高校毕业生自主创业的，可在创业地按规定申请小额担保贷款；从事微利项目的，可享受不超过 10 万元贷款额度的财政贴息扶持。各地区对申请小额担保贷款额度有不同规定。对合伙经营和组织起来就业的，可根据需要适当提高贷款额度。

小额担保贷款的期限一般不超过两年，可展期一年。

81. 怎样申请小额担保贷款？在哪些银行可以申请小额担保贷款？

小额担保贷款按照自愿申请、社区推荐、人力资源和社会保障部门审查、贷款担保机构审核并承诺担保、商业银行核贷的程序，办理贷款手续。

各国有商业银行、股份制商业银行、城市商业银行和城乡信用社都可以开办小额担保贷款业务，各地区根据实际情况确定具体经办银行。在指定的具体经办银行可以办理小额担保贷款。

82. 哪些项目属于微利项目？

微利项目由各省、自治区、直辖市人民政府结合当地实际情况确定，并报财政部、中国人民银行、人力资源和社会保障部备案。对于从事微利项目的，财政据实全额贴息，展期不贴息。

83. 针对高校毕业生灵活就业有什么政策措施？

根据《国务院关于进一步做好普通高等学校毕业生就业工作的通知》（国发〔2011〕16 号）、《财政部、人力资源和社会保障部关于进一步加强就业专项资金管理有关问题的通知》（财社〔2011〕64 号）等规定，鼓励支持高校毕业生通过多种形式灵活就业，并给予相关政策扶持。对符合就业困难人员条件的灵活就业高校毕业生，要按规定落实社会保险补贴政策。对申报灵活就业的高校毕业生，各级公共就业和人才服务机构按规定提供人事、劳动保障代理服务，做好社会保险关系接续工作。

对就业困难人员灵活就业后缴纳的社会保险费，给予一定数额的社会保险补贴，补贴数额原则上不超过其实际缴费的 2/3。灵活就业的就业困难人员按规定向当地人力资源和社会保障部门申请社会保险补贴。社会保险补贴申请材料应附：由灵活就业人员签字、人力资源和社会保障部门盖章确认的、注明具体从事灵活就业的岗位、地址等内容的相关证明材料，灵活就业人员身份证复印件、《就业失业登记证》复印件、社会保险征缴机构出具的社会保险费明细账（单）等凭证材料，经人力资源和社会保障部门审核后，财政部门将补贴资金支付给申请者本人。

六、支持高校毕业生参加就业见习和技能培训

84. 什么是就业见习？

就业见习是指由各级人力资源和社会保障部门根据离校未就业高校毕业生本人意愿，组织其到经政府认定的就业见习单位进行见习锻炼、积累工作经验、提升就业能力的一项就业促进措施。

2009 年起，人力资源和社会保障部会同教育部、工业和信息化部、国资委、工商总局、全国工商联和共青团中央联合下发《关于印发三年百万高校毕业生就业见习计划的通知》（人社部发〔2009〕38 号），决定自 2009 年至 2011 年，拓展和规范一批用人单位作为高校毕业生见习基地，用三年时间组织 100 万离校未就业高校毕业生参加就业见习。

未就业高校毕业生如参加就业见习可向当地人力资源和社会保障部门及当地团组织咨询，当地人力资源和社会保障部门是就业见习的组织实施单位。

85. 离校后未就业高校毕业生如何参加就业见习？

人力资源和社会保障部门通过媒体、公共就业和人才服务机构以及电视、网络、报纸等多种渠道，发布就业见习信息，公布见习单位名单、岗位数量、期限、人员要求等有关内容，或者组织开展见习单位和高校毕业生的双向选择活动，帮助离校未就业高校毕业生和见习单位对接。离校后未就业回到原籍的高校毕业生可与原籍所在地人力资源和社会保障部门及当地团组织联系，主动申请参加就业见习。

86. 就业见习期限有多长？

高校毕业生就业见习期限一般为 3~12 个月。

高校毕业生就业见习活动结束后，见习单位对高校毕业生进行考核鉴定，出具见习证明，作为用人单位招聘和选用见习高校毕业生的依据之一。在见习期间，由见习单位正式录（聘）用的，在该单位的见习期可以作为工龄计算。

87. 就业见习单位给毕业生上保险吗？

见习期间所在见习单位为毕业生办理人身意外伤害保险。

88. 离校未就业高校毕业生参加就业见习享受哪些政策和服务？

1）获得基本生活补助（基本生活补助费用由见习单位和地方政府分担，各地要根据当地经济发展和物价水平，合理确定和及时调整基本生活补助标准）；

2）免费办理人事代理；

3）办理人身意外伤害保险；

4）见习期满未被录用可继续享受就业指导与服务。

89. 见习单位能享受什么优惠政策?

对企业（单位）吸纳离校未就业高校毕业生参加就业见习的,由见习企业（单位）先行垫付见习人员见习期间基本生活补助,再按规定向当地人力资源和社会保障部门申请就业见习补贴。

就业见习补贴申请材料应附:实际参加就业见习的人员名单、就业见习协议书、见习人员身份证、《登记证》复印件和大学毕业证复印件、企业（单位）发放基本生活补助明细账（单）、企业（单位）在银行开立的基本账户等凭证材料,经人力资源和社会保障部门审核后,财政部门将资金支付到企业（单位）在银行开立的基本账户。

见习单位支出的见习补贴相关费用,不计入社会保险缴费基数,但符合税收法律法规规定的,可以在计算企业所得税应纳税所得额时扣除。

90. 高校毕业生如何申请参加职业培训?

职业培训由各地人力资源和社会保障部门负责组织实施。高校毕业生可到当地人力资源和社会保障部门咨询了解职业培训开展情况,选择适宜的培训项目参加。

职业培训工作主要由政府认定的培训机构、技工院校或企业所属培训机构承担。

91. 高校毕业生能否享受职业培训补贴政策? 如何申请职业培训补贴?

高校毕业生毕业年度内参加就业技能培训或创业培训,可按规定向当地人力资源和社会保障部门申请职业培训补贴。毕业后按规定进行了失业登记的高校毕业生参加就业技能培训或创业培训,也可向当地人力资源和社会保障部门申请职业培训补贴。

按照《财政部、人力资源和社会保障部关于进一步加强就业专项资金管理有关问题的通知》（财社〔2011〕64号）等文件规定,申请材料经人力资源社会保障部门审核后,财政部门按规定将补贴资金直接拨付给申请者本人。职业培训补贴申请材料应附:培训人员身份证复印件、《就业失业登记证》复印件、职业资格证书（专项职业能力证书或培训合格证书）复印件、就业或创业证明材料、职业培训机构开具的行政事业性收费票据（或税务发票）等凭证材料。

高校毕业生参加就业技能培训或创业培训后,培训合格并通过职业技能鉴定取得初级以上职业资格证书（未颁布国家职业技能标准的职业应取得专项职业能力证书或创业培训合格证书）,6个月内实现就业的,按职业培训补贴标准的100%给予补贴。6个月内没有实现就业的,取得初级以上职业资格证书,按职业培训补贴标准的 80%给予补贴；取得专项职业能力证书或创业培训合格证书，按职业培训补贴标准的 60%给予补贴。

92. 高校毕业生如何获取职业资格证书？

高校毕业生个人可向职业技能鉴定所（站）自主申请职业技能鉴定。职业技能鉴定要参加理论知识考试和操作技能（专业能力）考核。经鉴定合格者，由人力资源和社会保障部门核发相应的职业资格证书。

93. 高校毕业生能否享受职业技能鉴定补贴政策，如何申请技能鉴定补贴？

按照《财政部、人力资源和社会保障部关于进一步加强就业专项资金管理有关问题的通知》（财社〔2011〕64 号）等文件规定，对高校毕业生在毕业年度内通过初次职业技能鉴定并取得职业资格证书或专项职业能力证书的，按规定给予一次性职业技能鉴定补贴。

通过初次职业技能鉴定并取得职业资格证书或专项职业能力证书的，可向职业技能鉴定所在地人力资源和社会保障部门申请一次性职业技能鉴定补贴。职业技能鉴定补贴申请材料应附：申请人身份证复印件、《就业失业登记证》复印件、职业资格证书复印件、职业技能鉴定机构开具的行政事业性收费票据（或税务发票）等凭证材料，经人力资源和社会保障部门审核后，财政部门按规定将补贴资金支付给申请者本人。

七、为高校毕业生提供就业指导、就业服务和就业援助

94. 主要有哪些机构为高校毕业生提供就业服务？

（1）公共就业和人才服务机构。

由各级人力资源和社会保障部门举办的公共就业和人才服务机构，为高校毕业生免费提供政策咨询、就业信息、职业指导、职业介绍、就业援助、就业与失业登记或求职登记等各项公共服务，按规定为登记失业高校毕业生免费提供人事档案管理等服务。此外，还定期开展面向高校毕业生的公共就业和人才服务专项活动，比如每年 5 月"民营企业招聘周"、每年 9 月"高校毕业生就业服务月"、每年 11 月"高校毕业生就业服务周"等，为高校毕业生和用人单位搭建供需对接平台。

（2）高校毕业生就业指导机构。

目前，各省教育部门、各高校普遍建立了高校毕业生就业指导机构，为毕业生提供就业咨询、用人单位招聘及实习实训信息、求职技巧、职业生涯辅导、毕业生推荐、实习实践能力提升和就业手续办理等多项就业指导和服务。

（3）职业中介机构。

主要包括从事人力资源服务的经营性机构，政府鼓励各类职业中介机构为高校毕业生提供就业服务，对为登记失业高校毕业生提供服务并符合条件的职业中介机构按规定给予职业介绍补贴。

95. 职业中介机构如何享受职业介绍补贴？

按照《财政部、人力资源和社会保障部关于进一步加强就业专项资金管理有关问题的通知》（财社〔2011〕64号）等文件规定，在工商行政部门登记注册的职业中介机构，可按经其就业服务后实际就业的登记失业人员人数向当地人力资源和社会保障部门申请职业介绍补贴。

职业介绍补贴申请材料应附：经职业中介机构就业服务后已实现就业的登记失业人员名单、接受就业服务的本人签名及居民身份证（以下简称身份证）复印件、《就业失业登记证》（以下简称《登记证》）复印件、劳动合同等就业证明材料复印件、职业中介机构在银行开立的基本账户等凭证材料。申请材料经人力资源和社会保障部门审核后，财政部门按规定将补贴资金支付到职业中介机构在银行开立的基本账户。

96. 高校毕业生获取就业信息的主要渠道有哪些？

1）浏览各类就业信息网站，包括中央有关部门主办的全国性就业信息网站、地方有关部门主办的就业信息网站、各高校就业信息网站及校内bbs求职版面、其他专业性就业网站等；

2）参加各类招聘和双向选择活动，包括国家有关部门、各地、学校、用人单位等相关机构组织的各类现场或网络招聘活动；

3）参与校企合作实习，包括社会实践、毕业实习等活动；

4）查阅媒体广告，如报纸、刊物、电台、电视台、视频媒体等；

5）他人推荐，如导师、校友、亲友等；

6）主动到单位求职自荐等。

97. 在校期间高校毕业生可以通过哪些途径提升就业能力？

在学好专业知识技能的同时，根据学校要求或安排，毕业生可以通过选修或必修就业指导课程、参与学校组织的就业实习、技巧辅导、模拟招聘等活动，学习和了解相关职业的资料和信息，充分借助社会实践平台，全面提升就业能力。

高校毕业生还可通过学校实施的毕业证书与职业资格证书"双证书"制度、组织到企业定岗实习、参加人力资源和社会保障部门认定的定点机构开展的职业技能培训等，切实增强自身的岗位适应能力与就业竞争力，促进职业素养的养成。

98. 困难家庭高校毕业生包括哪些毕业生？享受哪些帮扶政策？

困难家庭高校毕业生是指来自城镇低保家庭、低保边缘户家庭、农村贫困家庭和残疾人家庭的普通高校毕业生。

各级机关考录公务员、事业单位招聘工作人员时，免收困难家庭高校毕业生的报名费和体检费。

为帮助困难家庭的高校毕业生求职就业，高校一般都会安排经费作为困难家庭毕业生的求职补助，或对已成功就业的困难家庭毕业生给予奖励。困难家庭的毕业生可向所在院系书面申请。学校也应根据平时掌握的情况，对困难家庭的毕业生给予主动帮助。

从 2013 年起，对享受城乡居民最低生活保障家庭的毕业年度内高校毕业生，可给予一次性求职补贴，补贴标准由各省级财政、人力资源和社会保障和部门会同有关部门根据当地实际制定，所需资金按规定列入就业专项资金支出范围。

99. 高校毕业生如何办理就业登记和失业登记？离校后未就业如何获得相应的就业指导和服务？

各级公共就业和人才服务机构要按照《就业促进法》的规定，为已就业高校毕业生免费办理就业登记，并按规定提供人事、劳动保障代理服务。允许高校毕业生在求职地（直辖市除外）进行求职登记和失业登记，申领《就业失业登记证》，纳入本地免费公共就业服务和就业扶持政策范围。回到原户籍所在地报到的未就业高校毕业生，免费享受当地人力资源和社会保障部门提供的公共就业和人才服务。各级人力资源和社会保障部门、教育部门和各高校将进一步完善以实名制为基础的高校毕业生就业统计制度，做好高校毕业生毕业前后的信息衔接和服务接续。

100. 离校未就业高校毕业生享受哪些服务和政策？

按照《国务院办公厅关于做好 2013 年全国普通高等学校毕业生就业工作的通知》（国办发〔2013〕35 号）和《人力资源和社会保障部关于实施离校未就业高校毕业生就业促进计划的通知》（人社部发〔2013〕41 号）要求，为做好离校未就业高校毕业生就业工作，从 2013 年起实施离校未就业高校毕业生就业促进计划。

1) 地方各级人社部门所属公共就业人才服务机构和基层公共就业服务平台要面向所有离校未就业高校毕业生（包括户籍不在本地的高校毕业生）开放，办理求职登记或失业登记手续，发放《就业失业登记证》，摸清就业服务需求。其中，直辖市为非本地户籍高校毕业生办理失业登记办法按现行规定执行；

2）对实名登记的所有未就业高校毕业生提供更具针对性的职业指导；

3）对有求职意愿的高校毕业生要及时提供就业信息；

4）对有创业意愿的高校毕业生，各地要纳入当地创业服务体系，提供政策咨询、项目开发、创业培训、融资服务、跟踪扶持等"一条龙"创业服务。及时提供就业信息；

5）要将零就业家庭、经济困难家庭、残疾等就业困难的未就业高校毕业生列为重点工作对象，提供"一对一"个性化就业帮扶，确保实现就业；

6）对有就业见习意愿的高校毕业生，各地要及时纳入就业见习工作对象范围，确保能够随时参加；

7）对有培训意愿的离校未就业高校毕业生，各地要结合其专业特点，组织参加职业培训和技能鉴定，按规定落实相关补贴政策；

8）地方各级公共就业人才服务机构要为离校未就业高校毕业生免费提供档案托管、人事代理、社会保险办理和接续等一系列服务，简化服务流程，提高服务效率；有条件的地方可对到小微企业就业的离校未就业高校毕业生，提供免费的人事劳动保障代理服务；

9）加大人力资源市场监管力度，严厉打击招聘过程中的欺诈行为，及时纠正性别歧视和其他各类就业歧视。加大劳动用工、缴纳社会保险费等方面的劳动保障监察力度，切实维护高校毕业生就业后的合法权益。

参 考 文 献

巴林杰．2009．创业计划：从创意到执行方案．陈忠卫，等译．北京：机械工业出版社

布莱克韦尔．2009．创业计划书．诸芳芳，闫东译．北京：机械工业出版社

布朗，等．2004．启动财务：企业初创阶段筹集资金指南．北京：中信出版社

陈济川．2010．大学生就业指导教程．厦门：厦门大学出版社

陈明，余来文．2011．商业模式：创业的视角．厦门：厦门大学出版社

德鲁克．2002．创新与创业精神．张炜译．上海：上海人民出版社

杜跃平，段利民．2010．技术创业：技术项目评价与选择．西安：西安电子科技大学出版社

樊一阳，徐玉良．2010．创业学概论．北京：清华大学出版社

范健，王建文．2011．公司法．北京：法律出版社

郭建鸾．2008．创业企业与创业投资．上海：上海财经大学出版社

胡海波．2011．创业计划．厦门：厦门大学出版社

吉姆·斯坦塞．2008．创业融资．邹琪译．上海：复旦大学出版社

金跃军．2008．隐藏在成功背后的78条创业铁律．北京：科学技术文献出版社

李福明．2013．大学生就业与创业指导．重庆：西南师范大学出版社

李文庠．2012．赢在创业．北京：中国纺织出版社

李政．2010．创业型经济．北京：社会科学文献出版社

辽宁省教育厅．2007．就业与创业概论．2版．沈阳：辽宁大学出版社

刘世英，谢文辉．2008．赢在项目．北京：中国民主法制出版社

楼士明．2006．企业筹集实务．上海：立信会计出版社

罗博特·希斯瑞克．2000．创业学．上海：复旦大学出版社

麦可思研究院．2012．大学生求职决胜宝典．北京：清华大学出版社

孟丽娟，张云仙．2013．大学生就业与创业指导．济南：山东人民出版社

宁焰，虞筠．2013．就业指导．西安：西北工业大学出版社

桑伯里．2008．重塑创业精神．杨斌译．北京：中国财政经济出版社

宋景华，刘立功．2010．大学生职业发展与就业创业指导．北京：高等教育出版社

王凯，赵毅．2012．创业计划书编写理论．北京：北京理工大学出版社

王瑛杰．2011．创业者最想要的法律常识．北京：华文出版社

文亮．2011．商业模式与创业绩效研究．北京：经济科学出版社

文明，王妮娜，熊伟．2010．创业实用指南．西安：陕西人民出版社

吴飚，朱晓娟．2006．合同法：原理·规则·案例．北京：清华大学出版社

杨翠先，张有明，万泓楷，郭丹锐．2012．这些道理没有人告诉过你．北京：北京联合出版公司

易发久．2009．领袖的风采：企业家从优秀到卓越的9重洗礼．北京：电子工业出版社

于艳华．2008．成功者必知的著名定律．北京：中国商业出版社

张晖怀．2011．新编大学生就业与创业指导．北京：高等教育出版社

张天桥，侯全生，李朝晖．2008．大学生创业第一步．北京：清华大学出版社

赵延沈．2008．创业资金解决之道．北京：企业管理出版社

后　记

　　为了帮助和指导大学生客观务实地就业创业，我们组织编写了《大学生就业创业》。此书是由从事大学生就业创业工作的教授、专家、学者在参阅借鉴国内外著名专家学者有关著作，结合自己多年工作实际的基础上编写而成的。旨在通过教学、讲座、实践，帮助和指导大学生树立正确的就业创业观念，明确职业发展目标，提高职业发展能力，实现高质量的就业或创业，在实现中国梦的征途上做出自己应有的贡献。本书内容汲取了业界现有的研究成果与成功经验，体现了时代要求，各章节结构严谨，思路清晰，内容充实，便于理解，政策性、实用性、操作性和针对性比较强。

　　本书由朱选朝主编。各章编写人员为：第一章史保怀、王妮娜；第二章朱选朝；第三章史保怀、朱红；第四章童广运；第五章、第六章、第七章王妮娜、张莉；第八章朱选朝；第九章童广运。随着经济社会的发展，改革的全面深化，大学生就业创业政策的支持力度会越来越大，大学生就业创业制度和机制的改革会最大程度地促进大学生就业创业。由于水平有限，本书疏漏和不足之处在所难免，恳请有关专家、广大读者和大学生批评指正。

编　者

2014 年 10 月